图书情报与信息管理实验教材

信息描述实验教程

An Experimental Instruction to Information Description

编著 吴 丹

参编（按姓氏音序排列）

蔡卫萍 梁少博 刘孝平

罗 博 史劲松 向 雪

WUHAN UNIVERSITY PRESS

武汉大学出版社

图书在版编目(CIP)数据

信息描述实验教材/吴丹等编著. —武汉：武汉大学出版社,2016.1
图书情报与信息管理实验教材
ISBN 978-7-307-16869-5

Ⅰ.信…　Ⅱ.吴…　Ⅲ.文献编目—教材　Ⅳ.G254.3

中国版本图书馆 CIP 数据核字(2015)第 222511 号

责任编辑:詹　蜜　　责任校对:李孟潇　　版式设计:韩闻锦

出版发行：**武汉大学出版社**　(430072　武昌　珞珈山)
(电子邮件：cbs22@ whu. edu. cn　网址：www. wdp. com. cn)
印刷：湖北民政印刷厂
开本：720 × 1000　1/16　印张:16.75　字数:297 千字　插页:1
版次：2016 年 1 月第 1 版　2016 年 1 月第 1 次印刷
ISBN 978-7-307-16869-5　定价:30.00 元

目录

1 信息描述实验概述

信息描述（Information Description）是在网络时代中，学术界对传统“文献编目”概念的一种继承和发展。在网络时代，图书馆所搜集、整理的对象已经延伸到网络中的虚拟馆藏，网络信息已经成为图书馆重要的信息资源。而“文献编目”无论从内涵还是从外延上都无法涵盖现有的图书馆编目对象和编目内容，于是出现了“信息描述”的概念。信息描述，是根据信息组织和检索的需要，对信息资源的主题内容、形式特征、物质形态等进行分析、选择、记录的活动。其结果为描述记录（即元数据记录），作为信息资源的替代物组织检索系统。

近年来，信息描述领域的研究、实践发展迅速，都柏林核心元素集（DC）的广泛应用，书目记录的功能需求（FRBR）的发布，资源描述与检索（RDA）的发布与应用，BIBFRAME 项目的启动等，新理念、新框架、新工具层出不穷。图书馆学信息描述课程需要跟上时代的步伐，同时也需要相应的实验操作课程与信息描述理论课程相配合，提升学生的信息描述基本技能，并通过实践使学生深化对信息描述新理念、发展趋势的理解，促进其相关领域的研究。

本教程的内容设计重视新颖性和实践性，不仅将信息描述界最新的理念、工具等引入各个章节中，而且为每个章节设置了可操作性强、挑战性较高，并具有开放性的实验题目。每一章的内容包括三个方面：实验目的与要求，实验内容，实验操作指导。实验目的与要求阐述了学生通过本章学习应该达到的目标；实验内容是学生在本章应该掌握的具体知识；实验操作指导主要介绍了该实验的背景知识、相关工具的使用指南，以及具体的实验题目。整个教程共有 18 个实验，实验内容分类及适用对象如表 1-1 所示。

表 1-1　　　　　　　　**本书实验内容分类及适用对象**

<table>
<tr><th>分类</th><th>实验名称</th><th>适用对象</th></tr>
<tr><td rowspan="8">文献信息编目</td><td>中西文机读目录的比较</td><td rowspan="8">本科生</td></tr>
<tr><td>CALIS Z39.50 客户端的使用</td></tr>
<tr><td>MARC 的结构</td></tr>
<tr><td>中文单行本图书原始编目</td></tr>
<tr><td>西文单行本图书原始编目</td></tr>
<tr><td>综合著录与分析著录</td></tr>
<tr><td>规范记录的编制</td></tr>
<tr><td>图书馆编目系统的使用及中文套录</td></tr>
<tr><td rowspan="4">标记语言基础</td><td>创建格式良好的 XML 文档</td><td rowspan="4">本科生</td></tr>
<tr><td>在 XML 文档中使用 DTD</td></tr>
<tr><td>在 XML 文档中使用 Schema</td></tr>
<tr><td>使用 XML 语言编写 RDF 文档</td></tr>
<tr><td rowspan="2">DC 元数据</td><td>使用 RDF 对 DC 元数据置标</td><td rowspan="2">本科生、研究生</td></tr>
<tr><td>用 DC 元数据描述网页</td></tr>
<tr><td rowspan="3">信息描述新发展</td><td>FRBR 在图书馆联机目录中的应用</td><td rowspan="3">研究生</td></tr>
<tr><td>MARC 记录的 FRBR 化显示</td></tr>
<tr><td>MARC 记录的 BIBFRAME 转换</td></tr>
<tr><td>综合项目</td><td>利用 GreenStone 软件构建个人数字图书馆</td><td>研究生</td></tr>
</table>

2 中西文机读目录的比较

2.1 实验目的与要求

（1）了解 CNMARC 的基本结构及在中文文献著录时的常用字段；

（2）了解 MARC21 的基本结构及在西文文献著录时的常用字段；

（3）了解 CNMARC 与 MARC21 之间的异同。

2.2 实验内容

（1）利用国内图书馆馆藏目录查询系统，查看一本中文图书的机读目录格式，分析 CNMARC 的基本结构及在中文图书著录时的常用字段；

（2）利用国外图书馆馆藏目录查询系统，查看一本外文图书的机读目录格式，分析 MARC21 的基本结构及在西文图书著录时的常用字段；

（3）以一部作品的中英文版本不同格式的机读目录为例，比较 CNMARC 与 MARC21，找出两者之间的映射关系。

2.3 实验操作指导

2.3.1 相关知识

机读目录（Machine-Readable Cataloging）是一种以代码形式和特定结构记录在计算机存储载体上，可为计算机识别和处理的目录。目前国内常用的机读目录格式有 CNMARC 和 MARC21，分别对中文文献和西文文献进行著录。

CNMARC 是北京图书馆依据 UNIMARC 编制完成的中国机读目录格式，目前被广泛应用于国内图书馆的中文文献编目工作中，已成为我国最为成熟的中文文献标准化数据处理格式。CNMARC 记录的结构主要由记录头标区、地址目次区、数据字段区和记录分隔符四部分组成，其中记录头标区是由 24 个字符构成的定长数据区，包括记录长度、记录状态、执行代码及指示符长度等 8 个数据元素；地址目次区由若干目次项和字段分隔符构成，每个目次项的固定字符长度为 12，分别揭示数据字段区中对应字段的字段标识符、数据字段长度以及起始字符位置；数据字段区设置有 10 个功能块，分别为：0××—标识块，1××—编码信息块，2××—著录信息块，3××—附注块，4××—款目连接块，5××—相关题名块，6××—主题分析块，7××—知识责任块，8××—国际使用块，9××—国内使用块；记录分隔符是位于每条机读记录的结尾，用以区分不同记录的控制字符。

MARC21 是美国国会图书馆和加拿大国家图书馆在 USMARC 和 CANMARC 的基础上经过不断整合共同完成的一种新的机读目录格式，能与 UKMARC 和 UNIMARC 等格式兼容，被誉为 21 世纪通用的机读目录格式。MARC21 记录的结构主要由记录头标区、地址目次区和可变长字段区三部分组成，其中记录头标区部分的固定字符长度为 24，由记录长度、记录状态、记录类型和书目级别等 13 个固定数据元素组成；地址目次区是记录中每个可变长控制字段和可变长数据字段位置的索引，由若干个款目构成，每个款目的固定长度为 12 个字符，包括字段标识符、字段长度和字段起始位置；可变长字段区设置有 10 个字段块，分别为：0××—控制信息、控制号和代码字段，1××—主要款目字段，2××—题名、版本和出版说明字段，3××—载体形态等字段，4××—丛编说明字段，5××—附注字段，6××—主题检索字段，7××—名称等附加款目和连接款目字段，8××—丛编附加款目及馆藏定位与检索等字段，9××—本地使用字段。

CNMARC 与 MARC21 机读目录的主体结构原理大致相同，只是在具体的字段及数据元素的设置与使用方面存在差异。在基本结构方面，CNMARC 和 MARC21 都由记录头标区、地址目次区和数据字段区构成，且 CNMARC 中的数据字段区与 MARC21 中的可变长字段区基本上涵盖了主要的著录项目，只是两者在具体的字段对应方面，会有一对多、多对一以及多对多等多种关系。另外，MARC21 每条记录后均有记录分隔符，只是未被视为主体结构的一部分。

2.3.2 操作指导

2.3.2.1 CNMARC 的基本结构及在中文图书著录时的常用字段分析

利用国家图书馆的馆藏目录（http：//www. nlc. gov. cn/），检索一本由编目精灵所著的中文图书《编目的未来》，以机读格式显示，浏览和分析该书的 CNMARC 书目记录。该书的 CNMARC 书目记录如图 2-1 所示：

```
LEADER 00000cam0#2200349###450#
001  ##  004560569
005  ##  20101025150525. 0
010  ##  $ a 978-7-5013-4343-0 $ d CNY38. 00
100  ##  $ a 20100603d2010      em y0chiy50      ea
101  0#  $ a chi
102  ##  $ a CN $ b 110000
105  ##  $ a y   z   000yy
106  ##  $ a r
200  1#  $ a 编目的未来 $ A bian mu di wei lai $ f 编目精灵著
210  ##  $ a 北京 $ c 国家图书馆出版社 $ d 2010
215  ##  $ a 10，193 页 $ d 23cm
312  ##  $ a 封面英文题名：The future of cataloging
330  ##  $ a 本书介绍和评价图书馆标引和编目的新原则、新规则，在编目过程中出
现的新问题的解决方案，处理原则和技巧。
510  1#  $ a Future of cataloging $ z eng
606  0#  $ a 文献编目
690  ##  $ a G254. 3 $ v 4
701  #0  $ a 编目精灵 $ f (1964~) $ 4 著 $ 9 bian mu jing ling
090  ##  $ a G254 $ b bmj
096  ##  $ a G254 $ b bmj
```

图 2-1 《编目的未来》的 CNMARC 书目记录

浏览该书的机读目录，可知整个书目记录主要由记录头标区和数据字段区组成，另外两部分即地址目次区和记录分隔符由计算机自动生成，不在馆藏系统的机内格式中予以反映。

记录头标位于书目记录的最顶端，为不可重复的必备项目。分析本条记录

的头标区数据“00000cam0#2200349###450#”，其中“00000”为记录长度；“c”为记录状态，表示已经修改过的记录；“am0#”为执行代码(“a”为记录类型，表示这是一条文字资料印刷品的书目记录；“m”为书目级别，表示这是一条专著的书目记录；“0”为层次等级，表示这是一条无层次等级关系的记录；“#”为未定义)；第一个“2”为字段指示符长度；第二个“2”为子字段标识符长度；“00349”为数据基地址；“###”为记录附加定义；“450#”为地址目次区结构。

数据字段区包含功能块、字段、子字段和数据元素四个层次。数据字段区共设置有10个功能块，根据字段标识符的第一位数字，可判断该字段所代表的功能块，如本记录中的“001”字段标识符，最左边的数字“0”表示该字段属于标识块；“210”中的“2”则表示该字段属于著录信息块。数据字段区还采用了字段指示符和子字段标识符以提供和识别相关信息，如“200 1# ＄a 编目的未来 ＄Abian mu di wei lai ＄f编目精灵著”这一著录信息块，“200”为字段标识符；“1#”为字段指示符，其中“1”表示题名作为检索点，“#”为未定义；“＄a”、“＄A”和“＄f”则为子字段标识符，分别代表正题名、正题名汉语拼音和第一责任说明。

2.3.2.2　MARC21的基本结构及在西文图书著录时的常用字段分析

利用美国国会图书馆的馆藏目录（http：//www.loc.gov/），检索一本于2013年出版，题名为*Health Information Seeking*的外文书籍，查看其“MARC Tags”，浏览和分析该书的MARC21书目记录。该书的MARC21书目记录如图2-2所示。

浏览该条书目记录，可知MARC21书目记录主要包括记录头标区和可变长字段区，地址目次区由计算机自动生成，在馆藏系统中的机内格式中不予反映。

记录头标区位于书目记录的开头，为必备且不可重复的部分。分析本条记录的头标区数据“01905cam#a2200409#a#4500”，其中“01905”为记录长度；“c”为记录状态，表示已经修改过的记录；第一个“a”为记录类型，表示这是一条文字资料的书目记录；“m”为书目级别，表示这是一条图书的书目记录；“#”控制类型，表示无特定的控制类型；第二个“a”表示系统采用UCS/Unicode字符编码体系；第一个“2”为字段指示符长度；第二个“2”为子字段标识符长度；“00409”为数据基地址；“#”为编目等级，表示该记录为完全级；第三个“a”为著录格式，表示著录标准为AACR2；“#”为记录连接要求，表示不要求连接相关记录；“4500”为地址目次区结构。

```
000  01905cam#a2200409#a#4500
001  17250192
005  20130102095722. 0
008  120406s2012 nyua b 001 0 eng
906  ##   $ a 7 $ b cbc $ c orignew $ d 1 $ e ecip $ f 20 $ g y-gencatlg
925  0#   $ a acquire $ b 1 shelf copy $ x policy default, Sel/rjc, 2012-09-24
955  ##   $ w rd13 2012-04-17 $ d xh11 2012-06-21 to Dewey $ w rd13 2012-06-21
          $ a xn03 2012-09-20 1 copy rec'd., to CIP ver.
          $ f xh10 2013-01-02 CIP Ver. to CALM
010  ##   $ a 2012014493
020  ##   $ a 9781433118258 (hardcover: alk. paper)
020  ##   $ a 9781433118241 (pbk.: alk. paper)
020  ##   $ a 9781453908792 (e-book)
035  ##   $ a (DNLM) 101581856
040  ##   $ a DNLM/DLC $ c DLC $ d DLC
042  ##   $ a pcc
050  00   $ a RA773. 6 $ b . J64 2012
060  10   $ a WA 590
082  00   $ a 613 $ 2 23
100  1#   $ a Johnson, J. David.
245  10   $ a Health information seeking/ $ c J. David Johnson & Donald O. Case.
260  ##   $ a New York: $ b Peter Lang, $ c c2012.
300  ##   $ a xiv, 274p.: $ b ill.; $ c 24cm.
490  1#   $ a Health communication, $ x 2153-1277; $ v v. 4
504  ##   $ a includes bibliographical references (p. [228] -267) and index.
505  ##   $ a Introduction to health information seeking-information fields and c
              arriers-Socio-psychological factors in health-information carrier: a
              focus on channel selection and useage-Model of information seeking-
              Outcomes of information seeking-Strategies for seekers (and non seekers) -
Strategies for health professionals-Summing up: information seeking in the information age.
650  #0   $ a Health $ x information services.
650  #0   $ a Information retrieval.
650  12   $ a Consumer Health information.
650  12   $ a Information Seeking Behavior.
650  22   $ a Health Communication.
700  1#   $ a Case, Donald Owen.
830  #0   $ a Health communication (New York, N. Y.); $ v v. 4 $ x 2153-1277
985  ##   $ a NLMCIP $ d 2012-04-18
985  ##   $ a NLMCIP $ d 2012-04-11
```

图 2-2　*Health Information Seeking* 的 MARC21 书目记录

可变长字段区设置有00×~9××共10个字段块，可根据字段标识符的第一位数字判断该字段所代表的字段块。其中书目记录中的00×字段为可变长控制字段，无字段指示符和子字段标识符，如本书目记录中的“001”、“005”和“008”字段，为控制信息、控制号和代码字段；01×~9××字段为可变长数据字段，由指示符、子字段标识符和长度不定的数据元素组成，如本记录中260字段的数据信息“260 ## $ a New York: $ b Peter Lang, $ c c2012.”，其中“260”为字段标识符，“##”为字段指示符，此处第一个“#”表示无信息提供，第二个“#”为未定义；“ $ a”、“ $ b”、“ $ c”、“:”、“,”等则为子字段标识符，表示在编图书的出版地、出版者和出版日期。

2.3.2.3 CNMARC与MARC21之间的比较

首先利用国家图书馆的馆藏目录查询系统检索王知津等学者的译作《现代信息检索》，查看其CNMARC格式的书目记录，然后在美国国会图书馆的馆藏目录查询系统中查找于1999年出版的外文图书*Modern Information Retrieval*，查看其MARC21格式的书目目录，通过一部作品两种不同格式的机读目录，找出CNMARC与MARC21之间的映射关系。两种格式的书目记录如图2-3、图2-4所示。

以两条机读目录为例，可以发现，CNMARC与MARC21记录头标区的固定长度均为24个字符，且大多数数据元素名称相同，只是对字符位置的定义及数据元素的赋值稍有不同。如CNMARC将08字符位定义为层次等级代码，09字符未定义，相对应的MARC21则将这两个字符位分别定义为控制类型和字符编码系统。而在数据元素赋值方面，本条CNMARC书目记录中的记录状态“n”代表新记录，其他的记录状态还包括“o”(有较高层次的记录)、“c”(修改过的记录)、“d”(删除的记录)等，而MARC21中的记录状态“c”虽然也表示修改过的记录，但其他记录状态中的“a”则表示有简编记录升级的记录，这是CNMARC中没有的，而CNMARC中的“o”状态也是MARC21中不存在的。

在数据字段区和可变长字段区方面，根据具体的文献情况，CNMARC和MARC21会选择相应的字段进行书目著录。在本例中，CNMARC格式书目记录对10个功能块均有涉及，但在MARC21格式的书目记录中，10个字段并未完全涉及，以4、8和9开头的字段并没有相关的著录项目。此外，CNMARC和MARC21对于各个字段著录的顺序有所不同，CNMARC严格按照0~9的顺序进行著录，MARC21却并非如此。关于CNMARC和MARC21之间的对应关系，以这两条书目记录为例，CNMARC 和 MARC21 的“001”字段都为控制号，且无字段指示符；CNMARC 中的“100”子段与 MARC21 的“008”字段对应，且都为定长字段，只是字符长度有所不同；CNMARC 中的“200”子段与 MARC21 的“245”字段相对应，均为题名和责任说明项。此外，CNMARC 中的“210”子段与 MARC21 的“260”字段、“215”字段和“300”字段等都是对应关系。

LEADER 00000nam0#2200157###450#
001 ## 002931452
005 ## 20050923160733. 0
010 ## $ a 7-111-15878-4 $ d CNY45. 00
100 ## $ a 20050317d2005 em y0chiy50 ea
101 1# $ a chi $ c eng
102 ## $ a CN $ b 110000
105 ## $ a y z 000yy
106 ## $ a r
200 1# $ a 现代信息检索 $ b 专著 $ f ( ) Ricardo Baeza-Yates，( ) Berthier Ribeiro-Neto 等著 $ g 王知津，贾福新，郑红军等译 $ 9 xian dai xin xi jian suo
210 ## $ a 北京 $ c 机械工业出版社 $ d 2005
215 ## $ a 18，388 页 $ d 26cm
225 2# $ a 计算机科学丛书
305 ## $ a 英国 Pearson Education 培生教育出版集团授权出版
330 ## $ a 本书内容涉及信息检索的数学模型、评价、查询语言与操作、文本语言与操作、多媒体语言及其特征、标引与检索、并行与分布式检索、图书馆与书目系统和数字图书馆等。
461 #0 $ 1 0010199057998
510 1# $ a Modern Information Retrieval $ z eng
606 0# $ a 信息检索
690 ## $ a G252. 7 $ v 4
701 #0 $ c（智）$ a 巴埃斯-耶茨 $ c（Baeza-Yates，Ricardo）$ 4 著 $ 9 ba ai si - ye ci
701 #0 $ c（巴西）$ a 里韦罗-内托 $ c li wei luo - nei tuo $ 4 著 $ 9 li wei luo - nei tuo
701 #0 $ a 王知津 $ f（1947~）$ 4 译 $ 9 wang zhi jin
701 #0 $ a 贾福新 $ 4 译 $ 9 jia fu xin
702 #0 $ a 郑红军 $ c（信息检索）$ 4 译 $ 9 zheng hong jun
090 ## $ a G252 $ b bas
096 ## $ a G252 $ b bae

图 2-3 《现代信息检索》的 CNMARC 书目记录

000		01044cam a2200253 a 4500
001		4520227
005		20101123120934. 0
008		990104s1999 nyua b 001 0 eng
035	##	$ 9（DLC）99010033
906	##	$ **a** 7 $ **b** cbc $ **c** orignew $ **d** 1 $ **e** ocip $ **f** 19 $ **g** y-gencatlg
925	0#	$ **a** acquir $ **b** 2 shelf copies $ **x** policy default
955	##	$ **a** pb04 to ja00 01-04-99；ik09 01-06-99；ij07 01-07-99；ih37 01-08-99；bk rec 'd，to CIP ver. ps07 12-28-99；ih00 01-13-00；CIP ver lj15/13 02-17-00；to BCCD 02-22-00
010	##	$ **a** 99010033
020	##	$ **a** 020139829X
040	##	$ **a** DLC $ **c** DLC $ **d** DLC
050	00	$ **a** Z667 $ **b** . B34 1999
082	00	$ **a** 025. 04 $ 2 21
100	1#	$ **a** Baeza-Yates，R. $ **q**（Ricardo）
245	10	$ **a** Modern information retrieval/ $ **c** Ricardo Baeza-Yates，Berthier Ribeiro-Neto.
260	##	$ **a** New York：$ **b** ACM Press；$ **a** Harlow，England：$ **b** Addison-Wesley，c1999.
300	##	$ **a** xx，513p.：$ **b** ill.：$ **c** 24cm.
504	##	$ **a** includes bibliographical references（p. 455-499）and index.
650	#0	$ **a** information storage and retrieval systems.
700	1#	$ **a** Ribeiro-Neto，Berthier，$ **d** 1960-

图 2-4 *Modern Information Retrieval* 的 MARC21 书目记录

2.3.3 实验题目

（1）利用国家图书馆的馆藏目录查询系统，检索一本于 2004 年出版的纸质版图书《信息描述》，分析 CNMARC 格式在中文图书著录时的常用字段。

（2）利用美国国会图书馆的馆藏目录，查找 Andy Dawson 的著作 *Internet for Library and Information Service Professionals*，分析 MARC21 格式在西文图书著录时的常用字段。

（3）利用国内外图书馆的馆藏目录查询系统，分别查看 *The Kite Runner* 这部作品的英文原著以及中文译本的机读目录，对比 CNMARC 与 MARC21 的异同。

3 CALIS Z39.50 客户端的使用

3.1 实验目的与要求

（1）了解联机合作编目的基本原理；

（2）了解并学会使用 CALIS Z39.50 联机合作编目软件客户端。

3.2 实验内容

（1）配置 Z39.50 服务器，熟悉客户端软件界面；

（2）了解并初步掌握查询、下载数据、数据导入、套录、修改、原编和提交等基本操作。

3.3 实验操作指导

3.3.1 相关知识

3.3.1.1 联机合作编目的构成要素

联机合作编目从数据传递的角度，主要涉及编目软件和服务器两个方面。

编目软件（客户端）：是编目员直接面对的操作界面，对已经购买自动化集成系统的图书馆而言，通常编目软件是嵌套在自动化系统之中；也有单独开发的编目软件，如 CALIS 联合目录的 Z39.50 客户端软件。参加 CALIS 联机合作编目，必须拥有具备远程传递功能的编目软件，如 ILAS 系统、汇文系统等。

服务器：是一个技术上的概念，不同的服务器有不同的地址，编目员所要利用的数据库就存在于这些地址的服务器上。对于编目员来说，联机编目的操作就是要通过一定的编辑界面完成书目记录的建立和编辑；通过编目软件的远程传递功能实现对数据库中数据的下载和上传，实现联机合作编目的共建共享。联机合作编目的简单流程如图 3-1 所示。

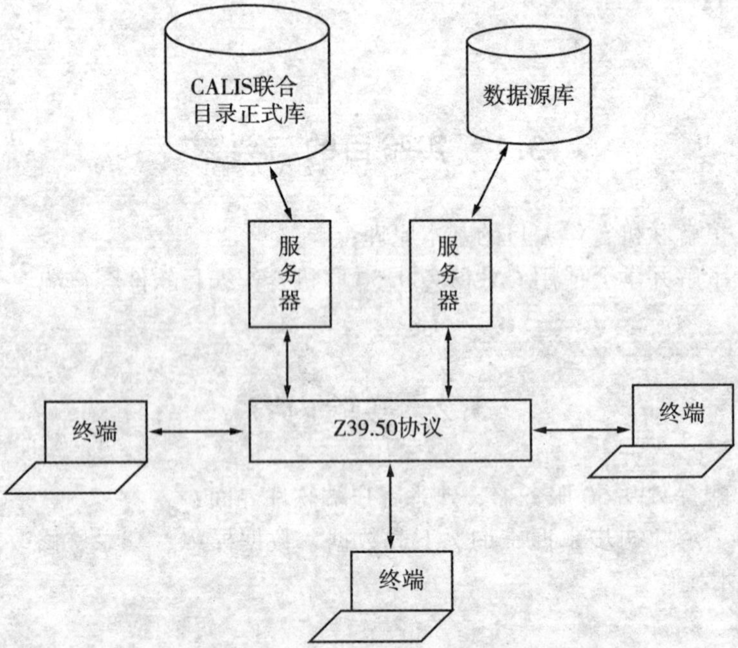

图 3-1 联机合作编目的简单流程图

3. 3. 1. 2 联机合作编目的流程

根据不同的图书馆自动化管理系统特点，可以归纳出三种联机编目流程：

（1）采用 CALIS 联机编目的客户端软件。

流程如图 3-2 所示。对本地自动化管理系统的要求：通常是在本地系统不具备远程上下载功能，或者虽然具备远程上下载功能，但是不支持简、详二级显示，无法完整下载 CALIS 联合目录数据库数据时，可采用此模式。

特点：任何支持 ISO2709 格式和 MARC 格式的图书馆系统都可以利用这种方式获取 CALIS 联合目录的数据；从 CALIS 联合目录数据库获取的数据需由客户端临时库导出再装入本地系统；实效性较差。

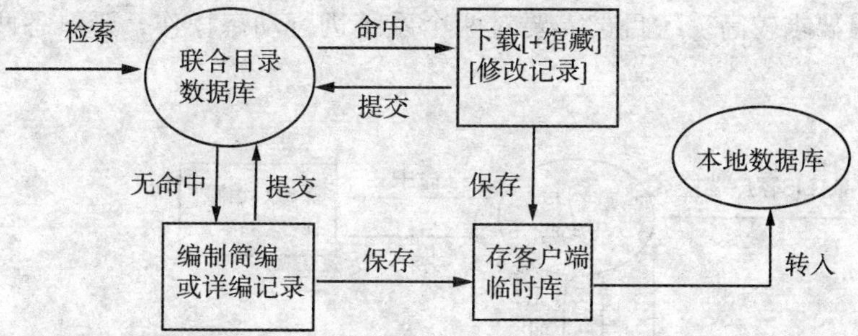

图 3-2　CALIS 联机编目流程图

（2）利用本馆系统的编目软件。

流程如图 3-3 所示。对本地自动化管理系统的要求：具备符合 Z39.50 协议第三版的功能；具备对下载数据简/详二级显示的功能；具备上下载数据的功能。

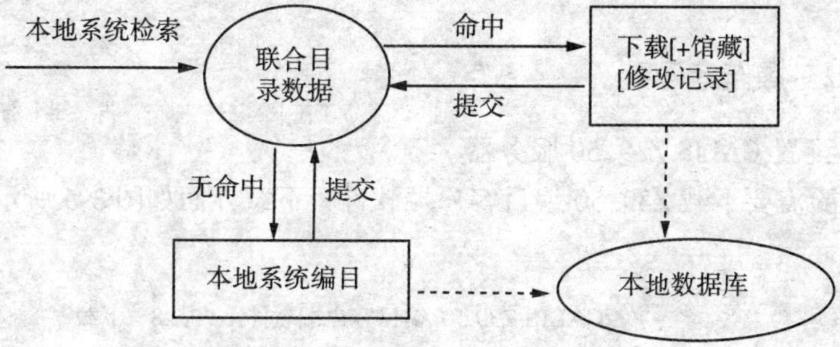

图 3-3　利用本馆系统编目流程图

特点：操作方便。利用本地系统的检索编目界面，编目员熟悉；对本地自动化系统功能要求高，一旦联合目录服务器在接收数据或上载数据方面有改动，本地系统也要进行相应的维护；当使用过程出现问题时，不易清楚知道问题究竟发生在本地系统，还是在 CALIS 联合目录；由于更新数据的过程实际是新提交的数据覆盖原有数据的过程，若本地系统在对数据字段的更新认识上有误，会导致经过本地系统更新后提交上来的记录不符合要求。

（3）CALIS 联机编目客户端软件和本地系统相结合。

流程如图 3-4 所示。对本地自动化管理系统的要求：本地自动化系统必须具有对下载数据简/详二级显示的功能。

特点：透明度高，当发生问题时，有利于查清问题故障，保证数据质量；对编目员要求较高。编目员需要对两个系统进行动态操作，要熟悉两个编目界面。

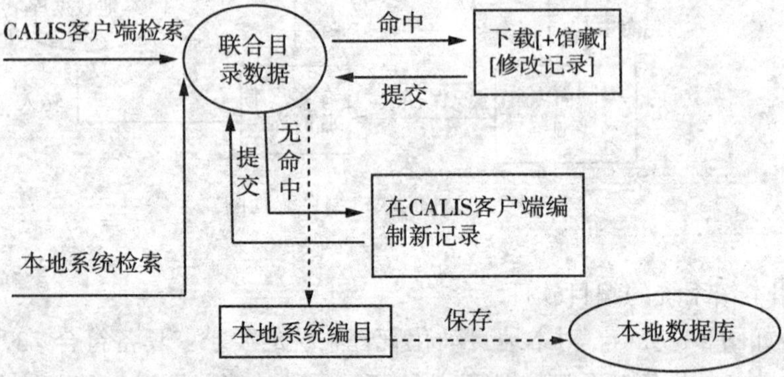

图 3-4 CALIS 联机编目客户端软件和本地系统相结合流程图

3.3.2 操作指导

(1) 配置 CALIS Z39. 50 服务器。

本实验需要下载 Z39. 50 编目客户端软件，下载界面如图 3-5 所示。

CALIS Z39.50 编目客户端软件（V3.3.8）下载

1.快速下载

2.分步下载

新版本CALISZ39.50编目客户端软件（1 2 3 4 5 6 7 8 9）

工具文件（导出数据源工具　导入数据源工具）

补丁文件（说明 1）

CALIS编目客户端V3.3.8版本升级要点

CALIS联合编目客户端使用指南（适用于下载记录）

图 3-5 CALIS Z39. 50 编目客户端软件下载界面

打开客户端软件后，进入软件界面，主要分为主菜单、工具栏、命中记录显示区、连接的主机和数据库信息区以及简单 MARC 记录显示区，如图 3-6 所示。

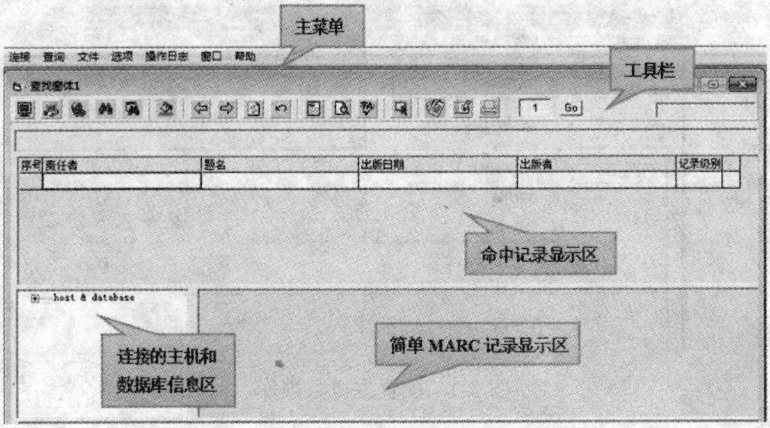

图 3-6　CALIS Z39.50 编目客户端软件主界面

客户端默认为 CALIS 服务器，需要用户名和密码。常用的 Z39.50 服务器如表 3-1 所示。

表 3-1　**常用的 Z39.50 服务器**

服务器名称	地址	端口	数据库
国家图书馆联合目录	202.96.31.29	2100	uacn_bib
上海图书馆联合目录	218.1.116.77	2100	uacn_bib
社科院联合目录	Ssucs.org	210	all，cnmarc_books，cnmarc_series，usmarc_books
美国国会图书馆	z3950.loc.gov	7090	Voyager
OhioLINK	olc1.ohiolink.edu	210	INNOPAC
国家医学图书馆	tegument.nlm.nih.gov	7090	Voyager

其中，国内的服务器通常需要用户名和密码，并且大多不能匿名访问；国外的很多服务器可以免费访问。如果想查找国外更多的 Z39.50 服务器，可访问 http：//irspy.indexdata.com/进行查找。

安装完成后打开 Z39.50 编目客户端软件，点击菜单栏中的“选项”→

“主机数据库”，进行配置服务器，如图 3-7 所示。

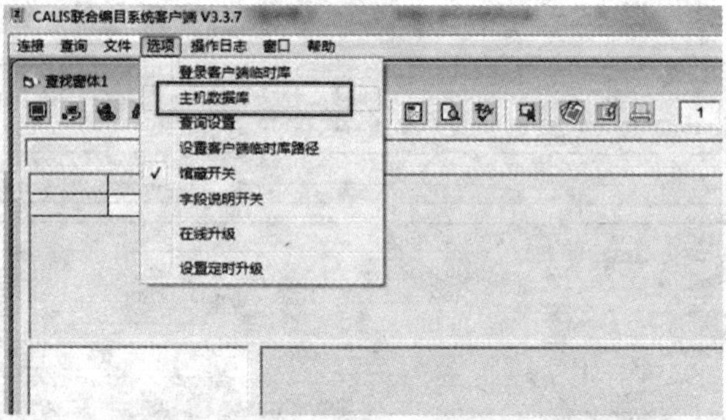

图 3-7 配置主机数据库

以美国国会图书馆为例，在“主机和数据库配置”对话框中分别输入主机名称、描述、端口、主机 URL、主机使用编码、数据库，点击“添加/修改主机”，如图 3-8 所示。

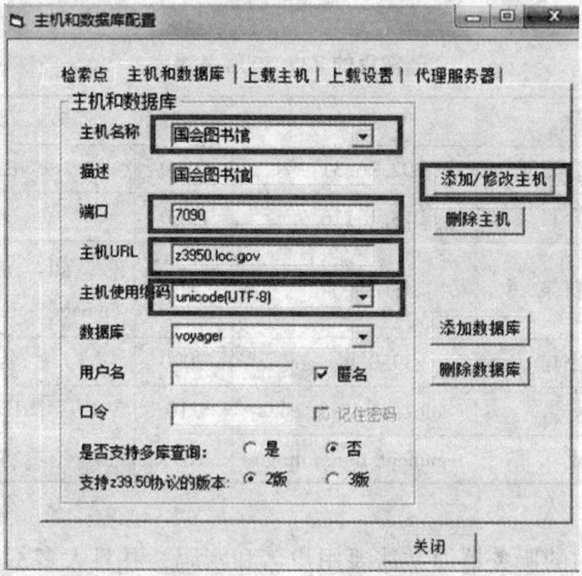

图 3-8 配置美国国会图书馆数据库

选择“连接”→“连接主机”→“选择主机和数据库”，然后点击“国会图书馆”，并点击“确定”完成配置，如图 3-9 所示。

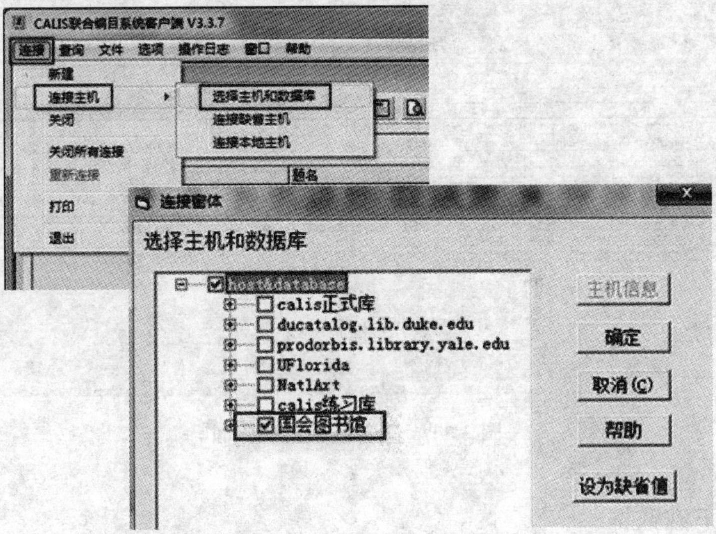

图 3-9 连接美国国会图书馆数据库

（2）查询。

点击图中“查询”按钮，打开查询窗体新建查询，如图 3-10 所示。在“题名”项输入“information”进行查询，得出查询结果，如图 3-11 所示。

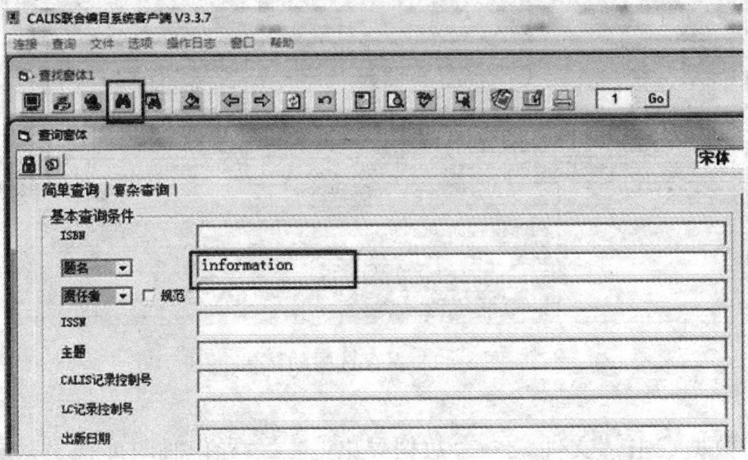

图 3-10 新建查询

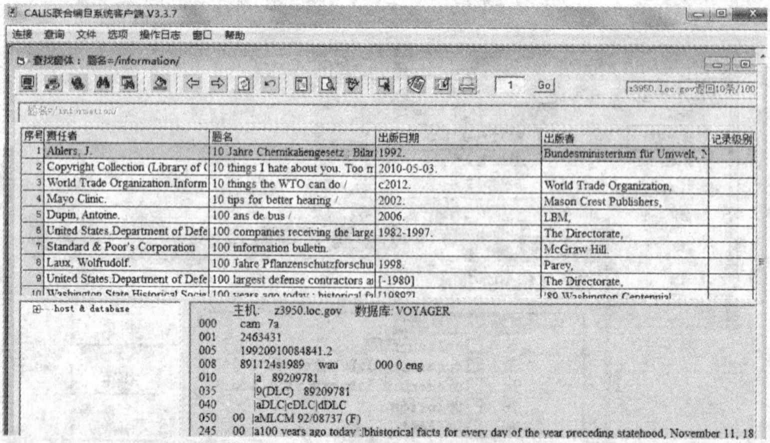

图 3-11 查询结果显示界面

(3) 下载数据。

批量下载：在查询窗体中，选定所选的记录，点击“文件”→“存入临时库”，如图 3-12 所示。

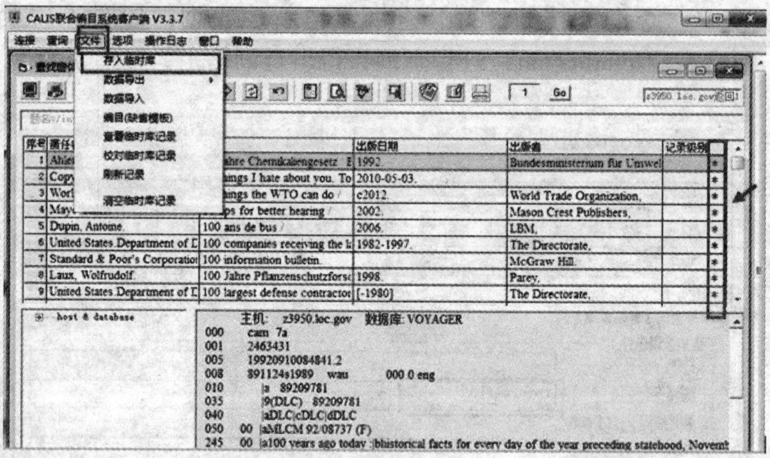

图 3-12 保存选中的记录

下载数据点击“文件”→“数据导出”→“导出临时库记录”或“选择性导出记录”，如图 3-13 所示。

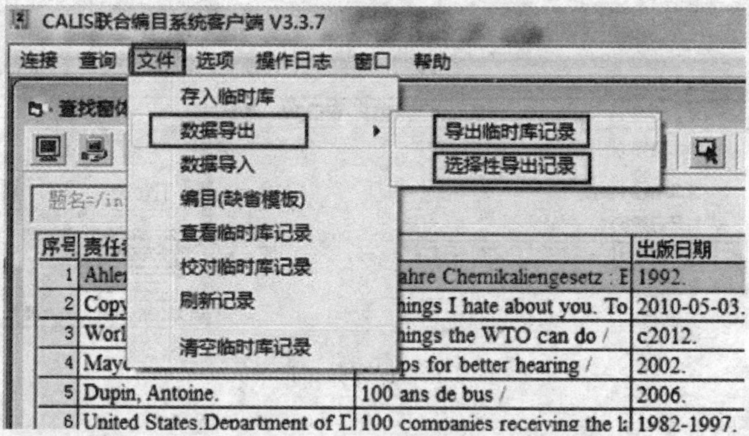

图 3-13 数据导出

单条记录下载：双击所要下载的单条记录，弹出“是否编辑记录”对话框，点击“是”，如图 3-14 所示。

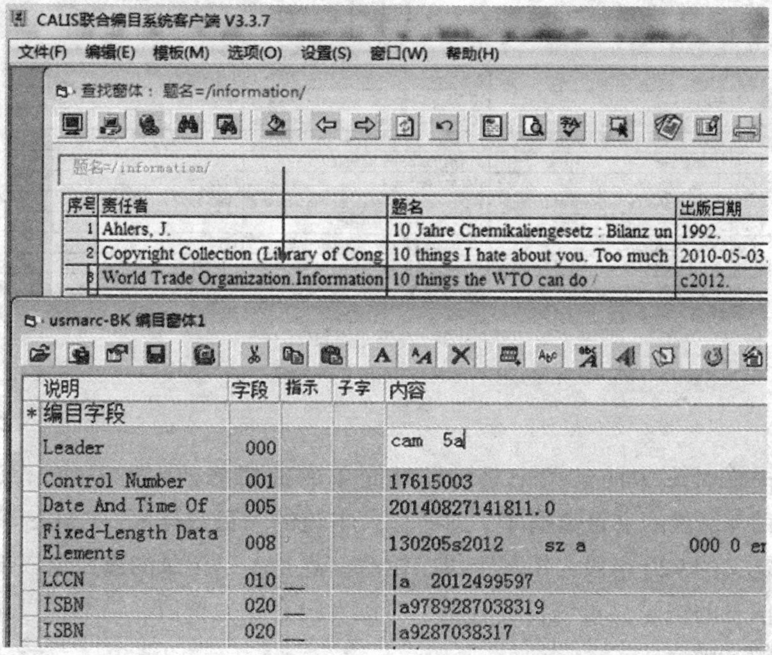

图 3-14 选中所要下载的单条记录

然后点击“文件”→“保存”，若用于数据交换，选择“2709 格式”；若仅作查看，选择“文本格式”，如图 3-15 所示。

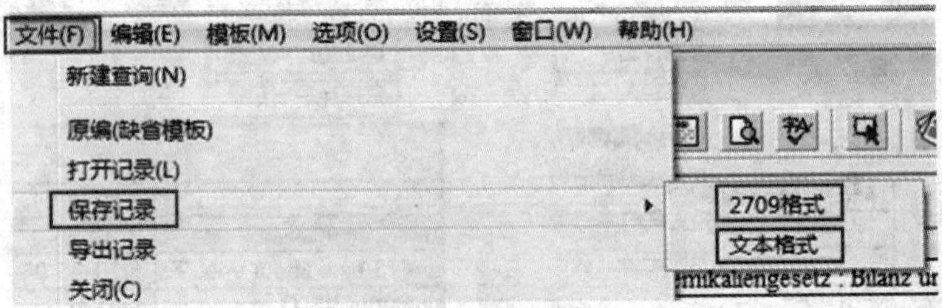

图 3-15　保存数据记录

（4）数据导入。

点击“文件”→“数据导入”，点击窗体中“查看临时库记录”按钮，如图 3-16 所示。

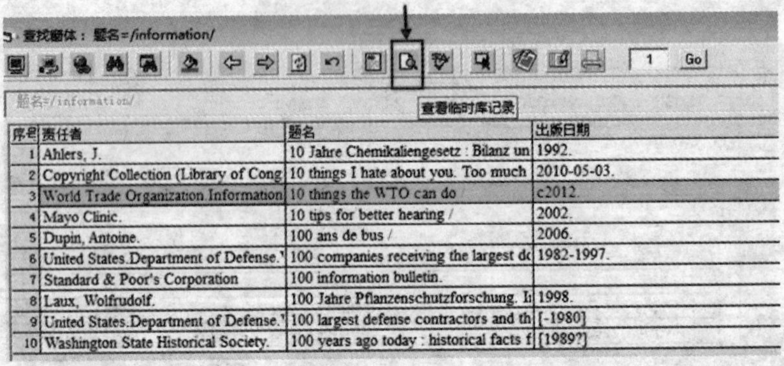

序号	责任者	题名	出版日期
1	Ahlers, J.	10 Jahre Chemikaliengesetz : Bilanz un	1992.
2	Copyright Collection (Library of Cong	10 things I hate about you. Too much	2010-05-03.
3	World Trade Organization Information	10 things the WTO can do	c2012.
4	Mayo Clinic.	10 tips for better hearing /	2002.
5	Dupin, Antoine.	100 ans de bus /	2006.
6	United States.Department of Defense.'	100 companies receiving the largest dc	1982-1997.
7	Standard & Poor's Corporation	100 information bulletin.	
8	Laux, Wolfrudolf.	100 Jahre Pflanzenschutzforschung. Ii	1998.
9	United States.Department of Defense.'	100 largest defense contractors and th	[-1980]
10	Washington State Historical Society.	100 years ago today : historical facts f	[1989?]

图 3-16　查看临时库记录

（5）套录。

双击临时库中的某条记录，经过简单的编辑修改，再添加馆藏后提交 CALIS 联合目录的书目数据库，同时存入本馆的书目数据库。CALIS 联合目录规定自定义的 920 字段为馆藏字段。馆藏信息是一条记录的重要组成部分，没有馆藏信息的记录只对编目员有用，对读者没有任何价值。馆藏信息是提供馆际互借的基础。

（6）修改。

双击临时库中的某条记录，如图 3-17 所示。

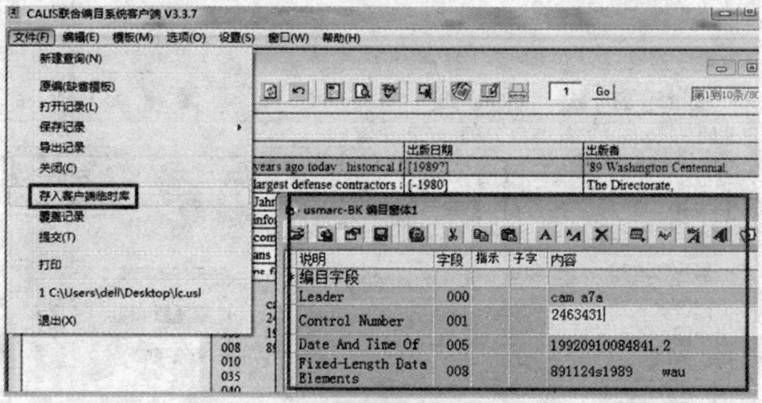

图 3-17　修改记录

成员馆在套录的同时有义务对记录进行修改。CALIS 规定，经过培训资格认证之后，编目员将分为不同的级别。不同级别的编目员只可以修改同级别或者比自己级别低的记录。

修改完成后，点击“文件”→“存入客户端临时库”。

(7) 原编。

先点击窗体中“原编”按钮，然后点击“模板”→“选择模板”，如图 3-18 所示。

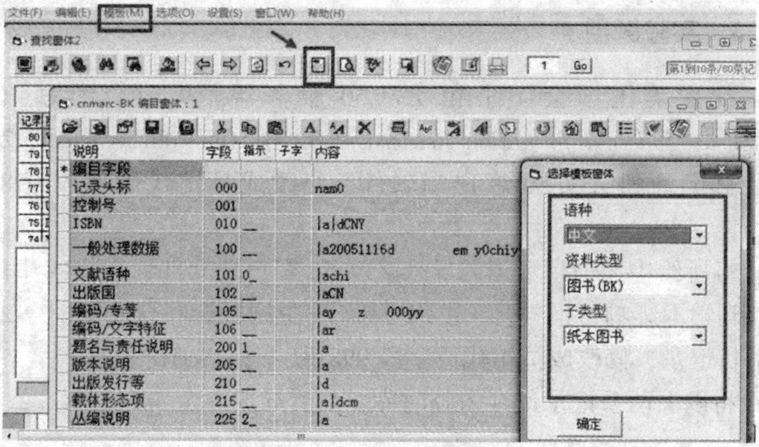

图 3-18　选择模板

然后，可选择“保存记录”、“导出记录”或“存入客户端临时库”，如图 3-19 所示。

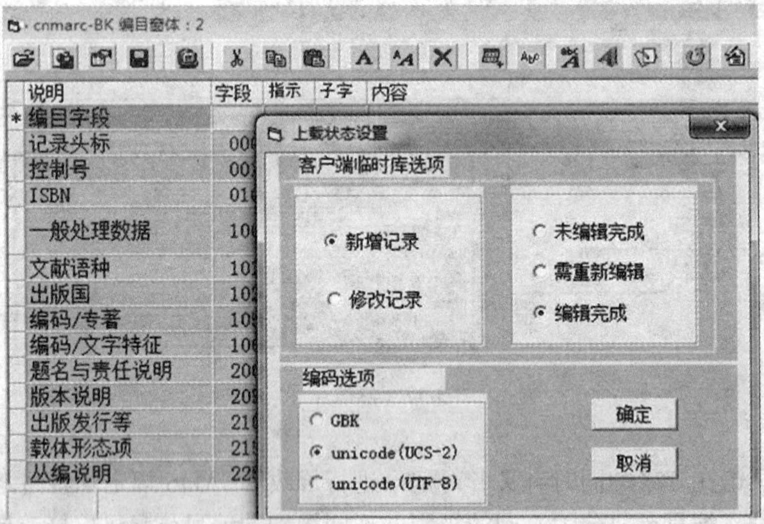

图 3-19　编目结果处理

（8）提交。

提交新记录时，系统会提供记录的文献类型、语种等判断和选择。根据编目员的选择，系统会对文献类型、语种、字段必备性等进行检测。提交前还要进行查重，杜绝重复提交记录。

3.3.3　实验题目

（1）配置美国国会图书馆 Z39.50 服务器，从国会图书馆中下载 *Introduction to Modern Information Retrieval*（G. G. Chowdhury/Facet，2010）这本书的书目记录到 Z39.50 客户端软件，修改成员馆代码字段 998 为“$ aWHU”。

（2）将所给中文书目数据源导入 Z39.50 客户端软件，查找《中国人文社会科学期刊学术影响力报告》（主编苏新宁/中国社会科学出版社，2009）这本书的书目记录，修改成员馆代码字段 998 为“$ aWHU”。

（3）将以上两条记录都存入临时库，然后导成一个 opf 文件。

4 MARC的结构

4.1 实验目的与要求

（1）通过Z39.50联机编目软件的使用，查看MARC记录的逻辑结构；
（2）通过分析，掌握MARC记录的结构。

4.2 实验内容

（1）将所给数据源导入Z39.50客户端中；
（2）找到所要求的记录并存储成ISO2709格式文件；
（3）查看其MARC记录的ISO2709格式，分析该MARC记录的结构。

4.3 实验操作指导

4.3.1 相关知识

机读目录的逻辑结构如图4-1所示。

4.3.1.1 记录头标区

头标位于每个记录的开头，每一个MARC记录都必须具备，不可重复，固定长度为24个字符位置（00-23）。

4.3.1.2 地址目次区

地址目次区是记录中每个可变长控制字段和可变长数据字段位置的索引，由计算机自动生成。

各编目系统的机内格式不反映目次区。位于记录头标之后，由若干个款目构成。目次区包含的数据款目数与该记录所包含的字段数是相等的。

一个目次区的总长度=12×N（款目数）+1（字段终止符）。

图 4-1 机读目录的逻辑结构

4.3.1.3 数据字段区

在地址目次区之后的是数据字段区，由若干定长和变长字段构成，每个字段之间由字段分隔符隔开。

4.3.1.4 记录分隔符

MARC 格式规定，在每一个 MARC 记录的最后，放置一个专门的符号，以表示该 MARC 记录的结束。

4.3.2 操作指导

（1）将所给数据源导入 Z39.50 客户端中。

首先点击“文件”→“清除临时库记录”，以免之前的操作影响本次实验，如图 4-2 所示。

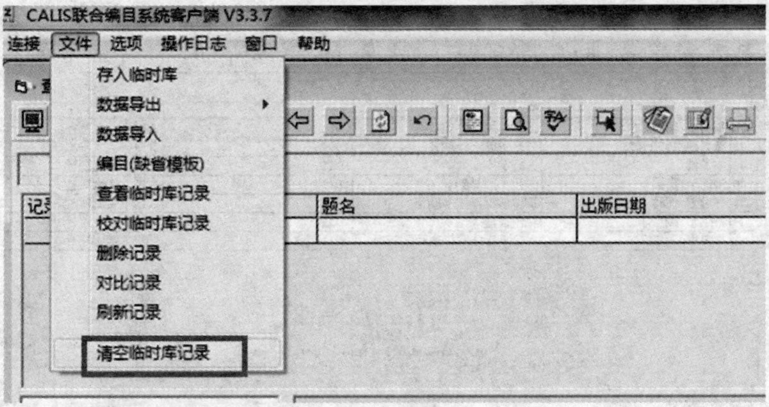

图 4-2　清除临时库记录

点击“文件”→“数据导入”，选择已准备好的“2014. sof”格式文件(实际操作实验中可先自行准备好数据源)，点击窗体中“查看临时库记录”按钮，如图 4-3 所示。

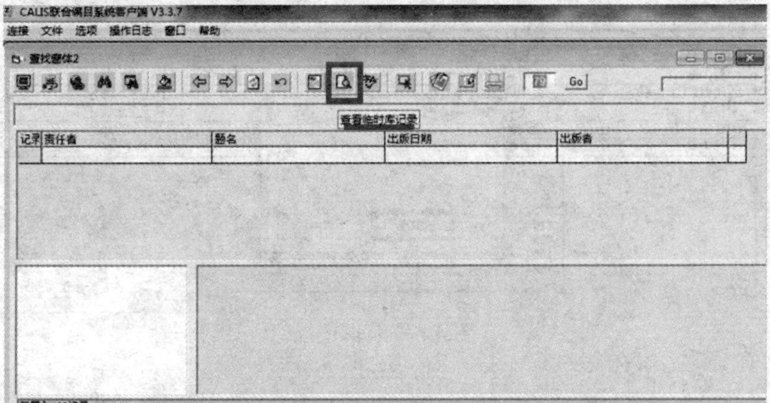

图 4-3　查看临时库记录

(2) 找到所要求的记录并存储成 ISO2709 格式文件。

找到第 79 条记录《国际贸易理论与实务》(朱金生，柳哲主编) 这本书的书目记录，如图 4-4 所示。

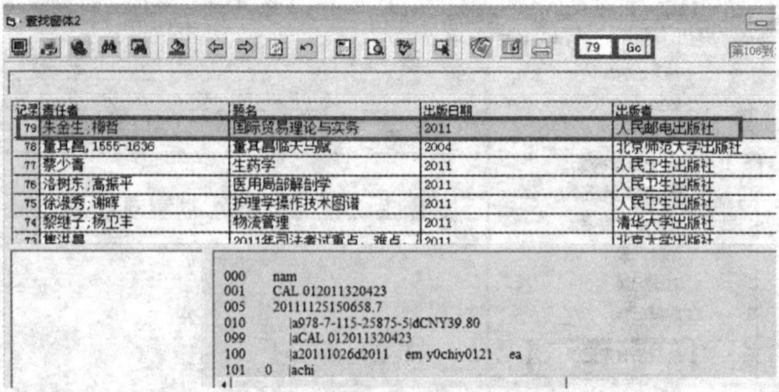

图 4-4 选择指定的书目记录

将该记录存成 ISO2709 格式文件；双击所要下载的单条记录，弹出“是否编辑记录”对话框，点击“是”，如图 4-5 所示。

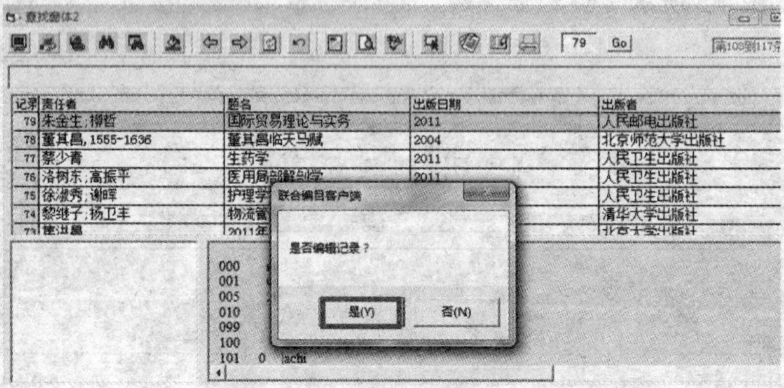

图 4-5 编辑记录

然后点击“文件”→“保存”，选择“2709 格式”，并选择保存路径，如图 4-6 所示。

(3) 查看其 MARC 记录的 ISO2709 格式，分析该 MARC 记录的结构。

用“记事本”方式打开该文件，查看其 ISO2709 格式的 MARC 记录，如图 4-7 所示。

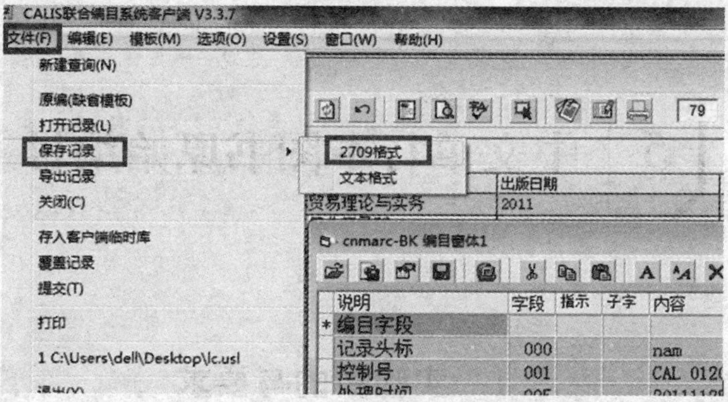

图 4-6 保存记录

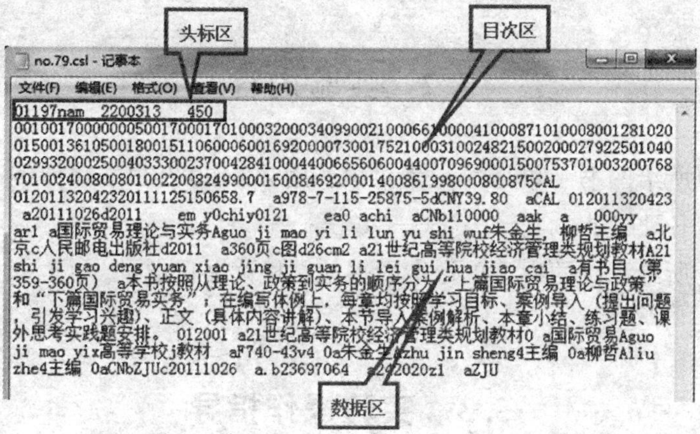

图 4-7 《国际贸易理论与实务》的 MARC 记录

4.3.3 实验题目

（1）配置 Z39.50 服务器，选择连接一个中文主机库，查询三本文献的书目记录，并保存为 ISO2709 格式文件。

（2）分析该 MARC 记录的结构，指出头标区、目次区、数据区；分析头标区每一位分别代表的含义；目次区包括的每个字段的含义；数据区的可变长控制字段和可变长数据字段分别是什么。

5 中文单行本图书原始编目

5.1 实验目的与要求

（1）熟悉中文文献信息编目的著录规则；

（2）熟悉机读目录 CNMARC 格式及其使用。

5.2 实验内容

（1）以所给图书（单行本）为对象，用 Z39.50 客户端软件编制中文普通图书的机读书目记录；

（2）为所给示例的中文单行本图书编制机读书目记录。

5.3 实验操作指导

5.3.1 相关知识

5.3.1.1 著录信息源

著录信息源分为主要信息源和规定信息源。

主要信息源：普通图书的主要信息源是书名页。若无书名页，可依次根据版权页、封面、书脊、序言、后记、出版说明等著录，亦可参考书之外的有关信息著录。

规定信息源：普通图书各个著录项目的规定信息源如表 5-1 所示；取自规

定信息源之外的著录信息置于方括号“［］”内，并在附注项说明。

表 5-1　**著录项目对应的规定信息源**

著录项目	规定信息源
题名与责任说明项	书名页
版本项	版权页或书名页、封面、出版说明等处
出版发行项	版权页或书名页、封面、出版说明等处
载体形态项	整部图书及附件
丛编项	丛编/专著书名页、封面、其他
附注项	任何信息源
标准号与获得方式项	任何信息源

5.3.1.2　CNMARC 格式特点

CNMARC 格式的特点：

第一，CNMARC 是依据有关国际、国内标准和国际图联向各国国家书目中心推荐的《UNIMARC 手册》制定的。

第二，CNMARC 结合中国汉字文献和信息处理的特殊性增设了一些必需的字段、子字段，并注意吸收我国图书馆界使用《中国机读目录通讯格式》进行机读编目和数据交换方面的经验，充实了有关内容。

第三，CNMARC 的结构以及各字段、子字段的解释说明。

第四，该格式除适用于专著与连续出版物外，还适用于测绘资料、乐谱、声像资料、计算机文件等各种类型文献，便于推广应用。

5.3.1.3　中文文献著录规则

常用的中文文献著录规则有：《中国机读目录格式》（WH/T0530-96）、《中国文献编目规则》（第 2 版）、国家图书馆编《新版中国机读目录格式使用手册》（北京图书馆出版社，2004）、谢琴芳编《CALIS 联机合作编目手册》（上）（北京大学出版社，2000）等。

5.3.1.4　原始编目流程

原始编目简易流程图如图 5-1 所示。

5.3.1.5　CALIS 联合目录 CNMARC 字段

见附录 2。

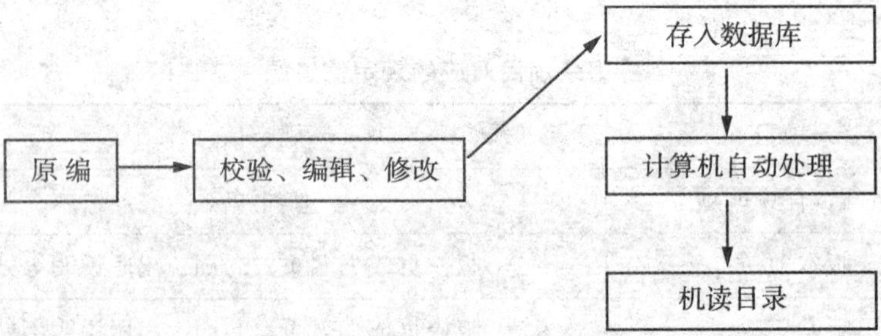

图 5-1　原始编目简易流程图

5.3.2　操作指导

以《李安的世界》(窦欣平著)为例，该书书名页和版权页如图 5-2 所示。

*注：全书223页，7页图版，有彩图，书高23cm

图 5-2　示例书名页和版权页（一）

图书在版编目（CIP）数据

李安的世界/窦欣平著
北京：人民日报出版社，2010.4
ISBN 978-7-5115-0062-5

Ⅰ.①李… Ⅱ.①窦… Ⅲ.①李安—电影影片—电影评论
Ⅳ.①J905.2

中国版本图书馆CIP数据核字（2010）第056806号

书　　名：李安的世界
著　　者：窦欣平

出 版 人：董伟
责任编辑：田玉香
策划编辑：李妮娜
装帧设计：北京双子山峰文化传媒有限公司

出版发行：人民日报 出版社
社　　址：北京金台西路2号
邮政编码：100733
发行热线：010-65369527 65369512 65369509 65369510
邮购热线：010-65369530
编辑热线：010-65369521
网　　址：www.peopledailypress.com
经　　销：新华书店
印　　刷：北京郑庄宏伟印刷厂

开　　本：170mm × 230mm 1/16
字　　数：223千字
印　　张：15
印　　数：6000册
印　　次：2010年4月第1版 2010年4月北京第1次印刷

书　　号：ISBN 978-7-5115-0062-5
定　　价：38.00元

图 5-2 示例书名页和版权页（二）

在 Z39. 50 客户端软件中选择“文件”→“编目”，如图 5-3 所示。

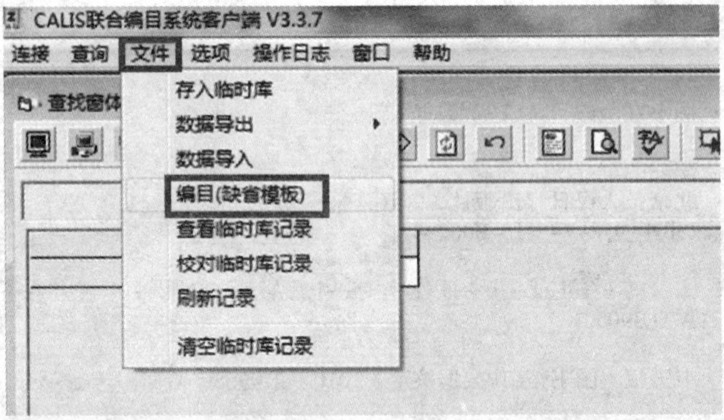

图 5-3　选择编目

在编目窗体中选择“模板”→“选择模板”，并点击“确定”，注意选择语种，如图 5-4 所示。

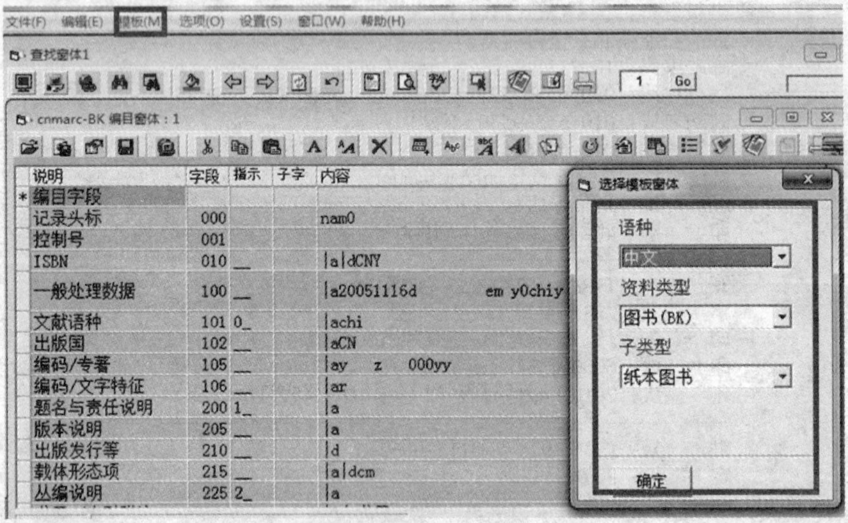

图 5-4　选择模板

选中编目字段，点右键“编辑”，如图 5-5 所示。

按照版权页所提供的书目信息，分别在相应字段输入相关信息，如图 5-6 所示。

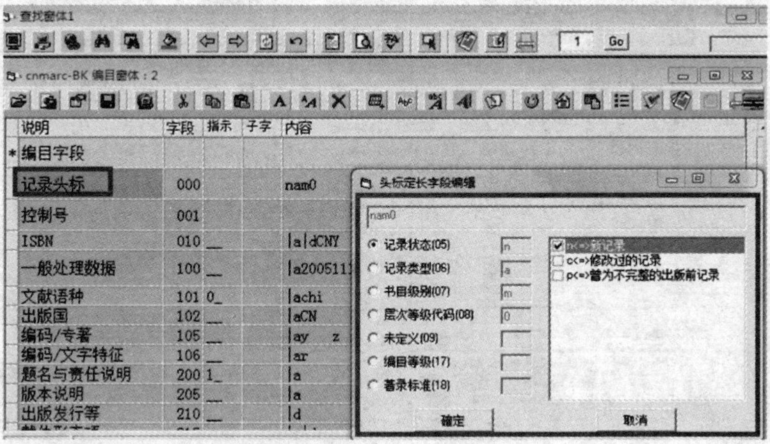

图 5-5　编辑字段

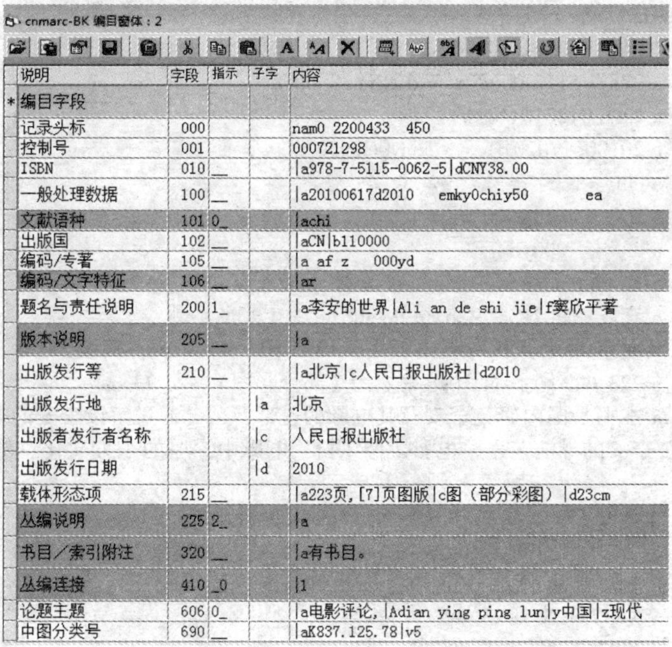

图 5-6　输入机读目录字段

在 Z39.50 客户端软件中将所做记录保存成所需要的文本格式，如图 5-7 所示。

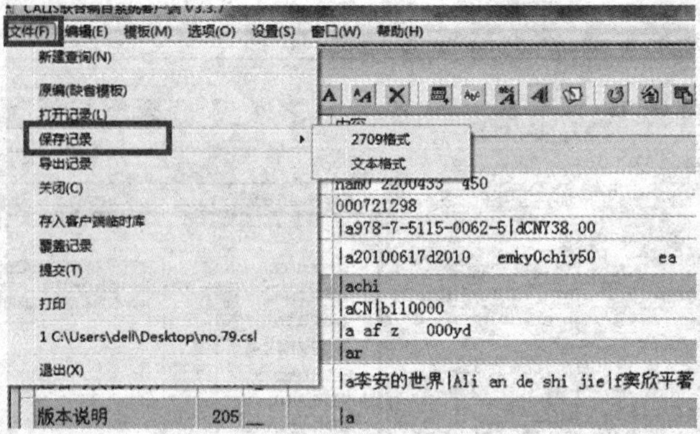

图 5-7　保存记录

该书的机读目录如图 5-8 所示。

001	##	000721298
005	##	20101011110324. 0
010	##	$ a 978-7-5115-0062-5 $ d CNY38. 00
099	##	$ a CAL 012010144469
100	##	$ a 20100617d2010 ekmy0chiy50 ea
101	0#	$ a chi
102	##	$ a CN $ b 110000
105	##	$ a af z 000yd
106	##	$ a r
200	1#	$ a 李安的世界 $ A li an de shi jie $ f 窦欣平著
210	##	$ a 北京 $ c 人民日报出版社 $ d 2010
215	##	$ a 223 页，［7］页图版 $ c 图（部分彩图）$ d 23cm
330	##	$ a 本书是国内研究李安及其电影的首部专著。通过解读李安的多部电影，本书全面分析了李安的导演艺术、电影影像风格、电影中深厚的东方文化意蕴及好莱坞制作模式。
600	#0	$ a 李安，$ A li an $ f 1954- $ x 人物研究
606	0#	$ a 电影评论 $ A dian ying ping lun $ y 中国 $ z 现代
606	0#	$ a 电影导演 $ A dian ying dao yan $ x 人物研究 $ y 美国 $ z 现代
690	##	$ a K837. 125. 78 $ v 5
690	##	$ a J905. 2 $ v 5
701	#0	$ a 窦欣平 $ A dou xin ping $ 4 著
801	#0	$ a CN $ b FZXYLIB $ c 20100617
801	#2	$ a CN $ b PUL $ c 20100623

图 5-8　《李安的世界》的 CNMARC 书目记录

5.3.3 实验题目

以图书原始编目实验题目实例（见附录1）中的例5-1~例5-5为对象，编制中文单行本图书相应的机读目录记录。

6 西文单行本图书原始编目

6.1 实验目的与要求

(1) 熟悉西文文献信息编目的著录规则；

(2) 掌握西文单行本图书的编目方法。

6.2 实验内容

以所给西文图书（单行本）为对象，用 Z39.50 客户端软件编制西文普通图书的机读书目记录。

6.3 实验操作指导

6.3.1 相关知识

6.3.1.1 西文文献著录规则

常见的西文文献著录规则有：《MARC21 书目数据格式》（MARC21 Format for Bibliographic Data)、《英美编目条例》（第 2 版）（AACR2-2002)、国家图书馆编《MARC21 书目数据格式使用手册》（北京图书馆出版社，2005)、谢琴芳编《CALIS 联机合作编目手册》（下）（北京大学出版社，2000)、刘素清编《CALIS 联机合作编目手册例解 西文部分》（北京大学出版社，2007）等。

6.3.1.2 MARC 21 字段简表

见附录 2。

6.3.2 操作指导

以“1984/George Orwell”为例，该书书名页和版权页如图 6-1 所示。

*注：全书267页，书高18cm

1984

a novel by

GEORGE ORWELL

With an Afterword by Erich Fromm

A SIGNET CLASSIC

SIGNET CLASSIC
Published by New American Library,a division of
Penguin Group (USA)Inc.,375 Hudson Street,
New York,New York 10014,U.S.A.
Penguin Books Ltd,80 Strand,
London WC2R 0RL,England
Penguin Books Australia Ltd,250 Camberwell Road,
Camberwell,Victoria 3124,Australia
Penguin Books Canada Ltd,10 Alcorn Avenue,
Toronto,Ontario,Canada M4V 3B2
Penguin Books(N.Z.) Ltd,Cnr Rosedale and Airborne Roads,
Albany,Auckland 1310,New Zealand

Penguin Books Ltd,Registered Offices:
80 Strand,London WC2R 0RL,England

Published by Signet Classic,an imprint of New American Library,a division of
Penguin Group(USA)Inc.This is an authorized reprint of a hardcover edition
published by Harcourt Brace Jovanovich,Inc.

First Signet Classic Printing,July 1950
120 119 118 117 116 115 114 113 112 111

Copyright Harcourt Brace Jovanovich,Inc.,1949
Copyright © renewed Sonia Brownell Orwell,1977
Afterword copyright © New American Library,a division of Penguin Group(USA)
Inc.,1961
All rights reserved

REGISTERED TRADEMARK—MARCA REGISTRADA

Printed in the United States of America

Without limiting the rights under copyright reserved above,no part of this
publication may be reproduced,stored in or introduced into a retrieval system,or
transmitted,in any form,or by any means(electronic,mechanical,photocopying,
recording,or otherwise),without the prior written permission of both the copyright
owner and the above publisher of this book.

BOOKS ARE AVAILABLE AT QUANTITY DISCOUNTS WHEN USED TO PROMOTE
PRODUCTS OR SERVICES,FOR INPORMATION PLEASE WRITE TO
PREMIUM MARKETING DIVISION,PENGUIN GROUP(USA)INC.,375 HUDSON
STREET,NEW YORK,NEW YORK 10014.

If you purchased this book without a cover you should be aware that this book is
stolen property.It was reported as “unsold and destroyed” to the publisher and neither
the author nor the publisher has received any payment for this “stripped book”.

The scanning,uploading and distribution of this book via the Internet or via any
other means without the permission of the publisher is illegal and punishable by law.
Please purchase only authorized electronic editions,and do not participate in or
encourage electronic piracy of copyrighted materials.Your support of the author’s
rights is appreciated.

图 6-1 示例的书名页和版权页

在Z39.50客户端软件中选择“文件”→“编目”，如图6-2所示。

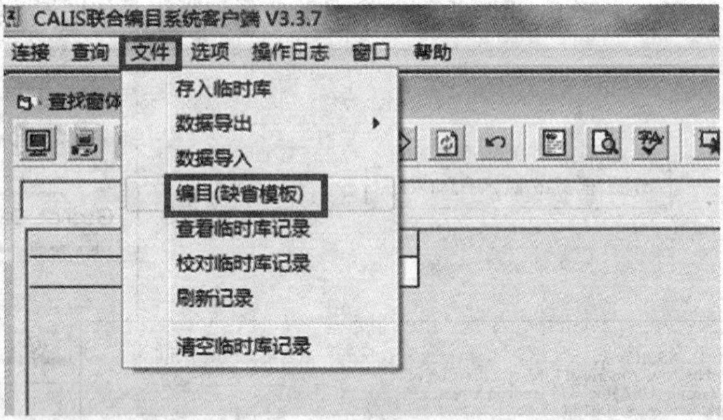

图6-2　选择编目

在编目窗体中选择“模板”→“选择模板”，并点击“确定”，注意选择语种，如图6-3所示。

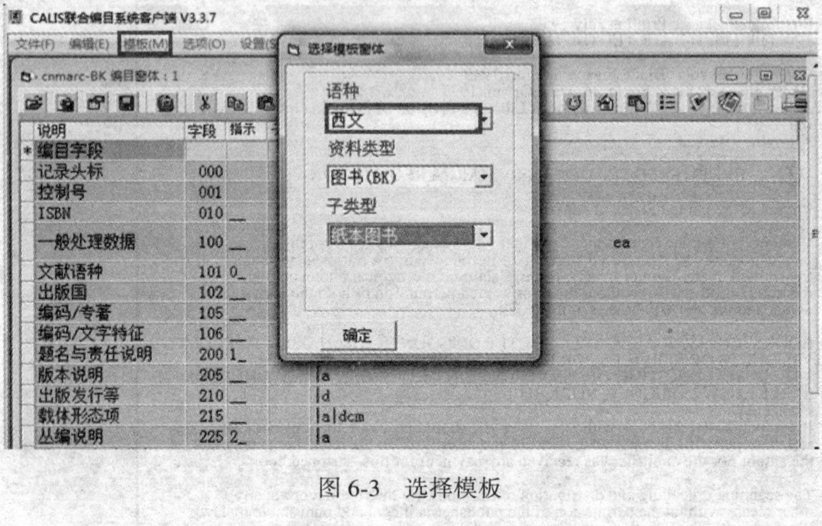

图6-3　选择模板

选中编目字段，点右键“编辑”，如图6-4所示。

按照版权页所提供的信息，分别在相应字段填入相关信息，如图6-5所示。

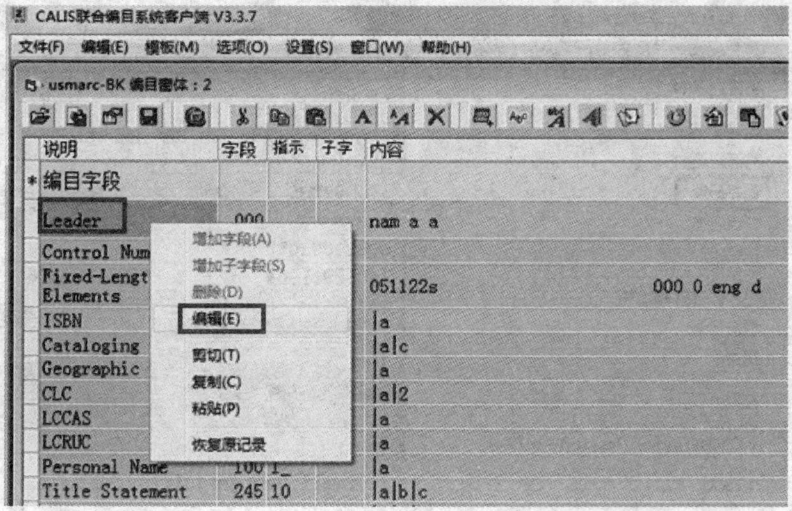

图 6-4 编辑字段

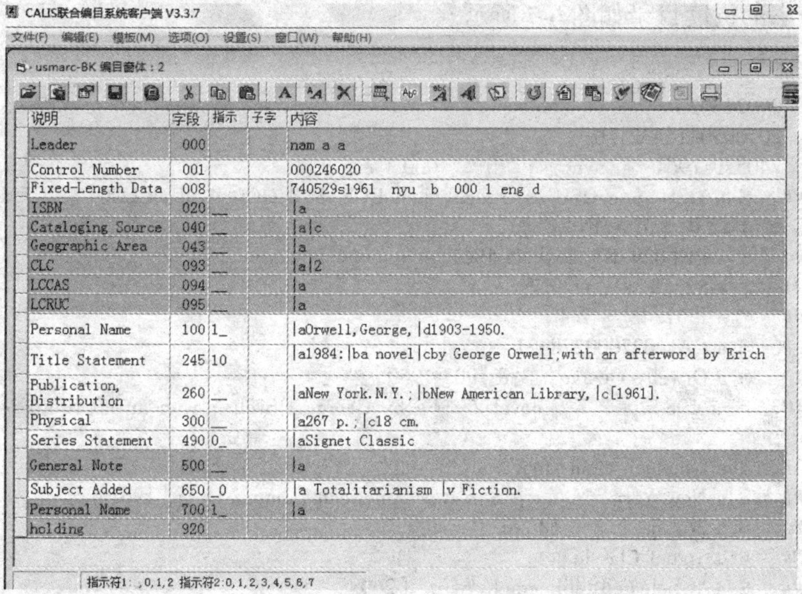

图 6-5 输入机读目录字段

在 Z39.50 客户端软件中将所做记录保存成所需要的文本格式，如图 6-6 所示。

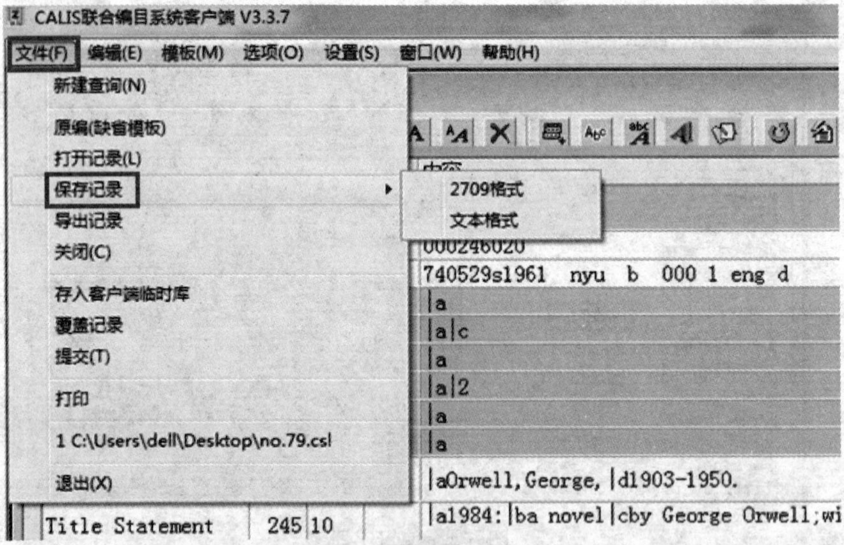

图 6-6 保存记录

该书的机读目录如图 6-7 所示。

001 000246020
005 20100504164321. 0
008 740529s1961 nyu b 000 1 eng d
040 ## $ a OSU $ c OSU $ d OCL $ d BOS $ d OCL $ d OCLCQ $ d XY4 $ d OCLCG $ d YYP $ d NMN
050 #4 $ a PR6029. R8 $ b N5 1961
082 04 $ a 823. 9 $ b O79NN
093 ## $ a I561. 45 $ 2 4
099 ## $ a CAL 022000278421
100 1# $ a Orwell, George, $ d 1903-1950.
245 10 $ a 1984 : $ b a novel / $ c by George Orwell ; with an afterword by Erich Fromm.
246 3# $ a Nineteen eighty-four
260 ## $ a New York, N. Y. : $ b New American Library, $ c [1961] .
300 ## $ a 267 p. ; $ c 18 cm.
490 0# $ a Signet Classic
504 ## $ a " Selected bibliography" : p. [269] .
520 ## $ a In a bleak world where even thoughts are controlled by the Party, a minor bureaucrat tries to rebel.
650 #0 $ a Totalitarianism $ v Fiction.

图 6-7 西文图书记录

6.3.3 实验题目

以图书原始编目实验题目实例（见附录 1）中的实例 6-1～实例 6-5 为对象，编制西文单行本图书相应的机读目录记录。

7 综合著录与分析著录

7.1 实验目的与要求

(1) 分析多卷书、丛书的基本结构与基本特征，了解多卷书、丛书著录信息来源；

(2) 掌握多卷书、丛书综合著录的基本方法和基本规则；

(3) 掌握多卷书、丛书分析著录的基本方法和基本规则。

7.2 实验内容

(1) 编制中文多卷书整套著录的机读书目记录；

(2) 编制中文多卷书分卷（册）单独著录的机读书目记录；

(3) 编制中文丛书分卷（册）单独著录的机读书目记录；

(4) 编制目次中的单部（篇）作品的中文机读书目记录。

7.3 实验操作指导

7.3.1 相关知识

7.3.1.1 综合与分析著录

综合著录是对一部文献或一组文献进行整体揭示，著录的结果是整部文献形成一条记录或一张款目。

分析著录是在综合著录的基础上，对文献的组成部分所进行的揭示，著录的结果是一部文献可根据需要形成若干条记录或款目。

综合著录与分析著录对于推荐文献、充分利用文献均有重要意义，但是在具体应用中也应有所控制，否则不仅会增加读者检索的困难，而且会增加图书馆不必要的工作负担，最终难以达到对文献的深度揭示和重点报道的目的。从方便使用及经济、有效的角度出发，图书馆在选择综合与分析著录时，可考虑以下原则：第一，文献的价值和析出部分的可检程度；第二，图书馆的特点和读者的实际需要；第三，现有检索工具的完备程度和检索途径。

7.3.1.2 综合与分析著录通则

著录项目：《中国文献编目规则》（第2版）中规定的综合与分析著录的著录项目为题名与责任说明项、版本项、文献特殊细节项、出版、发行项、载体形态项、丛编项、辅助项、标准编号与获得方式项。

著录信息源：综合与分析著录的著录信息源应该按不同的文献类型确定，包括主要信息源和规定信息源。具体可依据各类型文献的规定。

7.3.1.3 与综合著录、分析著录相关的著录细则

200题名与责任者项，该字段与综合著录、分析著录相关的著录字段有：

$ h 分辑（册）、章节号（可重复）

$ i 分辑（册）、章节名（可重复）

$ v 卷标识（不可重复）（仅在200字段被嵌套在4—连接字段中时使用）

215载体形态项，该字段与综合著录、分析著录相关的著录字段有：

$ a 特定文献类型标识与文献数量（可重复）

225丛编项，该字段与综合著录、分析著录相关的著录字段有：

$ h 附属丛编号（可重复）

$ i 附属丛编名（可重复）

$ v 卷标识 （可重复）

327内容附注，该字段与综合著录、分析著录相关的著录字段有：

$ a 附注内容 （可重复）

$ b 一级子章节（部分）（可重复）

$ c 二级子章节（部分）（可重复）

$ d 三级子章节（部分）（可重复）

……

$ i 八级子章节（部分）（可重复）

$ p 页码 （可重复）

410丛编，该字段用于实现在编文献记录与含有该文献的丛编记录的连接。当在编文献为丛编中的分辑（册）时，410字段包含对其丛编的向上连接。

461总集，该字段用于实现对总集一级文献记录的连接。被连接的记录处于总集级，而含有本字段的记录处于单册或分集级。

462分集，该字段用于实现对分集一级文献记录的连接。被连接的记录处于分集级，而含有本字段的记录处于单册、分集或总集级。

463单册，该字段用于实现对单册一级文献记录的连接。被连接的记录处于单册级，而含有本字段的记录处于单册分析、分集或总集级。

7.3.2 操作指导

(1) 编制中文多卷书整套著录的机读书目记录。

以《朱镕基讲话实录》(人民出版社，2011) 为例，编制中文多卷书整套的机读书目记录，该书书名页和版权页如图7-1~图7-4所示。

书名页

朱镕基讲话实录

第一卷

人民出版社

*注：全书共4册，有彩图、肖像、摹真，书高23cm

版权页

责任编辑：王一禾　洪　琼　陈光耀
责任校对：吴海平　徐林香
装帧设计：曹　春

图书在版编目（CIP）数据

朱镕基讲话实录．第一卷/《朱镕基讲话实录》编辑组　编．
—北京：人民出版社，2011．9
ISBN 978-7-01-010128-6
Ⅰ．①朱…　Ⅱ．①朱…　Ⅲ．①朱镕基-讲话　Ⅳ．①D2-0
中国版本图书馆CIP数据核字（2011）第154846号

朱镕基讲话实录
ZHU RONGJI JIANGHUA SHILU
第一卷
《朱镕基讲话实录》编辑组　编

人民出版社出版发行
（100706　北京朝阳门内大街166号）
北京画中画印刷有限公司印刷　新华书店经销

2011年9月第1版　2011年9月北京第1次印刷
开本：700毫米×1000毫米　1/16　印张：33.75
字数：406千字　插页：2
ISBN 978-7-01-010128-6　定价：49.00元
邮购地址　100706　北京朝阳门内大街166号
人民东方图书销售中心　电话（010）65250042　65289539

中国财政经济出版社参与发行

敬告读者：举报盗版本书者人民出版社将予以重奖
举报电话：（010）65225838　65251359

图7-1 《朱镕基讲话实录》(第一卷) 书名页、版权页

责任编辑：张秀平　杨美艳　姜　玮
责任校对：吴海平　赵立新　张　彦
装帧设计：曹　春

图书在版编目（CIP）数据

朱镕基讲话实录. 第二卷/《朱镕基讲话实录》编辑组　编.
—北京：人民出版社，2011. 9
ISBN 978-7-01-010127-9
Ⅰ. ①朱…　Ⅱ. ①朱…　Ⅲ. ①朱镕基-讲话　Ⅳ. ①D2-0
中国版本图书馆CIP数据核字（2011）第154845号

朱镕基讲话实录
ZHU RONGJI JIANGHUA SHILU
第二卷
《朱镕基讲话实录》编辑组　编

人民出版社　出版发行
（100706　北京朝阳门内大街166号）
北京画中画印刷有限公司印刷　新华书店经销

2011年9月第1版　2011年9月北京第1次印刷
开本：700毫米×1000毫米 1/16　印张：32.75
字数：394千字　插页：2
ISBN 978-7-01-010127-9　定价：49.00元
邮购地址 100706　北京朝阳门内大街166号
人民东方图书销售中心　电话（010）65250042　65289539

中国财政经济出版社参与发行

敬告读者：举报盗版本书者人民出版社将予以重奖
举报电话：（010）65225838　65251359

图 7-2　《朱镕基讲话实录》（第二卷）版权页

责任编辑：李春林　郑海燕　阮宏波
责任校对：吴海平　王　惠　阎　宓
装帧设计：曹　春

图书在版编目（CIP）数据

朱镕基讲话实录．第三卷/《朱镕基讲话实录》编辑组　编．
—北京：人民出版社，2011．9
ISBN 978-7-01-010126-2
Ⅰ．①朱…　Ⅱ．①朱…　Ⅲ．①朱镕基-讲话　Ⅳ．①D2-0
中国版本图书馆CIP数据核字（2011）第154933号

朱镕基讲话实录
ZHU RONGJI JIANGHUA SHILU
第三卷
《朱镕基讲话实录》编辑组　编

人民出版社　出版发行
（100706　北京朝阳门内大街166号）
北京新华印刷有限公司印刷　新华书店经销

2011年9月第1版　2011年9月北京第1次印刷
开本：700毫米×1000毫米　1/16　印张：33
字数：396千字　　插页：2
ISBN 978-7-01-010126-2　定价：49.00元
邮购地址　100706　北京朝阳门内大街166号
人民东方图书销售中心　电话（010）65250042　65289539

中国财政经济出版社参与发行

敬告读者：举报盗版本书者人民出版社将予以重奖
举报电话：（010）65225838　65251359

图 7-3　《朱镕基讲话实录》（第三卷）版权页

责任编辑：崔继新　毕于慧　陈　登
责任校对：吴海平　周　昕　张　红
装帧设计：曹　春

图书在版编目（CIP）数据

朱镕基讲话实录．第四卷/《朱镕基讲话实录》编辑组　编．
—北京：人民出版社，2011．9
ISBN 978-7-01-010125-5
Ⅰ．①朱…　Ⅱ．①朱…　Ⅲ．①朱镕基-讲话　Ⅳ．①D2-0
中国版本图书馆CIP数据核字（2011）第155456号

朱镕基讲话实录
ZHU RONGJI JIANGHUA SHILU
第四卷
《朱镕基讲话实录》编辑组　编

人民出版社　出版发行
（100706　北京朝阳门内大街166号）
北京画中画印刷有限公司印刷　新华书店经销

2011年9月第1版　2011年9月北京第1次印刷
开本：700毫米×1000毫米　1/16　印张：31.75
字数：380千字　插页：2
ISBN 978-7-01-010125-5　定价：49.00元
邮购地址 100706　北京朝阳门内大街166号
人民东方图书销售中心　电话（010）65250042　65289539

中国财政经济出版社参与发行

敬告读者：举报盗版本书者人民出版社将予以重奖
举报电话：（010）65225838　65251359

图 7-4　《朱镕基讲话实录》（第四卷）版权页

在 Z39. 50 客户端软件中选择“文件”→“编目”，如图 7-5 所示。

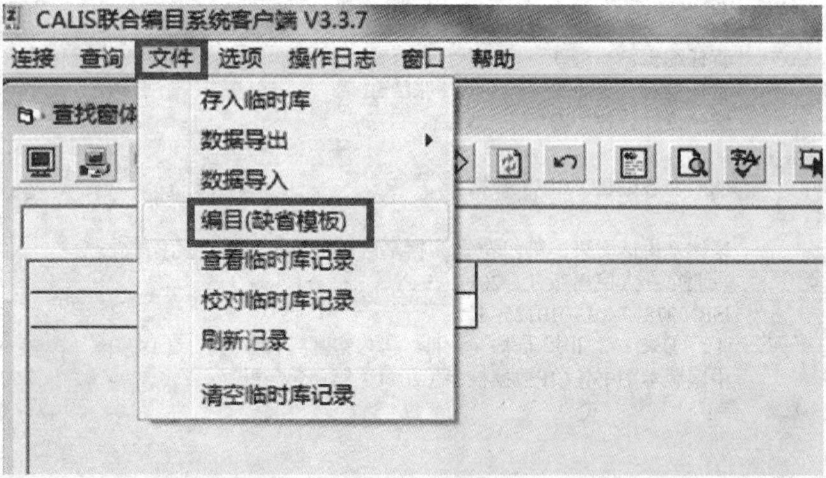

图 7-5 选择编目

在编目窗体中选择“模板”→“选择模板”，并点击“确定”，注意选择语种，如图 7-6 所示。

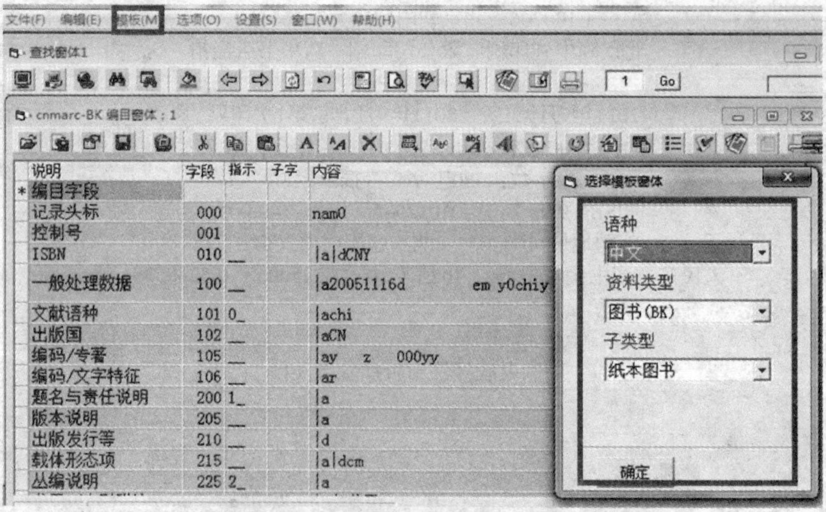

图 7-6 选择模板

选中编目字段，点右键“编辑”，编制机读目录。该套书的机读目录如图7-7所示。

```
001  ##  000804341
005  ##  20111014101809.0
010  ##  $ a 978-7-01-010128-6 $ b 第一卷 $ d CNY49.00
010  ##  $ a 978-7-01-010127-9 $ b 第二卷 $ d CNY49.00
010  ##  $ a 978-7-01-010126-2 $ b 第三卷 $ d CNY49.00
010  ##  $ a 978-7-01-010125-5 $ b 第四卷 $ d CNY49.00
099  ##  $ a CAL 012011293466
100  ##  $ a 20110914d2011    emky0chiy50      ea
101  0#  $ a chi
102  ##  $ a CN $ b 110000
105  ##  $ a acfhz   000yy
106  ##  $ a r
200  1#  $ a 朱镕基讲话实录 $ A zhu zhe ji jiang hua shi lu
210  ##  $ a 北京 $ c 人民出版社 $ d 2011
215  ##  $ a 4 册 $ c 图(部分彩图), 肖像, 摹真 $ d 23cm
600  #0  $ a 朱镕基, $ A zhu zhe ji $ f 1928- $ x 著作
606  0#  $ a 政治 $ A zheng zhi $ x 问题 $ y 中国
606  0#  $ a 政论 $ A zheng lun $ y 中国
690  ##  $ a D2-0 $ v 5
690  ##  $ a D60 $ v 5
701  #0  $ a 朱镕基, $ A zhu zhe ji $ f 1928- $ 4 著 $ 3 CAL n2004097024# $ 7
jt0yjt0y $ 7 ec0yec0y
801  #0  $ a CN $ b ZSU $ c 20110914
801  #2  $ a CN $ b TSU $ c 20110921
```

图7-7 《朱镕基讲话实录》的CNMARC书目记录

（2）编制中文多卷书分卷（册）单独著录的机读书目记录。

以《明朝那些事儿》（浙江人民出版社，2011）为例，编制中文多卷书分

卷（册）单独著录的机读书目记录，该书书名页和版权页如图 7-8 所示。

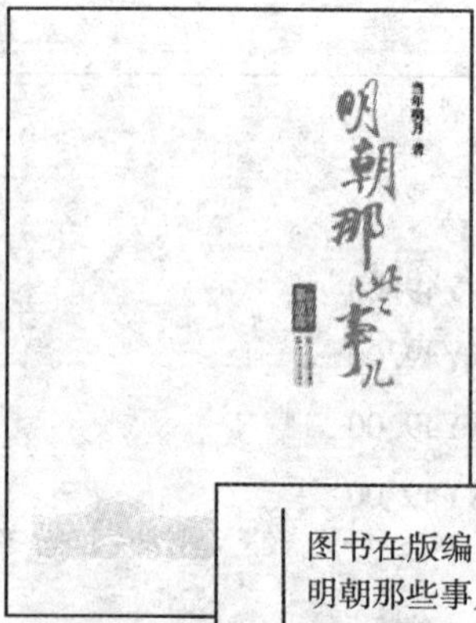

*注：全书共7册，书高24cm

图书在版编目（CIP）数据
明朝那些事儿·第1部，洪武大帝/当年明月著. –杭州：浙江人民出版社，2011. 11（2012.2重印）
ISBN 978-7-213-04633-9
Ⅰ. ①明… Ⅱ. ①当… Ⅲ. ①中国历史–明代–通俗读物 Ⅳ. ①K248.09
中国版本图书馆CIP数据核字（2011）第146278号

书　　名	明朝那些事儿·第1部　洪武大帝
作　　者	当年明月　著
出版发行	浙江人民出版社 杭州市体育场路347号 市场部电话：（0571）85061682　85176516
责任编辑	洪　晓
责任校对	张彦能
印　　刷	三河市汇鑫印务有限公司
开　　本	700×980毫米　1/16
印　　张	19
字　　数	353.4千字
插　　页	1
版　　次	2011年11月第1版 2012年2月第2次印刷
书　　号	ISBN 978-7-213-04633-9
定　　价	29.80元

如发现印装质量问题，影响阅读，请与市场部联系调换。

图 7-8 《明朝那些事儿》（第 1 部）书名页、版权页

参照图 7-5~图 7-6 的操作流程，编制机读目录。该书的机读目录如图 7-9 所示。

```
001  ##  000721411
005  ##  20100712091434.0
010  ##  $ a 978-7-5057-2246-0 $ b 第壹部 $ d CNY28.80
099  ##  $ a CAL 012010161647
100  ##  $ a 20100712g20099999ekmy0chiy50      ea
101  0#  $ a chi
102  ##  $ a CN $ b 110000
105  ##  $ a y   z   000yy
106  ##  $ a r
200  1#  $ a 明朝那些事儿 $ A ming chao na xie shi er $ f 当年明月著
210  ##  $ a 北京 $ c 中国友谊出版公司 $ d 2009-
215  ##  $ a 册 $ d 24cm
327  0#  $ a 第壹部, 洪武大帝
517  1#  $ a 洪武大帝 $ A hong wu da di
606  0#  $ a 古代史 $ A gu dai shi $ y 中国 $ z 明代 $ j 通俗读物
690  ##  $ a K248.09 $ v 4
701  #0  $ a 当年明月 $ A dang nian ming yue $ 4 著
801  #0  $ a CN $ b WUL $ c 20100712
```

图 7-9 《明朝那些事儿》的 CNMARC 书目记录

（3）编制中文丛书分卷（册）单独著录的机读书目记录。

以《安徽大学汉语言文字研究丛书·杨军卷》为例，编制中文丛书分卷（册）单独著录的机读书目记录，该书书名页和版权页如图 7-10 所示。

参照图 7-5~图 7-6 的操作流程，编制机读目录。该书的机读目录如图 7-11 所示。

安徽大学汉语言文字研究丛书

主编 黄德宽

杨军·卷

*注：全书381页，有图，书高24cm

图书在版编目（CIP）数据

安徽大学汉语言文字研究丛书，杨军卷/杨军著.

-合肥：安徽大学出版社，2013.5

ISBN 978-7-5664-0200-4

Ⅰ.①安… Ⅱ.①杨… Ⅲ.①汉语-语言学-文集 ②汉字-文字学-文集

Ⅳ.①H1-53

中国版本图书馆CIP数据核字（2013）第017062号

AN HUI DA XUE HAN YU YAN WEN ZI YAN JIU CONG SHU

安徽大学汉语言文字研究丛书

YANG JUN JUAN

杨军卷　　杨　军 著

出版发行：北京师范大学出版集团
安 徽 大 学 出 版 社
（安徽省合肥市肥西路3号 邮编 230039）
www.bnupg.com.cn
www.ahupress.com.cn

印　　刷：合肥远东印务有限责任公司

经　　销：全国新华书店

开　　本：170mm×240mm

印　　张：16.75

字　　数：287千字

版　　次：2013年5月第1版

印　　次：2013年5月第1次印刷

定　　价：45.00元

ISBN 978-7-5664-0200-4

策划编辑：康建中　　装帧设计：刘运来

责任编辑：徐　建　程尔聪　　美术编辑：李　军

责任校对：程中业　　责任印制：陈　如

版权所有　侵权必究

反盗版、侵权举报电话：0551-65106311

外埠邮购电话：0551-65107716

本书如有印装质量问题，请与印制管理部联系调换。

印制管理部电话：0551-65106311

图 7-10　《安徽大学汉语言文字研究丛书·杨军卷》书名页、版权页

```
001  ##  000923137
005  ##  20140102085227.0
010  ##  $ a 978-7-5664-0200-4 $ d CNY45.00
099  ##  $ a CAL 012013110727
100  ##  $ a 20130912d2013    em y0chiy50      ea
101  0#  $ a chi
102  ##  $ a CN $ b 340000
105  ##  $ a k  a  000yy
106  ##  $ a r
200  1#  $ a 安徽大学汉语言文字研究丛书 $ A an hui da xue han yu yan wen zi yan jiu cong shu $ f 黄德宽主编 $ i 杨军卷
210  ##  $ a 合肥 $ c 安徽大学出版社 $ d 2013
215  ##  $ a 13，242 页 $ d 24cm
320  ##  $ a 有书目（第 235-242 页）
330  ##  $ a 本书收录了 23 篇论文，大致包括音韵研究、训诂研究、音韵文献研究等方面的内容，另有一篇方言语法研究。
517  1#  $ a 杨军卷 $ A yang jun juan
606  0#  $ a 汉语 $ A han yu $ x 语言学 $ j 文集
606  0#  $ a 汉字 $ A han zi $ x 文字学 $ j 文集
690  ##  $ a H1-53 $ v 5
690  ##  $ a H12-53 $ v 5
701  #0  $ a 黄德宽，$ A huang de kuan $ f 1954- $ 4 主编
702  #0  $ a 杨军 $ A yang jun $ 4 著
801  #0  $ a CN $ b ZL $ c 20130912
801  #2  $ a CN $ b PUL $ c 20131111
```

图 7-11 《安徽大学汉语言文字研究丛书·杨军卷》的 CNMARC 书目记录

（4）编制目次中的单部（篇）作品的中文机读书目记录。

以《中国荒政全书》（北京古籍出版社，2003）为例，编制目次中的单部（篇）作品的机读书目记录，该书书名页、目次页如图 7-12 所示，版权页如图 7-13 所示。

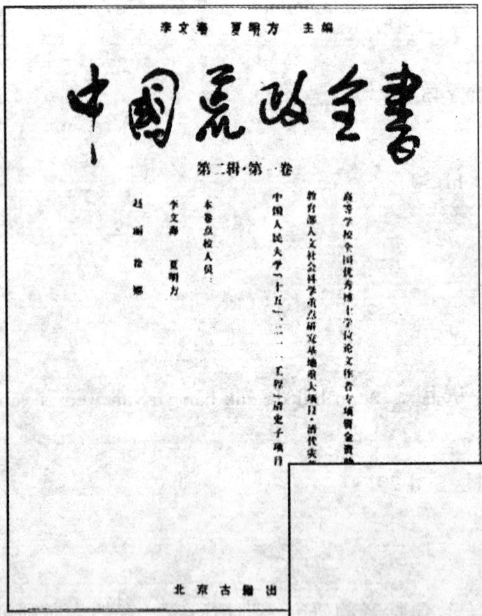
李文海 夏明方 主编

中国荒政全書

第二辑·第一卷

高等学校全国优秀博士学位论文作者专项资金资助

教育部人文社会科学重点研究基地重大项目《清代灾

中国人民大学"十五""二一一工程"清史子项目

本卷点校人员：

李文海 夏明方

赵丽 徐娜

北京古籍出

总 目 录

图 7-12 《中国荒政全书》书名页、目次页

图书在版编目（CIP）数据

中国荒政全书·第2辑/李文海，夏明方主编. -北京：
北京古籍出版社，2003
ISBN 7-5300-0279-1

Ⅰ. ①中… Ⅱ. ①李… ②夏… Ⅲ. 荒政-史料-中国
Ⅳ. F092. 2
中国版本图书馆CIP数据核字（2002）第110892号

中国荒政全书（第二辑）
ZHONGGUO HUANGZHENG QUAN SHU(DIERJI)
李文海 夏明方 主编
*
北 京 古 籍 出 版 社 出 版
（北京北三环中路6号）
邮政编码：100011
网 址：www.bph.com.cn
北京出版社出版集团总发行
新 华 书 店 经 销
北 京 北 苑 印 刷 有 限 公 司
*
850×1168 32开本 104.125印张（1-4卷） 2380千字
2004年10月第1版 2004年10月第1次印刷
印数1-2000套
ISBN 7-5300-0279-1/K·106
定价：200.00元（全四卷）

图 7-13 《中国荒政全书》版权页

参照图 7-5～图 7-6 的操作流程，编制机读目录。该书的机读目录如图 7-14 所示。

001 ## 012003007327

005 ## 20081215000000. 0

010 ## $ a 7-5300-0279-1 $ b 精装；第二辑 $ d CNY200. 00（4 卷）

099 ## $ a CAL 012003036879

100 ## $ a 20030310g20039999ekmy0chiy50   ea

101 0# $ a chi

102 ## $ a CN $ b 110000

105 ## $ a y   z   000yy

106 ## $ a r

200 1# $ a 中國荒政全書 $ A zhong guo huang zheng quan shu $ f 李文海，夏明方主编

210 ## $ a 北京 $ c 北京古籍出版社 $ d 2003-

215 ## $ a 册 $ d 22cm

300 ## $ a 高等学校全国优秀博士学位论文作者专项资金资助项目，教育部人文社会科学研究重大项目，中国人民大学“十五”“二一一工程”清史子项目

327 1# $ a 救荒活民书/（宋）董煟．$ a 拯荒事略/（元）欧阳元．$ a 荒政丛言/（明）林希元．$ a 荒政考/（明）屠隆．$ a 荒政汇编/（明）何淳之．$ a 赈豫纪略/（明）钟化民．$ a 荒政要览/（明）俞汝为．$ a 荒箸略/（明）刘世教．$ a 荒政议/（明）周孔教．$ a 煮粥条议/（明）陈继儒．$ a 灾祲窾议/（明）毕自严．$ a 荒政考/（明）陈仁锡．$ a 荒政条议/（明）孙绳武．$ a 救荒事宜/（明）张陛．$ a 救荒/（明）潘游龙．$ a 救荒策会/（明）陈龙正

517 1# $ a 救荒活民书 $ A jiu huang huo min shu

517 1# $ a 拯荒事略 $ A zheng huang shi lue

517 1# $ a 荒政丛言 $ A huang zheng cong yan

517 1# $ a 荒政考 $ A huang zheng kao

517 1# $ a 荒政汇编 $ A huang zheng hui bian

517 1# $ a 赈豫纪略 $ A zhen yu ji lue

517 1# $ a 荒政要览 $ A huang zheng yao lan

517 1# $ a 荒箸略 $ A huang zhu lue

517 1# $ a 荒政议 $ A huang zheng yi

517 1# $ a 煮粥条议 $ A zhu zhou tiao yi

517 1# $ a 灾祲窾议 $ A zai 祲 窾 yi

517 1# $ a 荒政考 $ A huang zheng kao

517 1# $ a 荒政条议 $ A huang zheng tiao yi

517 1# $ a 救荒事宜 $ A jiu huang shi yi

517 1# $ a 救荒 $ A jiu huang

517 1# $ a 救荒策会 $ A jiu huang ce hui

518 1# $ a 中国荒政全书

606 0# $ a 自然灾害 $ A zi ran zai hai $ x 救灾 $ x 文献 $ y 中国 $ z 古代 $ j 汇编

690 ## $ a D691. 9 $ v 4

690 ## $ a X432 $ v 4

701 #0 $ a 李文海 $ A li wen hai $ 4 主编

701 #0 $ a 夏明方 $ A xia ming fang $ 4 主编

801 #0 $ a CN $ b ECN $ c 20030310

图 7-14 《中国荒政全书》的 CNMARC 书目记录

7.3.3 实验题目

（1）以图书原始编目实验题目实例（见附录1）中的实例7-1为对象，编制中文多卷书整套著录的机读书目记录。

（2）以图书原始编目实验题目实例（见附录1）中的实例7-2、实例7-3为对象，编制中文多卷书分卷（册）单独著录的机读书目记录。

（3）以图书原始编目实验题目实例（见附录1）中的实例7-4、实例7-5为对象，编制中文丛书分卷（册）单独著录的机读书目记录。

（4）以图书原始编目实验题目实例（见附录1）中的实例7-6为例，编制目次中的单部（篇）作品的中文机读书目记录。

8 规范记录的编制

8.1 实验目的与要求

(1) 了解个人名称规范、团体名称规范和题名规范记录的编制方法;

(2) 依据有关的著录规则和机读规范记录编制方法,编制规范记录。

8.2 实验内容

(1) 通过 CALIS 联合目录规范数据库查询个人名称、团体名称、题名的规范记录;

(2) 编制个人名称规范、团体名称规范和题名规范记录。

8.3 实验操作指导

8.3.1 相关知识

8.3.1.1 机读规范格式

根据规范数据款目著录规则,《中国机读规范格式》中定义了三种记录类型:规范款目记录、参照款目记录、说明款目记录。

《中国机读规范格式》中规定了以下功能字段块:

0—标识块:包含若干标识该记录的号码和数字。

1—编码信息块:包含若干描述记录各个方面特征的定长数据元素。

2—标目块:包含记录的规范标目、参照标目和说明标目。

3—标目附注块：包含解释记录标目（2—）及该标目与其他标目之间关系的说明。

4—单纯参照根查块：包含要做单纯参照去引见统一标目（2—）的若干非规范标目。

5—相关参照根查块：包含要做相关参照去引见统一标目（2—）的若干规范标目。

6—分类号块：包含记录规范标目的若干学科分类号。

7—连接标目块：包含与记录标目（2—）不同的其他语言或文字形式，并连接到以该交替形式为2—标目的另外记录。

8—来源信息块：包含记录的来源、编目员附注以及其他不需要给用户显示和打印的说明等内容。

9—国内使用块：有关记录建立机构自己需要处理的局部数据。

8.3.1.2 个人名称规范记录的编制

个人名称规范记录编入200字段，该字段记载一个个人名称标目。字段中定义的子字段如表8-1所示。

表8-1 **个人名称规范记录的编制**

子字段标识符	子字段内容	注释
$ a	标目基本元素	不重复
$ b	名称的其余部分	不重复
$ c	名称的附加成分	可重复
$ d	罗马数字	不重复
$ f	生卒年	不重复
$ g	缩写名的全称	不重复
$ x	主题复分	可重复
$ y	地理复分	可重复
$ z	年代复分	可重复
$ 7	文字	不重复

8.3.1.3 团体名称规范记录的编制

团体名称规范记录编入210字段，该字段记载一个团体或会议名称标目。

字段中定义的子字段如表 8-2 所示。

表 8-2　**团体名称规范记录的编制**

子字段标识符	子字段内容	注释
$ a	标目基本元素	不重复
$ b	次级机构名称	可重复
$ c	名称的附加成分或修饰语	可重复
$ d	会议届次	可重复
$ e	会议地点	不重复
$ f	会议日期	不重复
$ g	倒序元素	不重复
$ h	名称的其他部分（除 $ a 和 $ g）外	可重复
$ x	主题复分	可重复
$ y	地理复分	可重复
$ z	年代复分	可重复
$ 7	文字	不重复

8.3.1.4　题名规范记录的编制

统一题名规范记录编入 230 字段，本字段记载一个统一题名。对于交替形式的标目，本字段允许重复。

8.3.1.5　410 单纯参照根查——团体或会议名称

本字段记载团体或会议名称的不同形式，即非规范标目形式的根查。本字段可以重复。

8.3.1.6　430 单纯参照根查——统一题名

本字段记载统一题名不同形式的根查，即具有检索意义的同一著作的其他题名。本字段可以重复。

8.3.2　操作指导

本实验将通过 CALIS 联合目录规范数据库进行检索，通过查看规范记录的文本格式，进行规范记录的编制。该数据库网址为：http：//opac. calis. edu. cn/aopac/ajsp/index. jsp。

（1）个人名称规范记录的编制。

登录 CALIS 联合目录规范数据库，输入关键词“胡适”，标目类型选择“个人名称”，点击“搜索”，如图 8-1 所示。

图 8-1 CALIS 联合目录规范检索界面

在检索结果中，选择所要查看的规范标目，如图 8-2 所示。

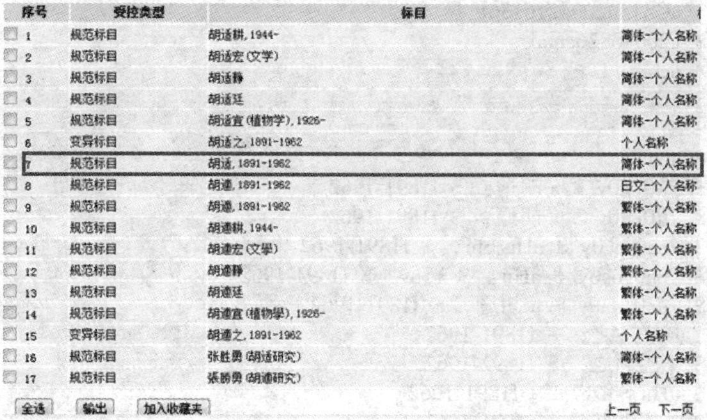

序号	受控类型	标目	
1	规范标目	胡适耕，1944-	简体-个人名称
2	规范标目	胡适宏（文学）	简体-个人名称
3	规范标目	胡适静	简体-个人名称
4	规范标目	胡适廷	简体-个人名称
5	规范标目	胡适宜（植物学），1926-	简体-个人名称
6	变异标目	胡适之，1891-1962	个人名称
7	规范标目	胡适，1891-1962	简体-个人名称
8	规范标目	胡適，1891-1962	日文-个人名称
9	规范标目	胡適，1891-1962	繁体-个人名称
10	规范标目	胡適耕，1944-	繁体-个人名称
11	规范标目	胡適宏（文學）	繁体-个人名称
12	规范标目	胡適靜	繁体-个人名称
13	规范标目	胡適廷	繁体-个人名称
14	规范标目	胡適宜（植物學），1926-	繁体-个人名称
15	变异标目	胡適之，1891-1962	个人名称
16	规范标目	张胜勇（胡适研究）	简体-个人名称
17	规范标目	張勝勇（胡適研究）	繁体-个人名称

图 8-2 选择规范标目

查看该条记录的文本显示格式，该记录的 MARC 显示功能只提供给 CALIS 联机编目成员用户，登录用户名和密码由 CALIS 联机编目中心统一分配，如图 8-3 所示。

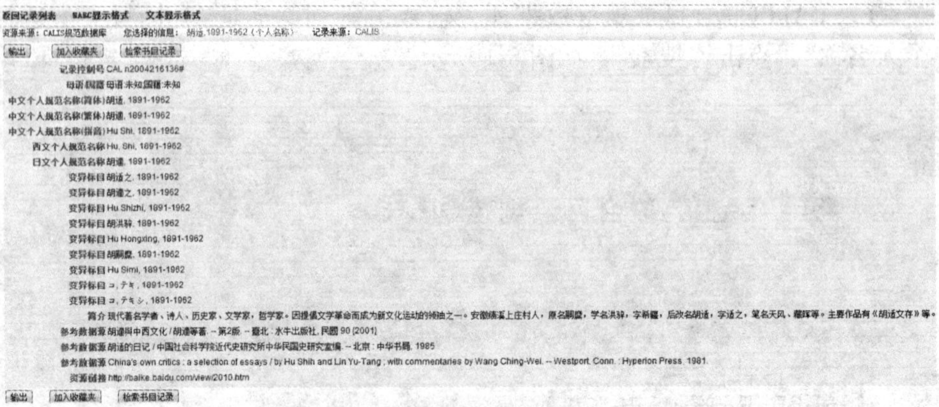

返回记录列表　MARC显示格式　文本显示格式

资源来源：CALIS规范数据库　您选择的信息：胡适,1891-1962（个人名称）　记录来源：CALIS

输出　加入收藏夹　检索书目记录

记录控制号 CAL n2004216136#

母语/国籍 母语:未知/国籍:未知

中文个人规范名称(简体) 胡适, 1891-1962

中文个人规范名称(繁体) 胡適, 1891-1962

中文个人规范名称(拼音) Hu Shi, 1891-1962

西文个人规范名称 Hu, Shi, 1891-1962

日文个人规范名称 胡適, 1891-1962

变异标目 胡适之, 1891-1962

变异标目 胡適之, 1891-1962

变异标目 Hu Shizhi, 1891-1962

变异标目 胡洪骍, 1891-1962

变异标目 Hu Hongxing, 1891-1962

变异标目 胡嗣糜, 1891-1962

变异标目 Hu Simi, 1891-1962

变异标目 コ, テキ, 1891-1962

变异标目 コ, テキシ, 1891-1962

简介 现代著名学者、诗人、历史家、文学家，哲学家。因提倡文学革命而成为新文化运动的领袖之一。安徽绩溪上庄村人，原名嗣糜，学名洪骍，字希疆，后改名胡适，字适之，笔名天风、藏晖等。主要作品有《胡适文存》等。

参考数据源 胡適與中西文化 / 胡適等著. -- 第2版. -- 臺北 : 水牛出版社, 民國 90 [2001]

参考数据源 胡适的日记 / 中国社会科学院近代史研究所中华民国史研究室编. -- 北京 : 中华书局, 1985

参考数据源 China's own critics : a selection of essays / by Hu Shih and Lin Yu-Tang ; with commentaries by Wang Ching-Wei. -- Westport, Conn. : Hyperion Press, 1981.

资源链接 http://baike.baidu.com/view/2010.htm

输出　加入收藏夹　检索书目记录

图 8-3　规范记录的文本显示格式

依据有关的著录规则和机读规范记录编制方法，编制个人人称规范记录。编制的 MARC 记录如图 8-4 所示。

```
000  01794  2200397  45
001  CAL n2004216136#
005  20120515135932. 1
099  ##  $ aCAL n2004216136#
100  ##  $ a20040826amul
101  ##  $ achi
102  ##  $ aCN
106  ##  $ a1
120  ##  $ aba
200  #0  $ 7jt0yjt0y $ a 胡适， $ f1891-1962
200  #0  $ 7ft0yft0y $ a 胡適， $ f1891-1962
200  #0  $ 7ec0yec0y $ aHu Shi， $ f1891-1962
200  #0  $ 7ba0yba0y $ aHu， $ bShi， $ f1891-1962
200  #0  $ 7da0yda0y $ a 胡適， $ f1891-1962
400  #0  $ a 胡适之， $ f1891-1962
400  #0  $ a 胡適之， $ f1891-1962
400  #0  $ aHu Shizhi， $ f1891-1962
400  #0  $ a 胡洪骍， $ f1891-1962
400  #0  $ aHu Hongxing， $ f1891-1962
400  #0  $ a 胡嗣糜， $ f1891-1962
400  #0  $ aHu Simi， $ f1891-1962
400  #0  $ aコ，テキ， $ f1891-1962
400  #0  $ aコ，テキシ， $ f1891-1962
```

图 8-4　个人名称规范记录编制的 MARC 记录

(2) 团体名称规范记录的编制。

登录 CALIS 联合目录规范数据库，输入关键词“微软”，标目类型选择“团体名称”，点击“搜索”，如图 8-5 所示。

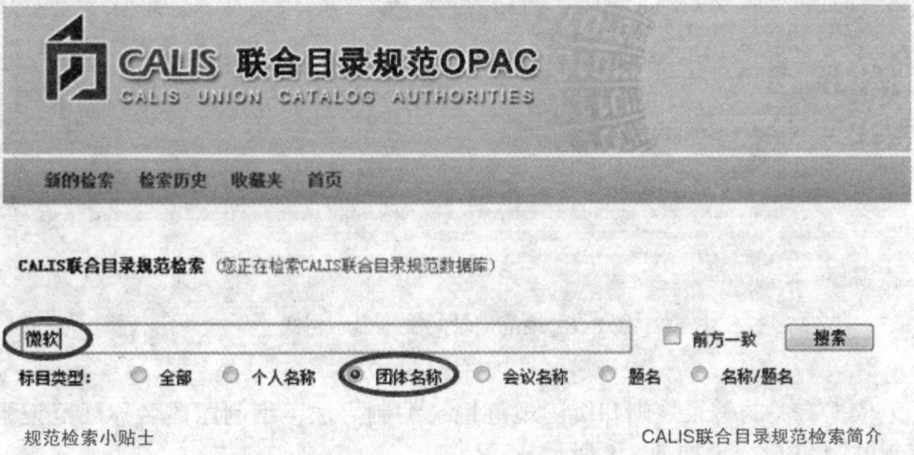

图 8-5 CALIS 联合目录规范检索界面

在检索结果中，选择所要查看的规范标目，如图 8-6 所示。

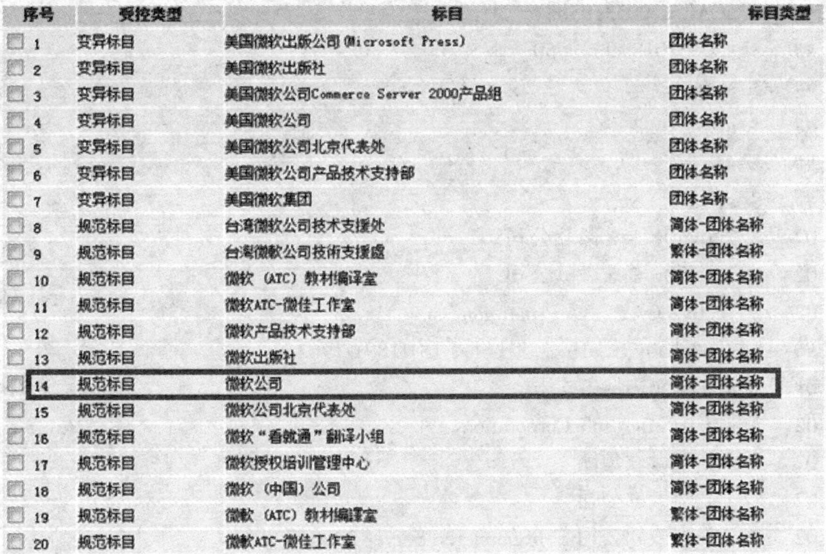

序号	受控类型	标目	标目类型
1	变异标目	美国微软出版公司(Microsoft Press)	团体名称
2	变异标目	美国微软出版社	团体名称
3	变异标目	美国微软公司Commerce Server 2000产品组	团体名称
4	变异标目	美国微软公司	团体名称
5	变异标目	美国微软公司北京代表处	团体名称
6	变异标目	美国微软公司产品技术支持部	团体名称
7	变异标目	美国微软集团	团体名称
8	规范标目	台湾微软公司技术支援处	简体-团体名称
9	规范标目	台灣微軟公司技術支援處	繁体-团体名称
10	规范标目	微软（ATC）教材编译室	简体-团体名称
11	规范标目	微软ATC-微佳工作室	简体-团体名称
12	规范标目	微软产品技术支持部	简体-团体名称
13	规范标目	微软出版社	简体-团体名称
14	规范标目	微软公司	简体-团体名称
15	规范标目	微软公司北京代表处	简体-团体名称
16	规范标目	微软“看就通”翻译小组	简体-团体名称
17	规范标目	微软授权培训管理中心	简体-团体名称
18	规范标目	微软（中国）公司	简体-团体名称
19	规范标目	微軟（ATC）教材編譯室	繁体-团体名称
20	规范标目	微軟ATC-微佳工作室	繁体-团体名称

图 8-6 选择规范标目

查看该条记录的文本显示格式，如图 8-7 所示。

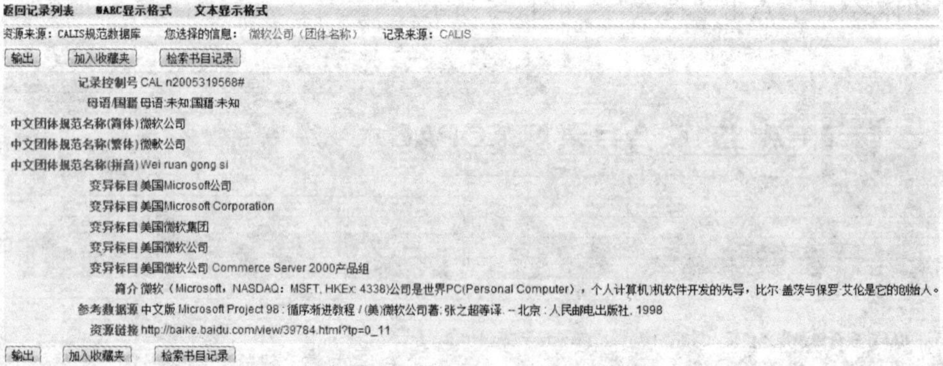

图 8-7　规范记录的文本显示格式

依据有关的著录规则和机读规范记录编制方法，编制团体名称规范记录。编制的 MARC 记录如图 8-8 所示。

```
000  01114cx    b2200289    45
001  CAL n2005319568#
005  20091221105157. 5
099  ##   $ aCAL n2005319568#
100  ##   $ a20051018achi $ 50    $ $ 0
101  ##   $ aeng
102  ##   $ aUS
106  ##   $ a1
150  ##   $ ay
210  02   $ 7jt0yjt0y $ a 微软公司
210  02   $ 7ft0yft0y $ a 微軟公司
210  02   $ 7ec0yec0y $ aWei ruan gong si
200  #0   $ 7ba0yba0y $ aHu， $ bShi， $ f1891-1962
410  0#   $ a 美国 Microsoft 公司
410  02   $ a 美国 Microsoft Corporation
410  02   $ a 美国微软集团
410  02   $ a 美国微软公司
410  02   $ a 美国微软公司 $ bCommerce Server 2000 产品组
```

图 8-8　团体名称记录编制的 MARC 记录

(3) 题名规范记录的编制。

登录 CALIS 联合目录规范数据库，输入关键词“开卷丛书唐代传奇卷”，标目类型选择“题名”，点击“搜索”，如图 8-9 所示。

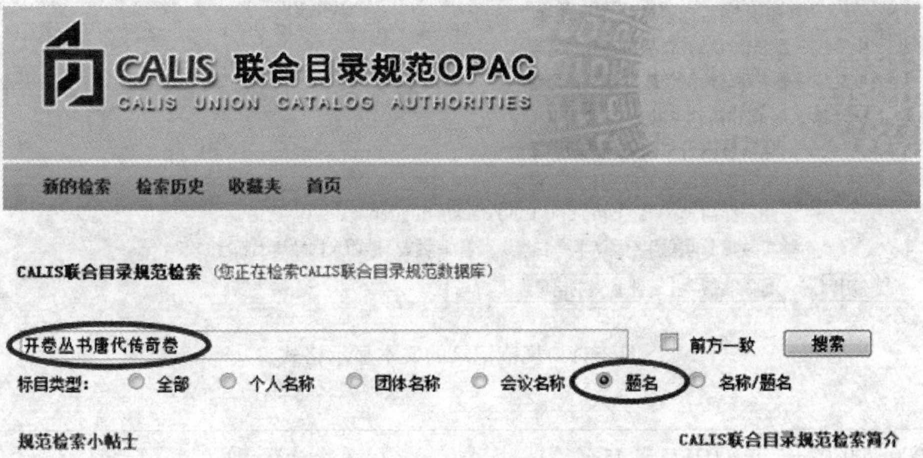

图 8-9 CALIS 联合目录规范检索界面

在检索结果中，选择所要查看的规范标目，如图 8-10 所示。

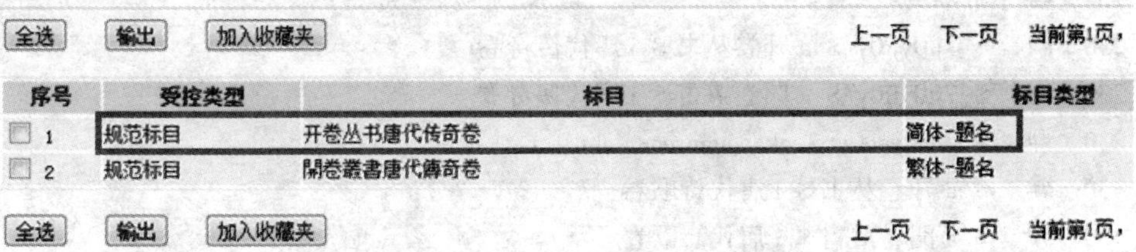

图 8-10 选择规范标目

查看该条记录的文本显示格式。如图 8-11 所示。

依据有关的著录规则和机读规范记录编制方法，编制题名规范记录。编制的 MARC 记录如图 8-12 所示。

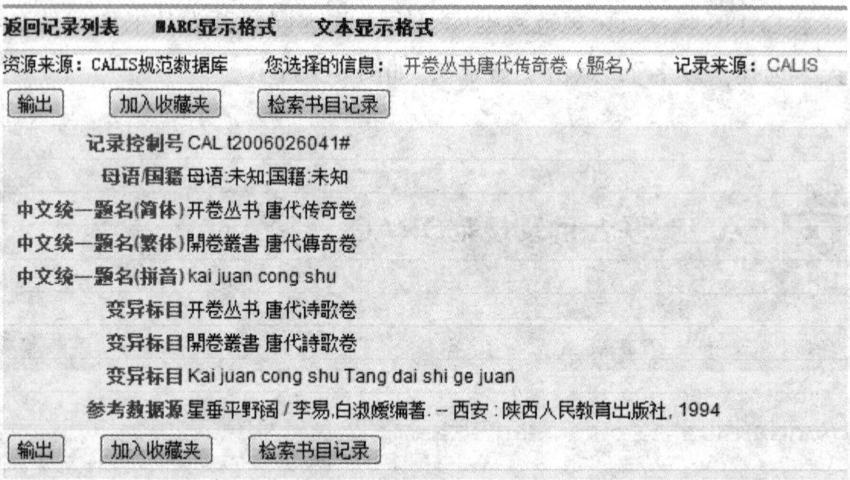

图 8-11 规范记录的文本显示格式

```
000  00807nx   f22002175   45
001  CAL t2006026041#
005  20060410111552. 0
099  ##  $ aCAL  t2006026041#
100  ##  $ a20060410Xmul $ 50   $ $ 0
101  ##  $ achi
154  ##  $ aa
230  ##  $ 7jt0yjt0y $ a 开卷丛书 $ i 唐代传奇卷
230  ##  $ 7ft0yft0y $ a 開卷叢書 $ i 唐代傳奇卷
230  ##  $ 7ec0yec0y $ akai juan cong shu
430  ##  $ a 开卷丛书 $ i 唐代诗歌卷
430  ##  $ a 開卷叢書 $ i 唐代詩歌卷
430  ##  $ akai juan cong shu $ iTang dai shi ge juan
```

图 8-12 题名规范记录编制的 MARC 记录

8.3.3 实验题目

（1）通过 CALIS 联合目录规范数据库，分别以“老舍”、“鲁迅”为关键词进行检索，通过查看相应个人人称规范记录的文本格式，编制个人人称规范记录。

（2）通过 CALIS 联合目录规范数据库，以“商务印书馆”为关键词进行检索，通过查看相应团体名称规范记录的文本格式，编制团体名称规范记录。

（3）通过 CALIS 联合目录规范数据库，以“哈姆雷特”为关键词进行检索，通过查看相应题名规范记录的文本格式，编制题名规范记录。

9 图书馆编目系统的使用及中文套录

9.1 实验目的与要求

(1) 熟悉图书馆集成管理系统编目子系统的特点与功能;

(2) 掌握 ALEPH 编目子系统的使用方法, 能在系统中完成中文套录编目。

9.2 实验内容

(1) 了解常用图书馆集成管理系统编目子系统与套录编目;

(2) 上机操作, 掌握在 ALEPH 编目子系统中进行中文文献套录编目的操作方法。

9.3 实验操作指导

9.3.1 相关知识

9.3.1.1 图书馆集成管理系统编目子系统

图书馆集成管理系统是使图书馆的主要功能在一个书目数据库的基础上得以实现的集成系统, 主要包括采访、编目、流通、典藏、期刊和检索等子系统, 其中的编目子系统是针对图书馆的编目业务设立的专用管理模块。目前国内比较常用的图书馆集成管理系统有汇文系统、ILAS 系统、MELINETS 系统及 ALEPH 系统等，以下是对这四个系统及各自编目子系统特色的简单介绍。

汇文系统是由江苏汇文软件有限公司研制开发的新一代图书馆自动化信息管理系统，设有采购、编目、典藏、流通、期刊、系统管理等子系统，其编目子系统界面友好、操作简单，独具特色的字符串替代功能使用方便，减少了做原编数据的繁琐，如在对小语种图书进行原始编目时，编目员可以利用预先定义好的小语种常用字符串，当需要录入某字段时，只需点击热键，系统就会自动将代码所指的字符串复制到相应位置。

ILAS 系统是文化部于 1988 年作为重点科技项目下达，由深圳图书馆承担并组织开发的图书馆自动化集成系统，包括采访、编目、流通、连续出版物管理、馆际互借、联合编目、全文检索等功能模块。其编目模块中的关键词切分功能可以对文献的正题名进行智能切分。根据系统的切分规则，由用户来选择题名中的某些词是否作为关键词，增强检索效率。

现代电子化图书馆信息网络系统（MELINETS）是北京邮电大学图书馆承担的国家重点科技攻关项目，是目前我国唯一一个由国家立项并且基于 Internet 网络环境运行的大型图书馆集成系统。字段编辑功能是 MELINETS 编目子系统中的特色功能。当需要增加或删除某字段时，编目员只需点击相应的按钮或使用快捷键，直接输入或删除字段名，即可完成相应字段的编辑功能，其中的增加字段功能还带有所插入字段的模板，十分方便快捷。

ALEPH 系统是由以色列 ExLibris 公司开发的图书馆集成管理系统，具有很强的可扩展性和适应性，能有效地实现资源共享，是目前国际上比较常用的图书馆集成管理系统之一。ALEPH 在编目窗口中提供即时查重功能，系统对题名、主题词、分类号等字段设置检索点，光标移到相应字段切换热键即可对相关标目进行检索，而不必切换至检索界面。

9.3.1.2 套录编目

编目数据套录是图书馆现代编目工作中普遍采用的一种工作方式，所谓套录编目就是编目人员在对文献进行编目时，先对所获得的与在编文献相符的馆外编目数据进行必要的编辑加工，再转换为本馆记录的过程。中文套录编目的流程图如图 9-1 所示。

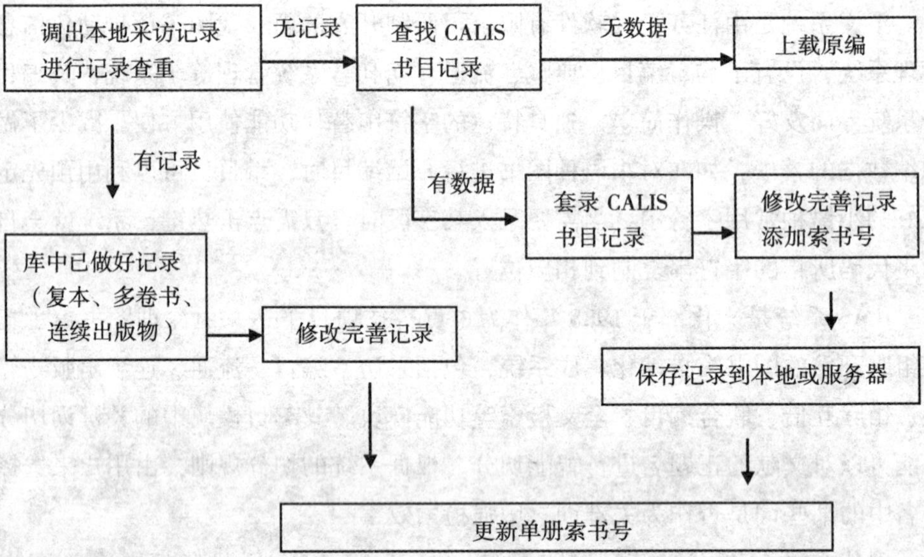

图 9-1　中文套录编目流程图

9.3.2　操作指导

登录进入 ALEPH 编目系统，单击菜单栏中“ALEPH 文件”→连接库→WHU01（中文文献库），如图 9-2 所示。

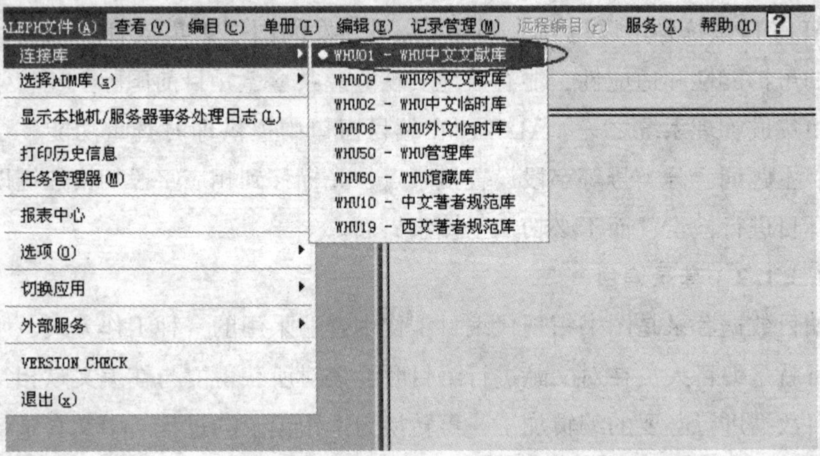

图 9-2　进入 ALEPH 编目系统界面步骤

此部分分为两种套录方式，分别适用于有 ISBN 号的在编图书以及无 ISBN 号的在编图书。

(1) 有 ISBN 号的在编中文图书套录操作步骤。

选中进行记录检索，点击“高级检索”，“检索库”则选择“中文文献库”，如图 9-3 所示。

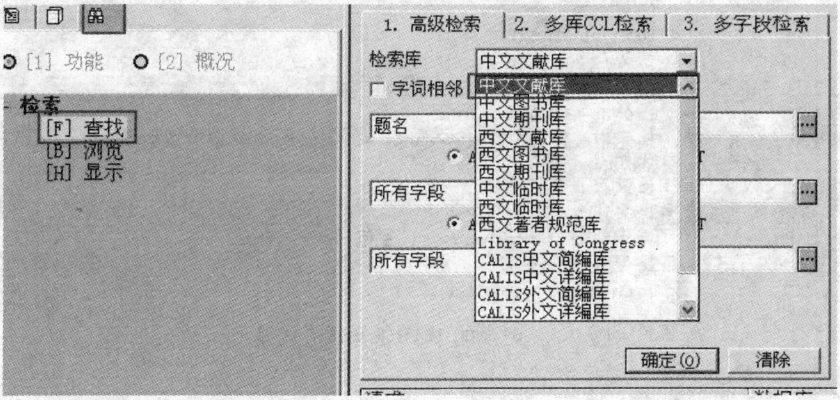

图 9-3　检索记录步骤

在图 9-3 的检索界面中输入检索值，如 ISBN＝“978-7-307-06288-7”，检索到一条记录，共有五种查看方式，如图 9-4 所示。

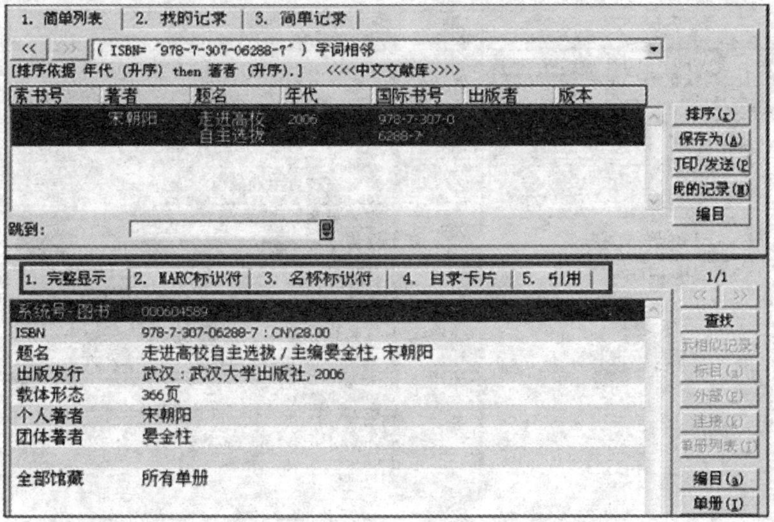

图 9-4　检索记录结果

选择“MARC 标识符”可查看记录的 MARC 著录格式（注：此处只能查看，不能编辑），如图 9-5 所示。

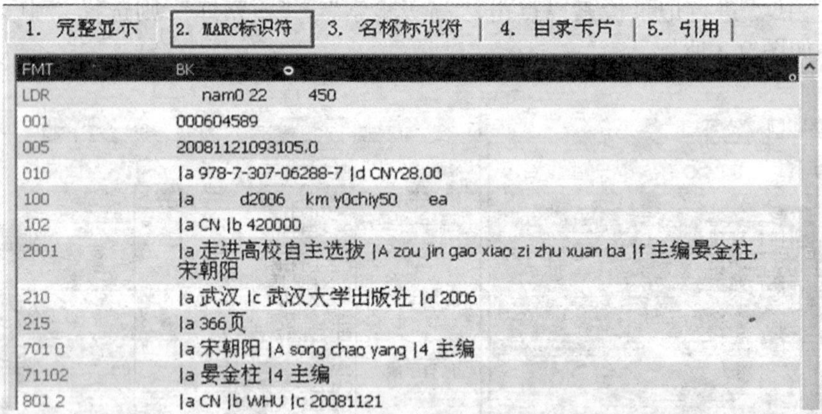

图 9-5 记录的 MARC 著录格式显示

确认需要进行编目处理的文献记录，进入编目界面，此时打开的是 CNMARC 格式的书目记录（可进行编辑修改），该书目记录的系统号为“WHU01-617122”，如图 9-6 所示。

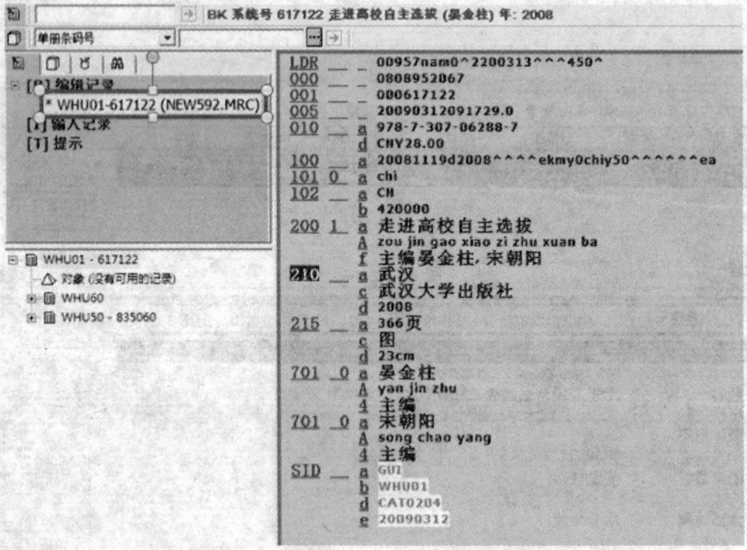

图 9-6 编目界面

右键点击编目界面，选择“查找相似记录”功能或快捷使用键“Ctrl+G”进行 CALIS 数据套录，如图 9-7 所示。

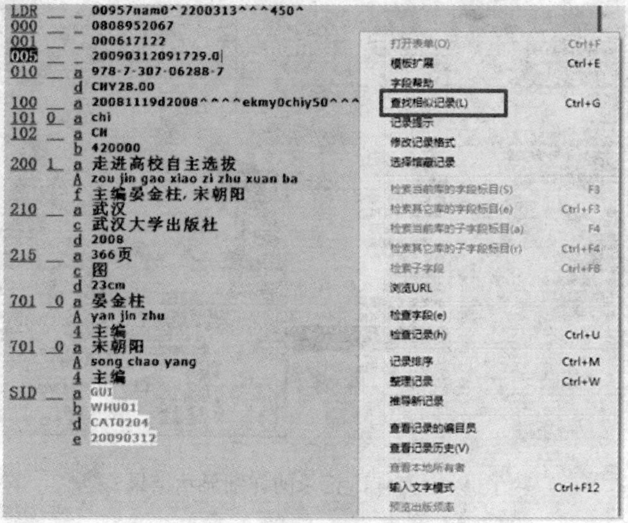

图 9-7　查找相似记录功能

命中 1 条记录，点击“显示查询”可看到 ALEPH 默认的检索条件为 ISBN，如图 9-8 所示。

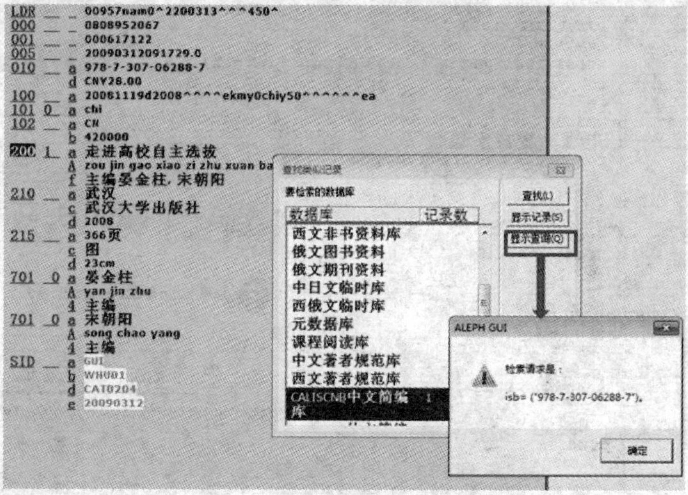

图 9-8　相似记录查询结果

点击类似记录框中的“显示记录”即可看到 CALIS 简编库的著录情况，此时与所要分编的文献进行对比确认，如图 9-9 所示。

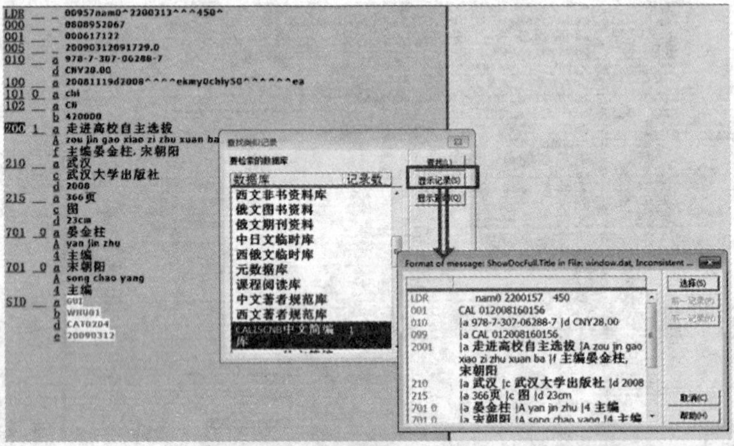

图 9-9 CALIS 记录的详细显示结果

点击图 9-9 中的“选择”，出现询问是否要合并记录的对话框，如图 9-10 所示。

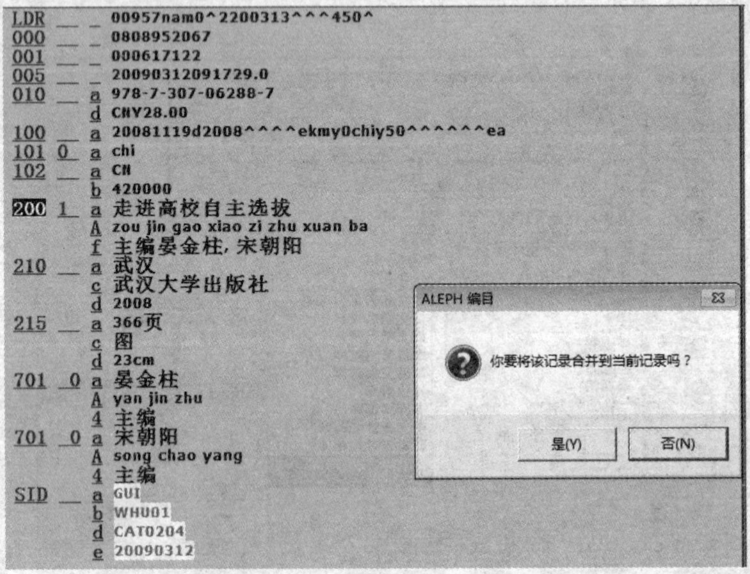

图 9-10 合并记录询问对话框

点击图 9-10 中的“是”，系统则自动下载 CLIAS 简编记录，并同时完成详编记录覆盖本地采访记录的操作，图 9-11 所示为覆盖本地采访记录后的结果。

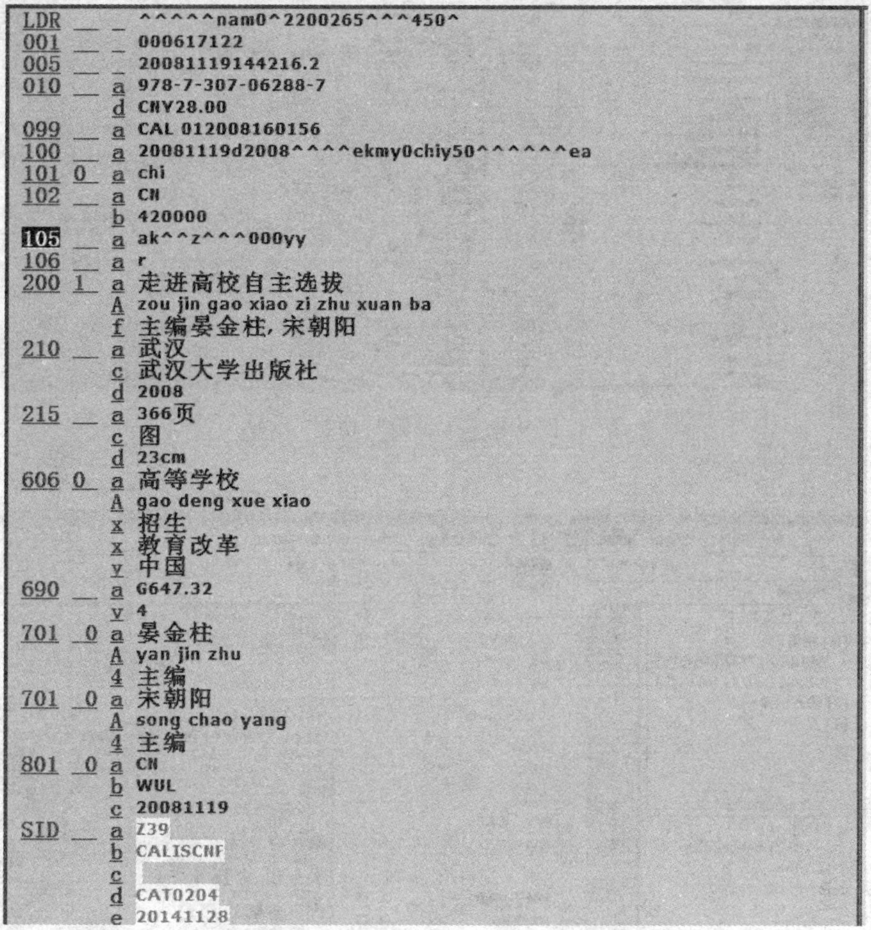
LDR __ _ ^^^^^nam0^2200265^^^450^
001 __ _ 000617122
005 __ _ 20081119144216.2
010 __ a 978-7-307-06288-7
d CNY28.00
099 __ a CAL 012008160156
100 __ a 20081119d2008^^^^ekmy0chiy50^^^^^^ea
101 0_ a chi
102 __ a CN
b 420000
105 __ a ak^^z^^^000yy
106 __ a r
200 1_ a 走进高校自主选拔
A zou jin gao xiao zi zhu xuan ba
f 主编晏金柱，宋朝阳
210 __ a 武汉
c 武汉大学出版社
d 2008
215 __ a 366页
c 图
d 23cm
606 0_ a 高等学校
A gao deng xue xiao
x 招生
x 教育改革
y 中国
690 __ a G647.32
v 4
701 _0 a 晏金柱
A yan jin zhu
4 主编
701 _0 a 宋朝阳
A song chao yang
4 主编
801 _0 a CN
b WUL
c 20081119
SID __ a Z39
b CALISCNF
c
d CAT0204
e 20141128

图 9-11 CALIS 记录覆盖本地采访记录结果

点击“编辑”（见图 9-12）和“编辑文本”（见图 9-13），可根据本馆的具体情况对覆盖后的记录进行编辑。如想要插入整个字段，选用“自定义新字段”，插入新子字段则选用“新子字段”，选择“打开表单”可修改定长字段。此处应注意：如果要增加的子字段有排序要求，如已经增加 690 $ a，要增加 690 $ v 子字段，应先把鼠标放在 $ a 子字段标识上，后点击鼠标右键，选择“新子字段”。如果要将增加的子字段放在该字段的首位，则应把光标放在该字段的指示符上，然后点击鼠标右键选择“新子字段”或选择 F7。

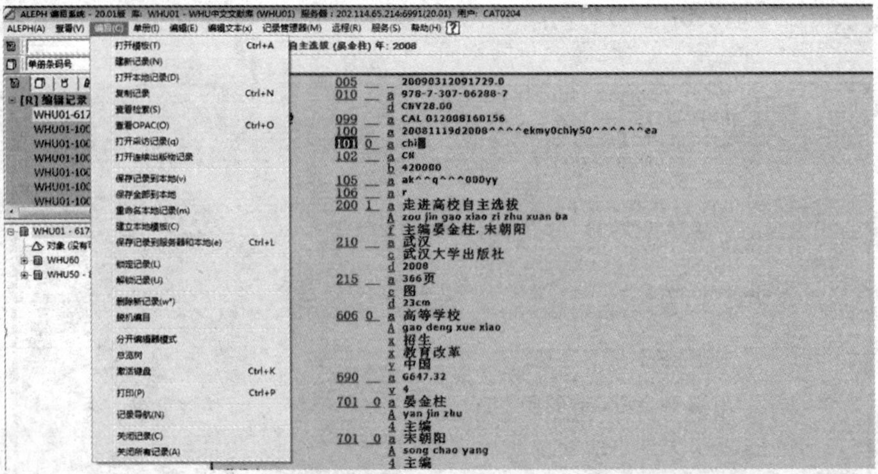

图 9-12 “编辑”功能

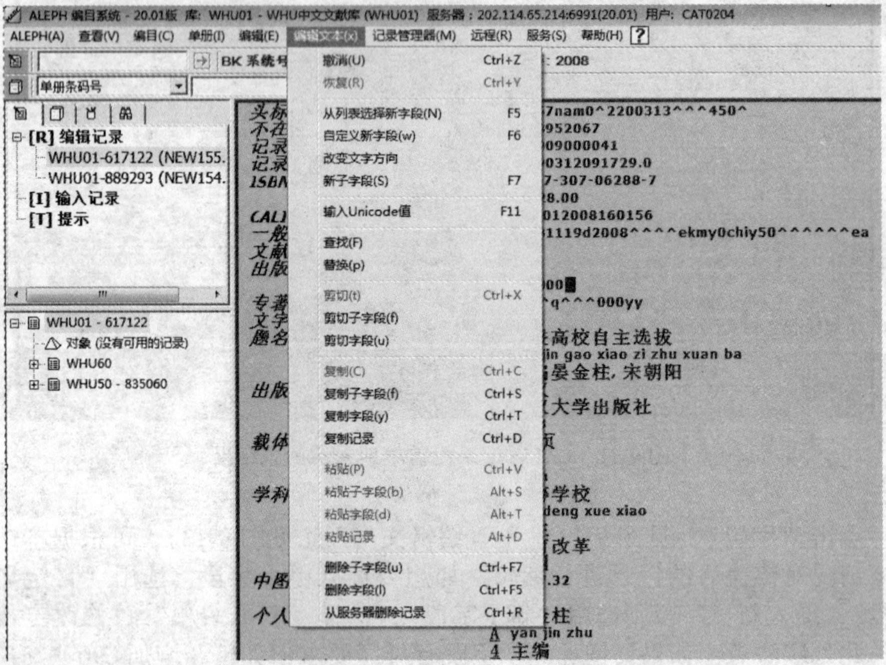

图 9-13 “编辑文本”功能

如想要根据编目需要查看相关的参考标目，如查看同一个作者的其他著作，同一个主题、分类号下的 MARC 记录，则选中相关字段并点击鼠标右键或“编辑”菜单，选中“检索……”。图 9-14 所示即为检索相关分类号 MARC 记录的操作。

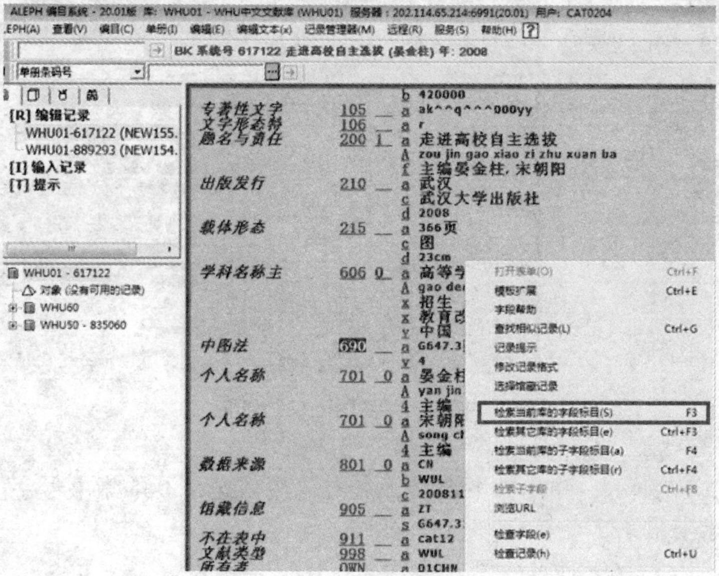

图 9-14　检索相关字段标目功能

点击“查看记录”即可查看相同分类号的记录，以便参考，如图 9-15 所示。

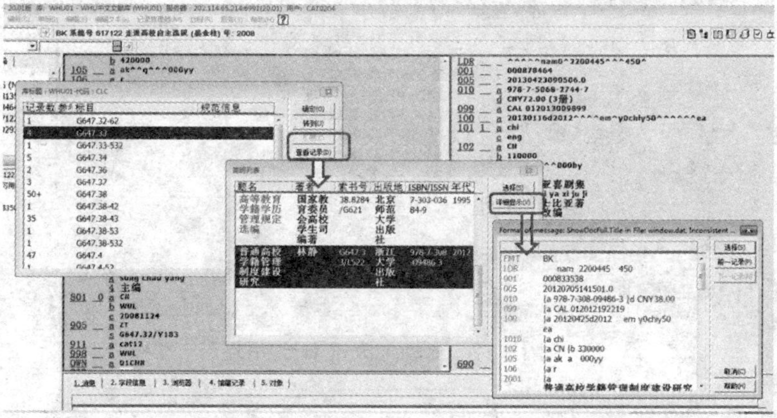

图 9-15　相同分类号记录的显示

点击右键选择“整理记录”，如图 9-16 所示。

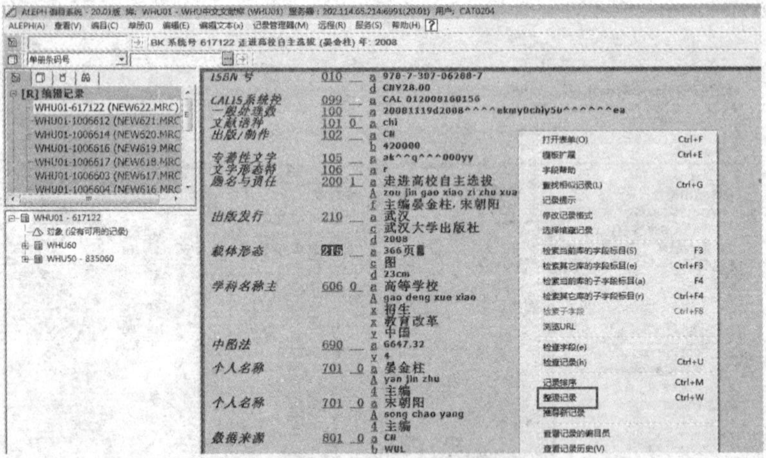

图 9-16　“整理记录”功能

如图 9-17 所示，弹出如下窗口，点击“生成全部 905 索书号字段”，即可自动生成索书号。

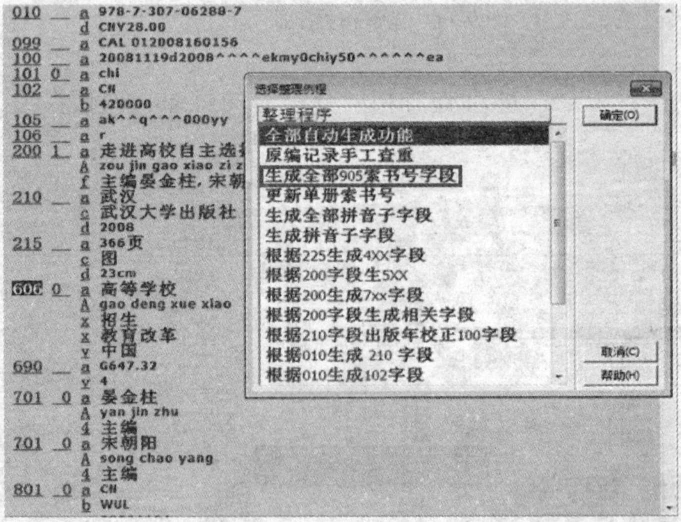

图 9-17　自动生成索书号功能

图 9-18 为系统自动生成的索书号记录，其中 905 字段中的@ d 为第一个

690 字段数据；@ i 为第一个 701 字段数据；@ e 即著者号码表，以 $ i 子字段数据为取号标准。此处注意：自动生成索书号功能的著者号码表默认以 701 和 711 字段数据为取号标准，如果依题名或其他责任者取号，需人工修改。

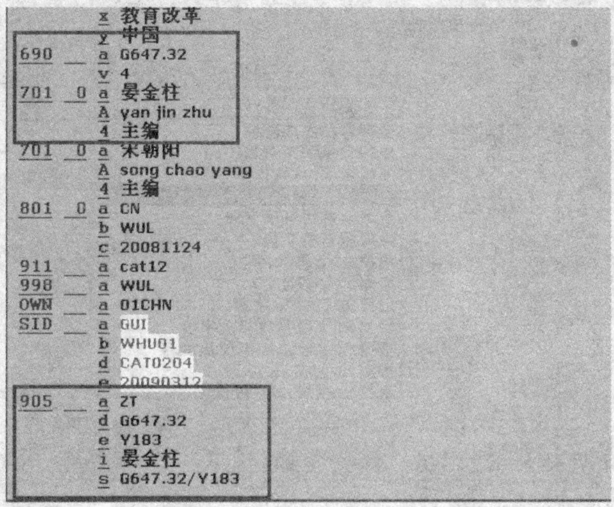

图 9-18 系统自动生成的索书号记录

将鼠标放在 905@ s 子字段标识上进行索书号查重，单击右键选择“检索当前库的子字段标目”。显示相关索书号，根据本馆同类文献区分规则，确认是否需要进行区分处理，如图 9-19 所示。

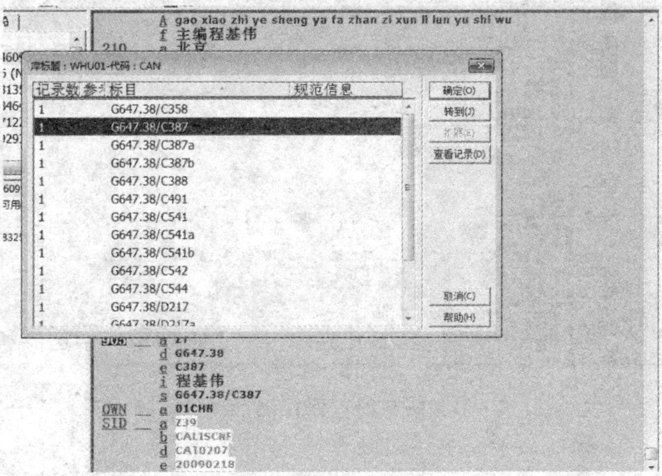

图 9-19 索书号查重结果

更新单册索书号，点击右键选择“整理记录”→“更新单册索书号”，如图 9-20 所示。

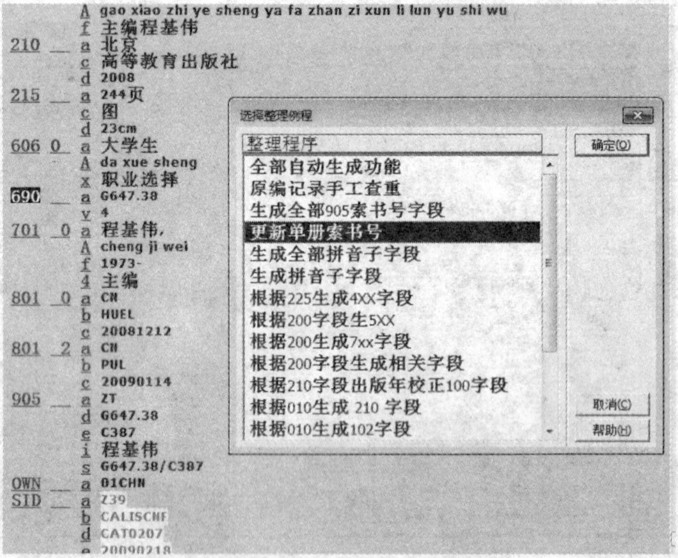

图 9-20　更新单册索书号功能

保存记录到本地和服务器，如图 9-21 所示。

图 9-21　保存记录

点击图 9-21 中的标红即“保存记录到本地及服务器”的图标，出现“保存到服务器和本地”对话框，询问是否确定要保存记录，如图 9-22 所示。

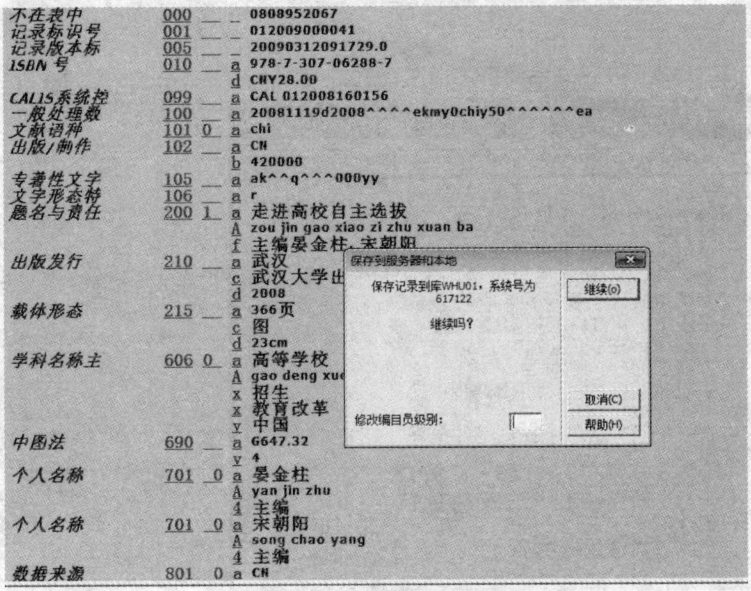

图 9-22 保存记录询问对话框

单击“继续”按钮，系统弹出潜在错误，列出三种错误类型：

禁用错误（有一个感叹号的红色文字）。如果有任何禁用错误，记录就不能被保存。单击“取消”按钮可继续编辑记录，如图 9-23 所示。

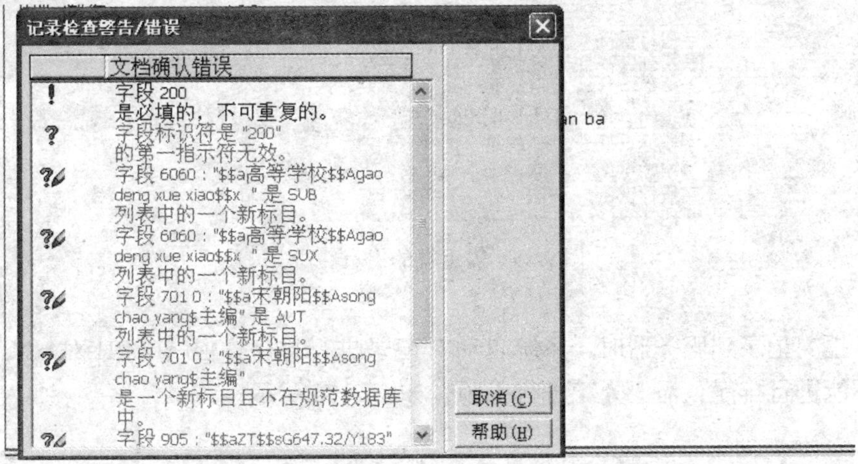

图 9-23 禁用错误

提示（有一个问号的绿色文字）。单击“忽略”按钮，保存记录。单击“取消”按钮可以继续编辑记录，如图 9-24 所示。

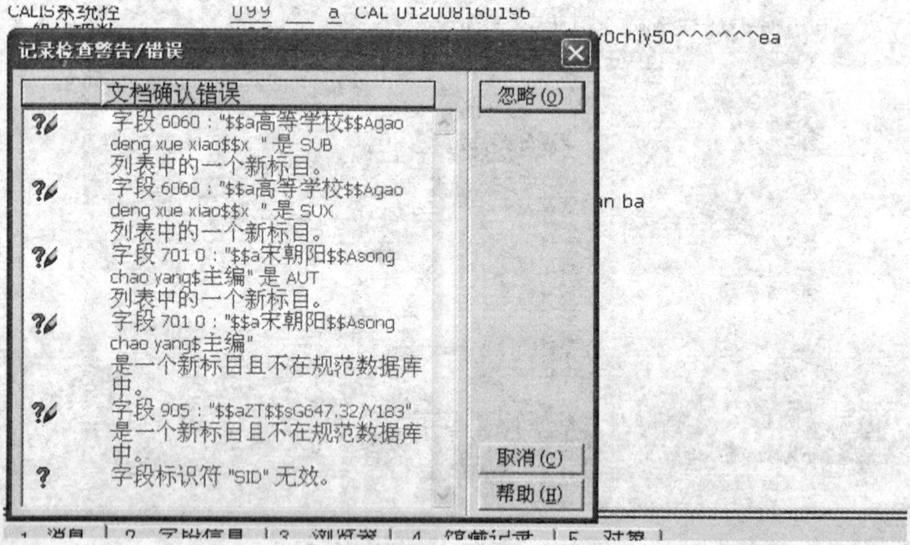

图 9-24　提示错误

提示性错误（电脑上显示为只有一个问号的绿色文字）。这种提示必须重视，因为其中涉及很多著录错误，如图 9-25 所示。

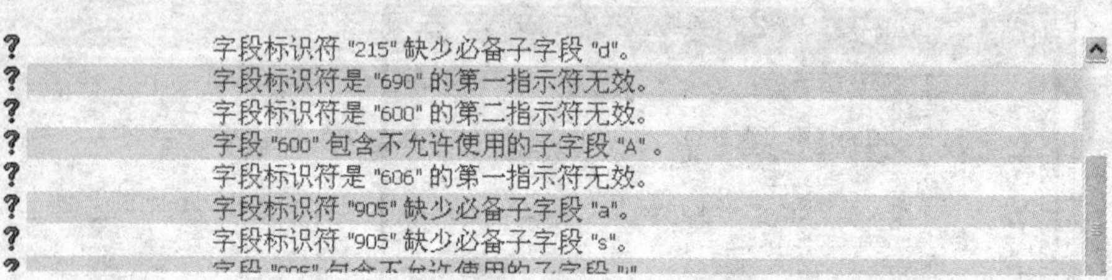

图 9-25　需重视的提示性错误

提交记录到服务器时，系统自动对记录进行排序，但 ALEPH 对 6××字段不能进行排序，需要人工进行干预，如图 9-26 所示。

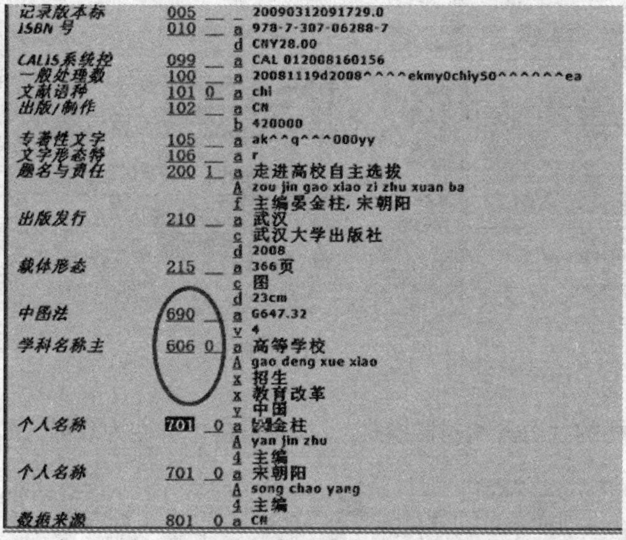

图 9-26 需人工干预的6××字段

（2）无 ISBN 号的在编中文图书套录操作步骤。

在检索界面下，选择检索途径，并输入检索值，如“题名=銀龍集”，检索并调出本地简编记录，进入编目界面，如图 9-27 所示。

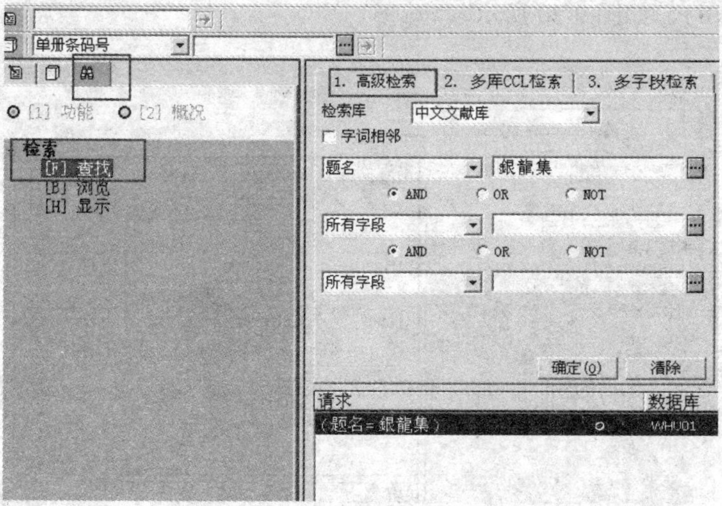

图 9-27 检索记录步骤

图 9-28 为本地简编记录，系统自动分配的记录号为“WHU01-603567”。

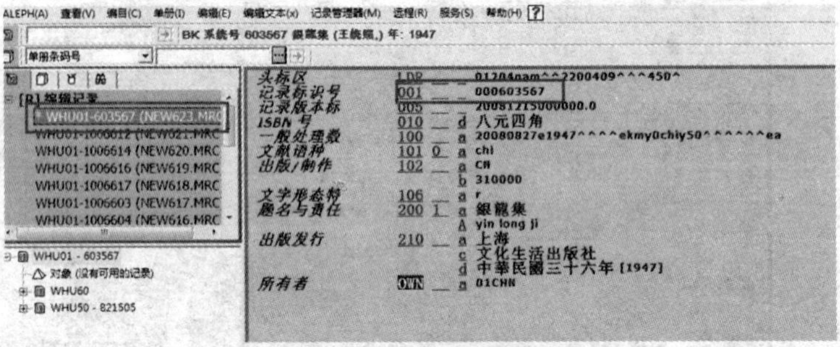

图 9-28 本地简编记录

点击工具栏的“分开编辑器模式”，编辑屏由单屏变为双屏，如图 9-29 所示。

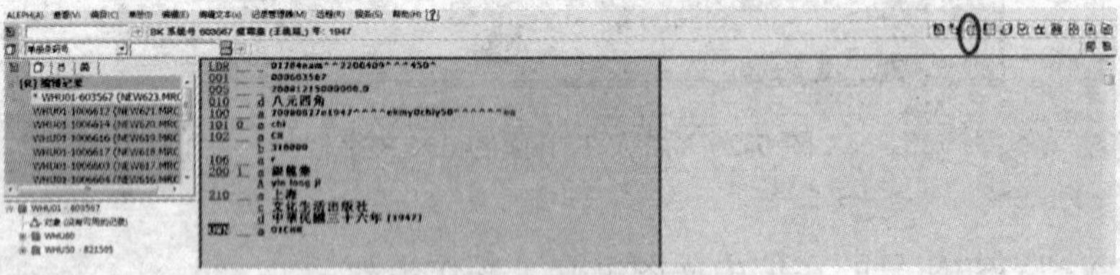

图 9-29 双屏编辑界面

重新进入查找状态，打开“高级检索”，选择“CALIS 中文简编库”（CALISCNB），如图 9-30 所示。

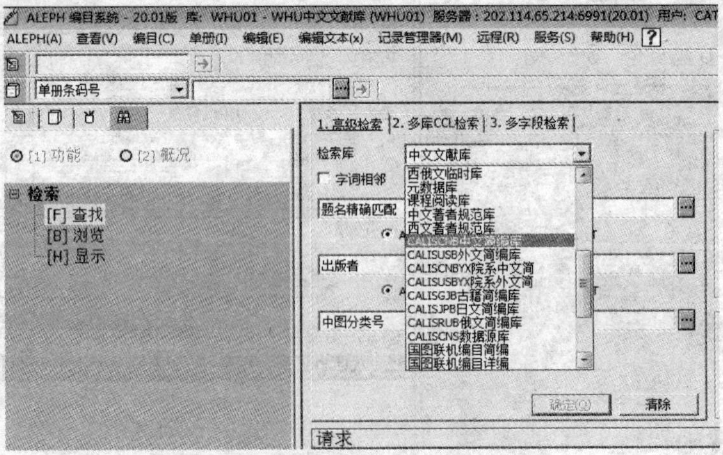

图 9-30 CALIS 记录检索步骤

在图 9-30 的检索界面中选择“题名”为检索途径，输入“銀龍集”，命中 1 条 CALIS 记录。查看命中记录的简单著录情况，并与待编记录进行比对确认，如图 9-31 所示。

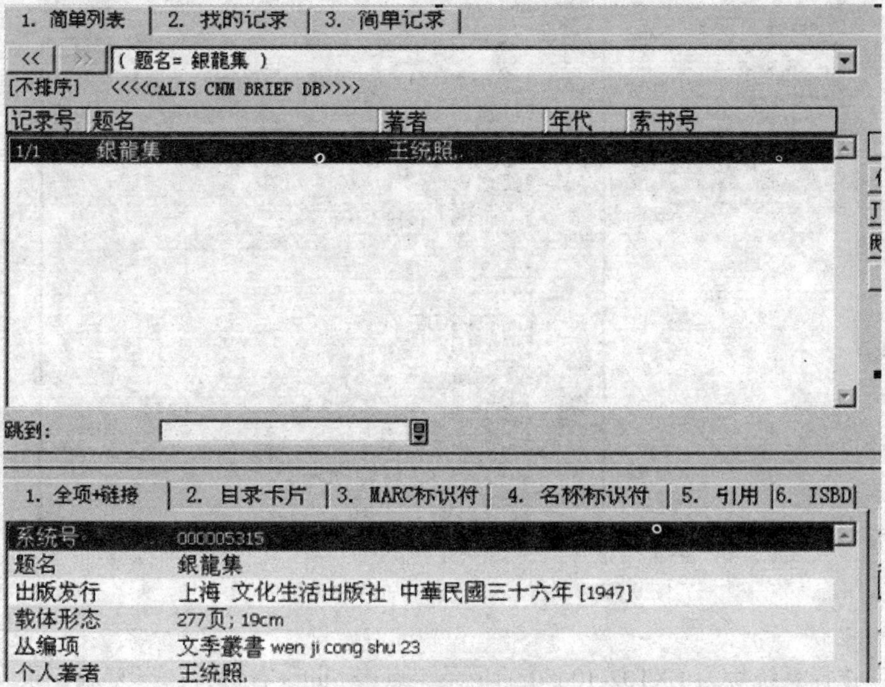

图 9-31 CALIS 记录检索结果

也可点击“MARC 标示符”查看 MARC 格式的记录，与待编记录进行对比确认，如图 9-32 所示。

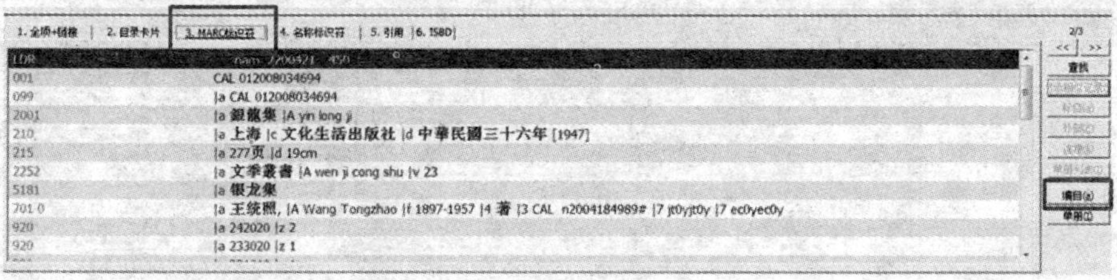

图 9-32 CALIS 记录的 MARC 著录格式显示

点击图 9-32 中的“编目”（即下载的 CALIS 的详编记录），产生系统号为 EXT02-10650 的临时记录（以 EXT 开头的为临时记录），如图 9-33 所示。

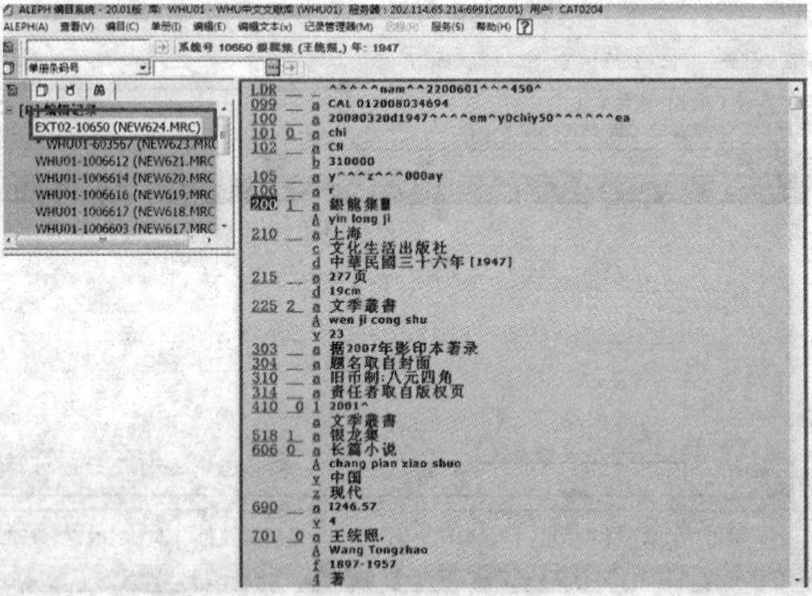

图 9-33 下载 CALIS 记录后产生的临时记录

选择系统号为 EXT02-10650 的记录，点击 Shift+右键，选择复制记录。或直接点击菜单编辑文体，选择复制记录，如图 9-34 所示。

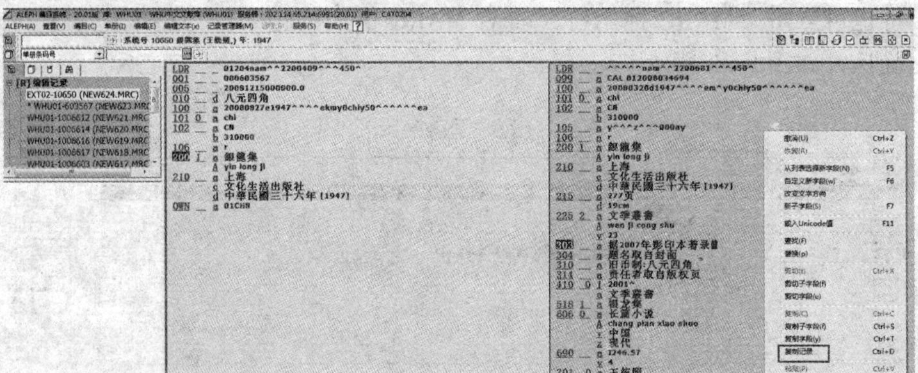

图 9-34 复制临时记录

选中本地简编记录，点击 Shift+右键，选择粘贴记录（见图 9-35）。或直接点击菜单“编辑文本”，选择粘贴记录，完成将 CALIS 的详编记录覆盖本地采访记录的操作（见图 9-36）。然后根据本馆情况对记录进行完善并保存到服务器和本地。

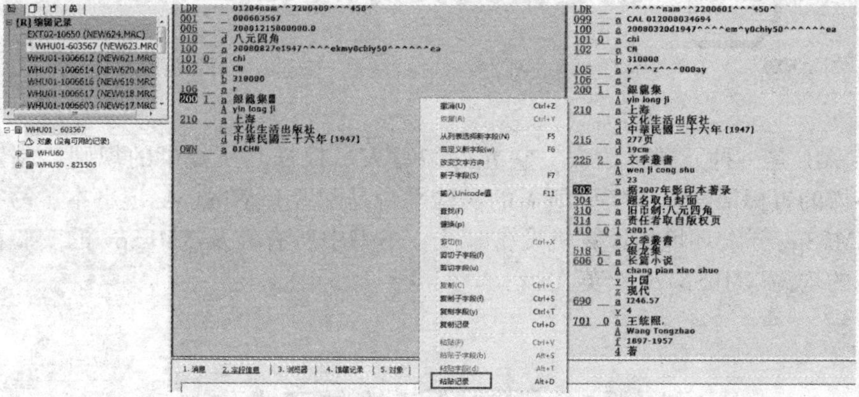

图 9-35 粘贴临时记录

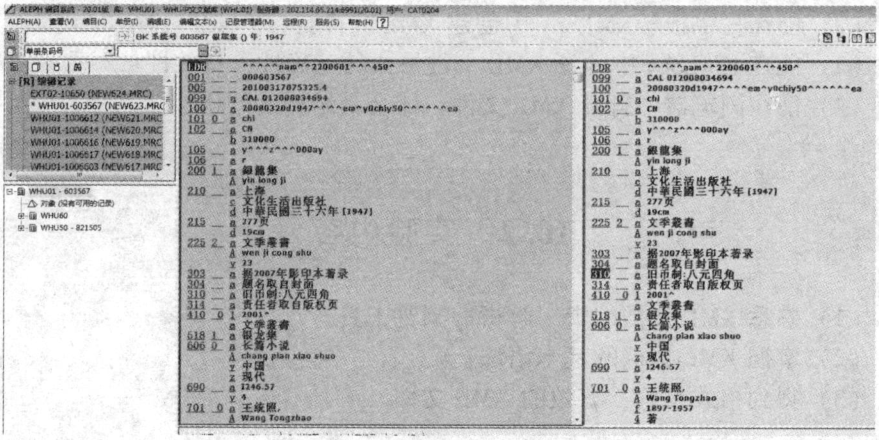

图 9-36 CALIS 记录覆盖本地采访记录结果

9.3.3 实验题目

（1）利用 ALEPH 编目子系统，对刘瑜的作品《送你一颗子弹》进行套录编目。
（2）利用 ALEPH 编目子系统，对巴金的作品《废园外》进行套录编目。

10 创建格式良好的 XML 文档

XML 是一种元置标语言，它允许编写人员根据其所提供的规则，制定各种各样的置标语言。本实验所需的实验平台是配置有 Windows 记事本、写字板或 XMLSpy 开发环境的计算机设备。注：本书中所有涉及 XMLSpy 的实验截图使用的均为 XMLSpy2011 英文版。

10.1 实验目的与要求

（1）能熟练进行 XMLSpy 下载、安装；
（2）能在写字板、XMLSpy 中创建 XML 文件；
（3）能在 XMLSpy 中验证 XML 文件格式的正确性、有效性；
（4）能在浏览器中打开 XML 文件，体会其结构的严格性。

10.2 实验内容

（1）熟悉 XML 文档编辑、解析、浏览工具；
（2）掌握 XML 文档的基本语法；
（3）得到格式良好、有效的 XML 文档。

10.3 实验操作指导

10.3.1 相关知识

XMLSpy 是 Altova 开发的支持 XML、XSL、XSLT、DTD、Schema 等多种文

件格式的编辑器。它可以将 XML 展示为完美的树形结构，可以方便地使用各种 HTML/XML/XSLT 标记，使用它可以大大节约开发时间，不必把大量的时间浪费在代码的输入上。目前最新的版本是 XMLSpy2015，可在其官网上下载，提供 30 天免费试用（见图 10-1）。

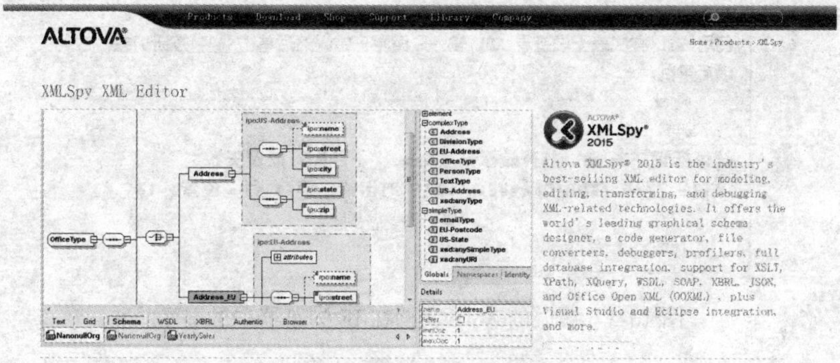

图 10-1　XMLSpy 官网页面截图

下面，我们进行一个实例操作。首先，我们使用记事本创建一个 XML 文档（通信录）Contacts. xml，如图 10-2 所示。

```
<Contacts>
    <Person Sex="男">
        <Name>小陈</Nane>
        <Address>
            <Country>中国</Country>
            <Province>福建</Province>
            <City>福州</City>
        </Address>
        <Phone>110</Phone>
        <Email>小陈@ gmail. com</Email>
    </Person>
    <Person Sex="女">
        <Name>小林</Name>
        <Address>
            <Country>中国</Country>
            <Province>福建</Province>
            <City>福州</City>
        </Address>
        <Phone>112</Phone>
        <Email>小林@ gmail. com</Email>
    </Person>
</Contacts>
```

图 10-2　创建一个 XML 文档

如果仔细看一下上面的 XML 文件，你会发现有个错误：<Name>小陈</Nane>，结束标记与开始标记不匹配。这个时候如果使用 IE 浏览器打开它，会无法显示，如图 10-3 所示。

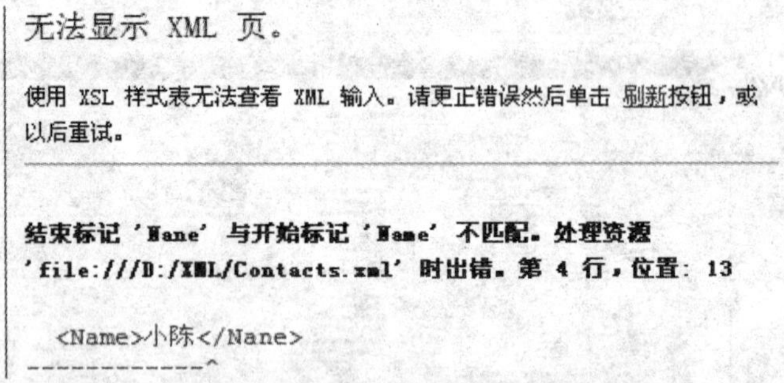

图 10-3 错误的 XML 文档在 IE 浏览器中的显示

接下来，使用 XMLSpy 创建上面的 XML 文档（通信录）Contacts. xml，点击 Browser 会自动提示错误，并且定位到 Nane 结点，如图 10-4 所示。

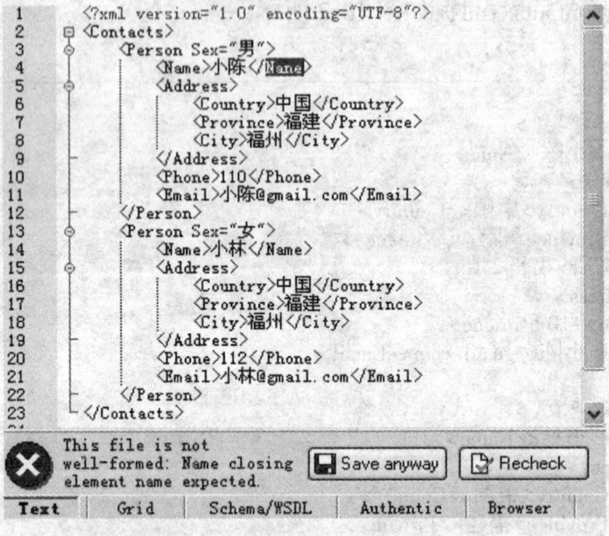

图 10-4 错误的 XML 文档在 XMLSpy 中的显示

可以看出，使用记事本与浏览器构成的开发平台不仅麻烦，而且视觉效果较差。XMLSpy 更加方便美观。

需要注意的是：XML 名域是 XML 文件中所有标记定义的来源说明；XML

元素定义不能交叉，必须完全嵌套或不完全不嵌套；XML 元素标记最好使用与内容相关的定义。

10.3.2 操作指导

(1) 下载可用的 XMLSpy 并安装。

(2) 在写字板中输入“书目信息”XML 文件。

书目信息 .xml 文件如图 10-5 所示。

```
<? xml version="1.0" encoding="UTF-8"? >
<! --这是一个用 XML 描述的例子 -->
<bookcase xmlns: xsi="http: //www.w3.org/2001/XMLSchema-instance" >
    <book type="教育">
        <b-name>XML 实用培训教程</b-name>
        <author>
            <name>张健飞</name>
            <E-mail>zjf@163.com</E-mail>
        </author>
        <price>27 元</price>
        <publishing-house>
            <p-name>科学出版社</p-name>
            <address>北京东皇城根北街 16 号</address>
            <zipcode>100717</zipcode>
            <E-mail>yanmc@bhp.com.cn</E-mail>
        </publishing-house>
    </book>
    <book type="科技">
        <b-name> XML 网页制作彻底研究</b-name>
        <author>
            <name>陈会安</name>
            <E-mail>cha@163.com</E-mail>
        </author>
        <price>47 元</price>
        <publishing-house>
            <p-name>中国铁道出版社</p-name>
            <address>北京市宣武区右安门西街 8 号</address>
            <zipcode>100054</zipcode>
            <E-mail>bjb@tqbooks.com.cn</E-mail>
        </publishing-house>
    </book>
</bookcase>
```

图 10-5 书目信息 .xml 文件

输入完成后截图，如图 10-6 所示。

```
〈?xml version= " 1.0 "  encoding= " UTF-8 " ?〉
〈!-这是一个用X M L描述的例子-〉
〈bookcase xmlns:xsi= " http://www.w3.org/2001/XML Schema-instance " 〉
    〈book type= " 教育 " 〉
        〈b-name〉XML实用培训教程 〈/b-name〉
        〈author〉
            〈name〉张健飞 〈/name〉
            〈E-mail〉zjf@163.com〈/E-mail〉
        〈/author〉
        〈price〉27元〈/price〉
        〈publishing-house〉
            〈p-name〉科学出版社〈/p-name〉
            〈address〉北京东皇城根北街 1  6 号〈/address〉
            〈zipcode〉100717〈/zipcode〉
            〈E-mail〉yanmo@bhp.com.cn〈/E-mail〉
        〈/publishing-house〉
    〈/book〉
    〈book type= " 科技 " 〉
        〈b-name〉XML网页制作彻底研究〈/b-name〉
        〈author〉
            〈name〉陈会安〈/name〉
            〈E-mail〉cha@163.com〈/E-mail〉
        〈/author〉
        〈price〉47元〈/price〉
        〈publishing-house〉
            〈p-name〉中国铁道出版社〈/p-name〉
            〈address〉北京市宣武区右安门西街 8 号〈/address〉
            〈zipcode〉100054〈/zipcode〉
            〈E-mail〉bjb@tqbooks.com.cn〈/E-mail〉
        〈/publishing-house〉
    〈/book〉
〈/bookcase〉
```

图 10-6　在写字板中编写 XML 文档

(3) 在 XMLSpy 中建立“书目信息”XML 文件。

方法 1：从记事本中将“书目信息”内容拷贝到 XMLSpy 中；

方法 2：直接在 XMLSpy 中逐步输入，注意 XMLSpy 中对 XML 元素标记的补全功能（即开始标记输入完毕后，XMLSpy 会自动将结束标记补在输入点之后）。

选择菜单 File→New，弹出 Create new document 对话框，选择 XML（Extensible Markup Language），点击“OK”确定创建后，弹出以下窗口，点击“Cancel”创建一个空白文档，如图 10-7 所示。

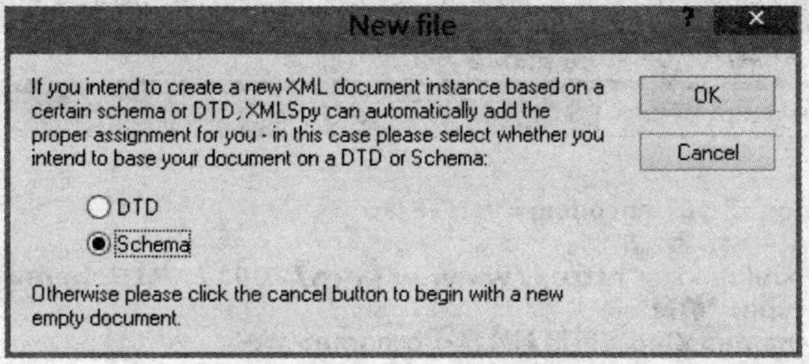

图 10-7　XMLSpy 创建新文档选项窗口

将“书目信息”文档逐行输入，得到如图 10-8 所示的页面。

```
<?xml version="1.0" encoding="UTF-8"?>
<!-- 这是一个用XML描述的例子 -->
<bookcase xmlns:xsi="http://www.w3.org/2001/XMLSchema-instance" >
    <book type="教育">
        <b-name>XML实用培训教程</b-name>
        <author>
            <name>张健飞</name>
            <E-mail>zjf@163.com</E-mail>
        </author>
        <price>27元</price>
        <publishing-house>
            <p-name>科学出版社</p-name>
            <address>北京东皇城根北街16号</address>
            <zipcode>100717</zipcode>
            <E-mail>yanmc@bhp.com.cn</E-mail>
        </publishing-house>
    </book>
    <book type="科技">
        <b-name> XML网页制作彻底研究</b-name>
        <author>
            <name>陈会安</name>
            <E-mail>cha@163.com</E-mail>
        </author>
        <price>47元</price>
        <publishing-house>
            <p-name>中国铁道出版社</p-name>
            <address>北京市宣武区右安门西街8号</address>
            <zipcode>100054</zipcode>
            <E-mail>bjb@tqbooks.com.cn</E-mail>
        </publishing-house>
    </book>
</bookcase>
```

图 10-8　在 XMLSpy 中输入 XML 文档

(4) 在浏览器（如 IE 浏览器）中打开“书目信息 . xml”文件。

如图 10-9 所示，观察其显示，并反复进行元素的打开、折叠操作，理解 XML 元素嵌套的含义。

```
  <?xml version="1.0" encoding="UTF-8"?>
  <!-- 这是一个用XML描述的例子 -->
- <bookcase xmlns:xsi="http://www.w3.org/2001/XMLSchema-instance">
  - <book type="教育">
      <b-name>XML实用培训教程</b-name>
    - <author>
        <name>张健飞</name>
        <E-mail>zjf@163.com</E-mail>
      </author>
      <price>27元</price>
    - <publishing-house>
        <p-name>科学出版社</p-name>
        <address>北京东皇城根北街16号</address>
        <zipcode>100717</zipcode>
        <E-mail>yanmc@bhp.com.cn</E-mail>
      </publishing-house>
    </book>
  - <book type="科技">
      <b-name> XML网页制作彻底研究</b-name>
    - <author>
        <name>陈会安</name>
        <E-mail>cha@163.com</E-mail>
      </author>
      <price>47元</price>
    - <publishing-house>
        <p-name>中国铁道出版社</p-name>
        <address>北京市宣武区右安门西街8号</address>
        <zipcode>100054</zipcode>
        <E-mail>bjb@tqbooks.com.cn</E-mail>
      </publishing-house>
    </book>
  </bookcase>
```

图 10-9　在 IE 浏览器中显示正确的 XML 文档

10.3.3　实验题目

在 XMLSpy 中编写“personal. xml”文件，要求该文件中包含 5 个人（Person）的相关信息，相关信息包括：性别（作为 Person 的属性）、姓名、年龄、地址（含有省、市、街道和邮编 4 个子元素）、电话号码、E-Mail 地址。将编写好的“personal. xml”使用 XMLSpy2006 进行良构性验证，若有错误，按照提示进行修改。

11 在 XML 文档中使用 DTD

11.1 实验目的与要求

（1）了解并掌握 XML 文档中 DTD 的定义方法及其用途；

（2）了解并掌握 DTD 元素声明、属性声明、实体声明、标记声明的基本语法；

（3）了解并掌握 XMLSpy 中基于 DTD 的 XML 文件输入。

11.2 实验内容

（1）在 XMLSpy 中对以下“书目信息 . xml”进行 DTD 定义（设 DTD 文件名为“书目信息 . dtd”）；

（2）在 XMLSpy 中创建一个基于“书目信息 . dtd”的 XML 文件“书目信息 1. xml”，在“栅格”模式下将 XML 文件的内容填入，体会该方法的方便快捷性；

（3）在浏览器中打开带有 DTD 定义的“书目信息 1. xml”，观察其是否符合 DTD 定义。

以上步骤如图 11-1 所示。

```
<? xml version="1.0" encoding="GB2312"? >
<! --这是一个用 XML 描述的例子 -->
<bookcase xmlns: xsi="http: //www.w3.org/2001/XMLSchema-instance" >
    <book type="教育">
        <b-name>XML 实用培训教程</b-name>
        <author>
            <name>张健飞</name>
            <E-mail>zjf@163.com</E-mail>
        </author>
        <price>27 元</price>
        <publishing-house>
            <p-name>科学出版社</p-name>
            <address>北京东皇城根北街 16 号</address>
            <zipcode>100717</zipcode>
            <E-mail>yanmc@bhp.com.cn</E-mail>
        </publishing-house>
    </book>
    <book type="科技">
        <b-name> XML 网页制作彻底研究</b-name>
        <author>
            <name>陈会安</name>
            <E-mail>cha@163.com</E-mail>
        </author>
        <price>47 元</price>
        <publishing-house>
            <p-name>中国铁道出版社</p-name>
            <address>北京市宣武区右安门西街 8 号</address>
            <zipcode>100054</zipcode>
            <E-mail>bjb@tqbooks.com.cn</E-mail>
        </publishing-house>
    </book>
</bookcase>
```

图 11-1 书目信息 1.xml

11.3　实验操作指导

11.3.1　相关知识

通过前面的学习，我们知道，只要不违反 XML 格式良好的要求，就可以在一个 XML 文档中自由地定义标记的名字，并且使用自己习惯的方式来描述事物。这意味着用 XML 表达相同事物的信息时，不同的文档编写者完全可能写出含有不同标记名、采用不同结构的 XML 文档，这对于数据的统一处理来说极为不利，因为在这种情况下实现信息共享非常困难。所以需要一种机制指定应该如何构造描述同一事物的文档，或者说需要一种检验编写的文档是否符合要求的机制，DTD 就是这样的机制之一。

文档类型定义（Document Type Definition，DTD）是一套关于标记符的语法规则，可定义合法的 XML 文档构建模块，它使用一系列合法的元素来定义文档的结构。DTD 在实际应用中的作用主要包括：①验证 XML 文档数据的有效性；②为某类 XML 文档提供统一的格式和相同的结构；③保证在一定范围内，XML 文档数据的交流和共享；④一个程序设计人员根据 DTD 就能够知道对应的 XML 档逻辑结构，从而编写出相应的处理应用程序。

11.3.2　操作指导

(1) 在“Grid”模式下，使用 XMLSpy 建立“书目信息 .dtd”文档。

选择菜单 File→New 弹出 Create new document 对话框，选择 dtd，然后点击 Grid，这样一个空的 DTD 文档就会被建立在编辑区，如图 11-2 所示。

点击左上角的黑三角，会变成图 11-3 所示的样子，将编码方式项 encoding 默认值 UTF-8 改为 GB2312。

双击 Elm 输入将默认的 ENTER#NAME#OF#ROOT#ELEMENT#HERE 改为 bookcase，完成后如图 11-4 所示。

保持 Elm bookcase 的选中状态，双击右侧 Elements 框里的 sequence of，结果如图 11-5 所示。这样根节点 bookcase 就建立完毕了。

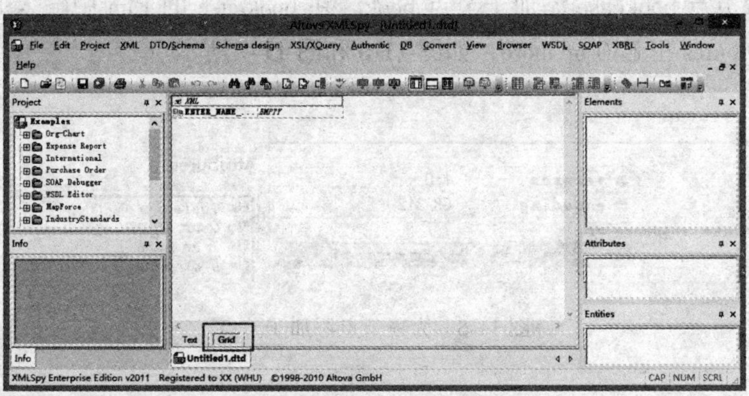

图 11-2 XMLSpy 编辑区

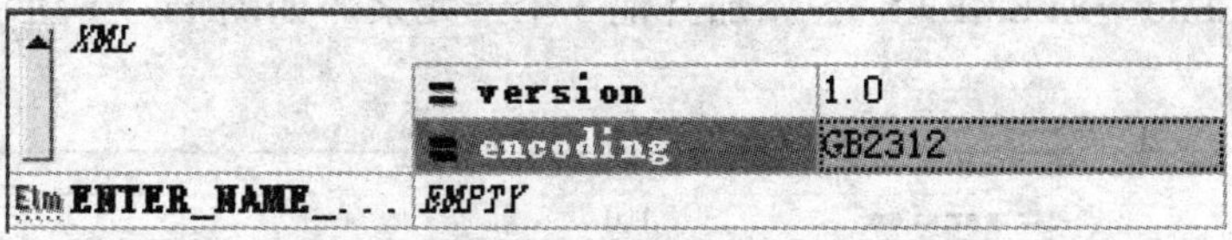

图 11-3 修改标码方式

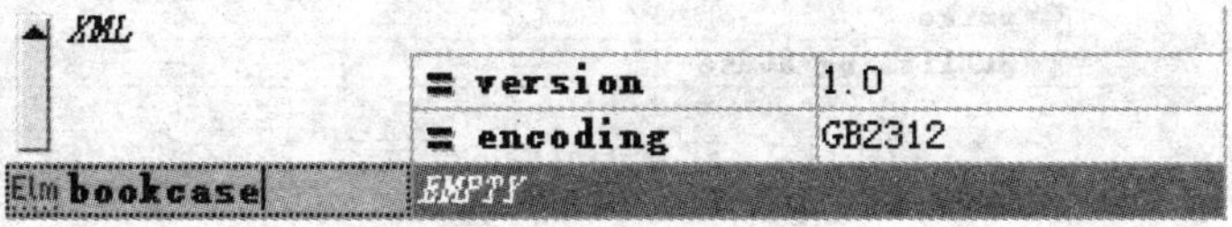

图 11-4 输入根节点名称

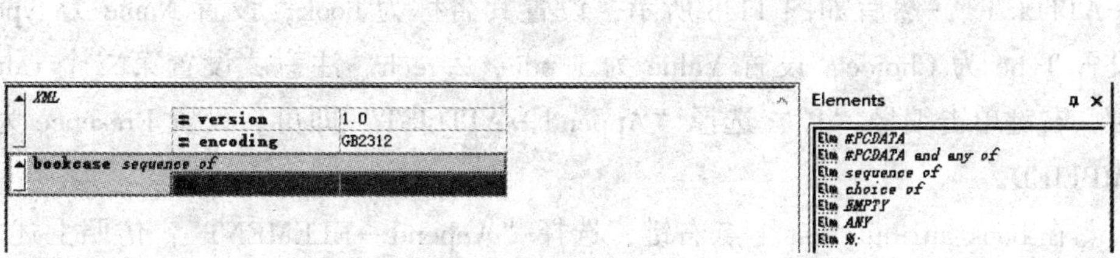

图 11-5 建立根节点

为根节点 bookcase 添加子节点 book。在 bookcase 的 Elm 中输入 book，在右侧 Attributes 里选 0 or more，如图 11-6 和图 11-7 所示。

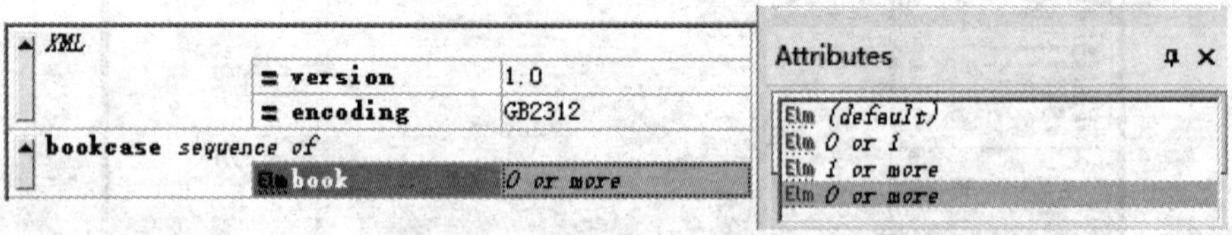

图 11-6　为根节点添加子节点

然后建立 book 元素的 4 个子元素 b-name、author、price、publishing-house。选中 bookcase，右键“Append→ELEMENT”，建立 book 元素。选中 book，双击右侧 Elements 框里的 sequence of，建立一个子元素。选中 book，右键“Add Child→ELEMENT”，添加其他 3 个子元素。如图 11-7 所示。

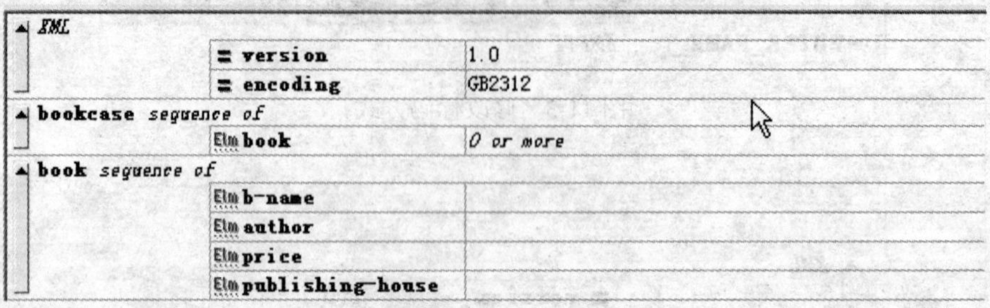

图 11-7　建立子节点的子元素

建立 book 元素的属性 type。在 book sequence of 上点右键，选择“Append→ATTLIST”，然后如图 11-8 所示，设置其名称为 book，设置 Name 为 type，设置 Type 为 Choice，设置 Value 为 1. edu，2. tech。注意：设置第二个 value 时，右键单击编号“1”，选择“Append→ATTLIST”即可。设置 Presence 为#IMPLIED。

在 book attribute list 上点右键，选择“Append→ELEMENT”，仿照上述方法依次给 4 个子元素 b-name、author（含有 name 和 E-mail 2 个子元素）、price、publishing-house（含有 p-name、address、zipcode、E-mail 4 个子元素）建立节点，直到所有子元素建立完毕，如图 11-9 所示。

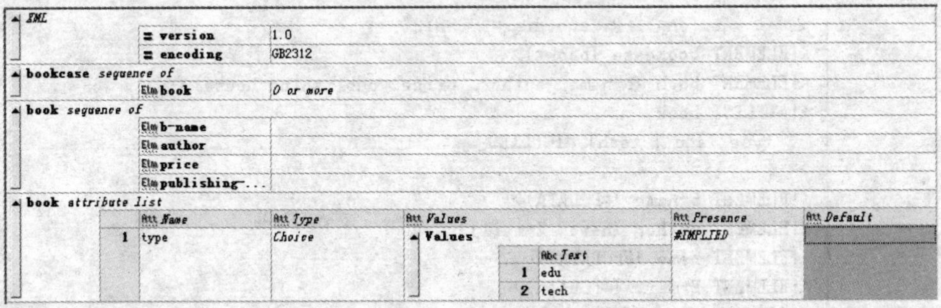

图 11-8　建立子节点元素的属性

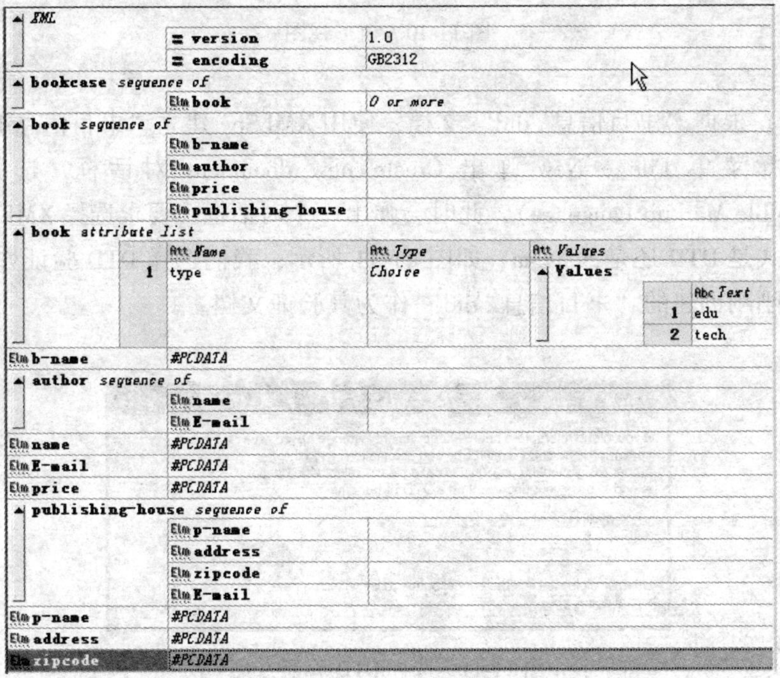

图 11-9　建立节点

这样 DTD 文档就建立好了。命名为“书目信息 .dtd”，保存到桌面。在 View→Text view 方式下可以查看编辑所得到的源代码，如图 11-10 所示，选择 View→Enhanced Grid view 会回到树形编辑视图方式。

```
<?xml version="1.0" encoding="GB2312"?>
<!ELEMENT bookcase (book*)>
<!ELEMENT book (b-name, author, price, publishing-house)>
<!ATTLIST book
   type (edu | tech) #IMPLIED
>
<!ELEMENT b-name (#PCDATA)>
<!ELEMENT author (name, E-mail)>
<!ELEMENT name (#PCDATA)>
<!ELEMENT E-mail (#PCDATA)>
<!ELEMENT price (#PCDATA)>
<!ELEMENT publishing-house (p-name, address, zipcode, E-mail)>
<!ELEMENT p-name (#PCDATA)>
<!ELEMENT address (#PCDATA)>
<!ELEMENT zipcode (#PCDATA)>
```

图 11-10 树形视图

（2）根据“书目信息 . dtd”文档，使用 XMLSpy 建立“书目信息 1. xml”。

选择菜单 File → New 弹出 Create new document 对话框，选择 XML（Extensible Markup Language），此时会弹出一个对话框，要求选择 XML 文档的验证方式是 DTD 还是 Schema，如图 11-11 所示，我们选择 DTD 验证方式，并且选择刚刚创建的“书目信息 . dtd”作为其验证文档。

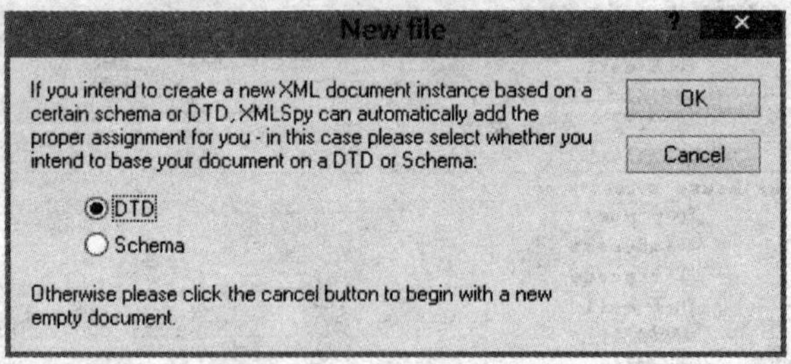

图 11-11 选择 DTD 验证方式

点击 OK 后 XMLSpy 就会自动建好符合“书目信息 . dtd”验证的 XML 空白文档（见图 11-12）。在“Grid”模式下填入两本书的内容数据。将编码方式项 encoding 更改为 GB2312。选中 bookcase，右键“Add Child→ELEMENT”，出现 book 元素，填入第一本书的内容。选中 book，右键“Add Child→

Attribute”，出现 type 属性，填入第一本书的属性为 edu。第二本书的输入类似。结果如图 11-13 所示。

图 11-12　空白文档

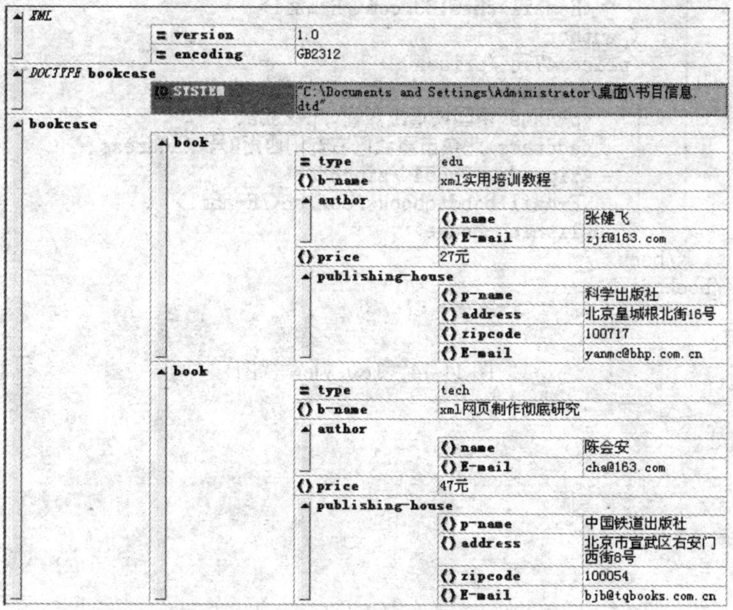

图 11-13　在 Grid 模式下编辑书目信息文档

将文件存成“书目信息 1. xml”，在 View 中分别以“Text View”（见图 11-14）和“Browser View”（见图 11-15）模式查看其源代码和显示。

```
<?xml version="1.0" encoding="GB2312"?>
<!-- edited with XMLSpy v2011 (http://www.altova.com) by XX (WHU) -->
<!DOCTYPE bookcase SYSTEM "C:\Users\X\Desktop\书目信息.dtd">
<bookcase>
    <book>
        <b-name>XML实用培训教程</b-name>
        <author>
            <name>张健飞</name>
            <E-mail>zjf@163.com</E-mail>
        </author>
        <price>27元</price>
        <publishing-house>
            <p-name>科学出版社</p-name>
            <address>北京皇城根北街16号</address>
            <zipcode>100717</zipcode>
            <E-mail>yanmc@bhp.com.cn</E-mail>
        </publishing-house>
    </book>
    <book>
        <b-name>XML网页制作彻底研究</b-name>
        <author>
            <name>陈会安</name>
            <E-mail>cha@163.com</E-mail>
        </author>
        <price>47元</price>
        <publishing-house>
            <p-name>中国铁道出版社</p-name>
            <address>北京市宣武区右安门西街8号</address>
            <zipcode>100054</zipcode>
            <E-mail>bjb@tqbooks.com.cn</E-mail>
        </publishing-house>
    </book>
</bookcase>
```

图 11-14　Text View 视图

```xml
<?xml version="1.0" encoding="GB2312" ?>
<!-- edited with XMLSpy v2011 (http://www.altova.com) by XX (WHU) -->
<!DOCTYPE bookcase (View Source for full doctype...)>
- <bookcase>
  - <book>
      <b-name>XML实用培训教程</b-name>
    - <author>
        <name>张健飞</name>
        <E-mail>zjf@163.com</E-mail>
      </author>
      <price>27元</price>
    - <publishing-house>
        <p-name>科学出版社</p-name>
        <address>北京皇城根北街16号</address>
        <zipcode>100717</zipcode>
        <E-mail>yanmc@bhp.com.cn</E-mail>
      </publishing-house>
    </book>
  - <book>
      <b-name>XML网页制作彻底研究</b-name>
    - <author>
        <name>陈会安</name>
        <E-mail>cha@163.com</E-mail>
      </author>
      <price>47元</price>
    - <publishing-house>
        <p-name>中国铁道出版社</p-name>
        <address>北京市宣武区右安门西街8号</address>
        <zipcode>100054</zipcode>
        <E-mail>bjb@tqbooks.com.cn</E-mail>
      </publishing-house>
    </book>
</bookcase>
```

图 11-15 Browser View

11.3.3 实验题目

（1）通过实验操作回答：为什么要定义 DTD？

（2）通过实验操作回答：DTD 不符合 XML 与语法导致了什么缺点？

12 在 XML 文档中使用 Schema

12.1 实验目的与要求

（1）了解并掌握 XML Schema 的定义方法及其用途；

（2）了解并掌握 Schema 的基本结构、数据类型、元素声明、属性声明；

（3）了解并掌握 XMLSpy 中基于 Schema 的 XML 文件输入。

12.2 实验内容

（1）在 XMLSpy 中对以下“书目信息 . xml”进行 Schema 定义（设 Schema 文件名为“书目信息 . xsd”）；

（2）在 XMLSpy 中创建一个基于“书目信息 . xsd”的 XML 文件“书目信息 2. xml”，在“栅格”模式下将 XML 文件的内容填入，体会该方法的方便快捷；

（3）在浏览器中打开带有 Schema 定义的“书目信息 2. xml”，观察其是否符合 Schema 定义。

以上步骤，如图 12-1 所示。

```
<? xml version=" 1.0" encoding=" GB2312"? >
<! --这是一个用 XML 描述的例子 -->
<bookcase xmlns: xsi=" http: //www. w3. org/2001/XMLSchema-instance" >
        <b-name>XML 实用培训教程</b-name>
        <author>
            <name>张健飞</name>
            <E-mail>zjf@ 163. com</E-mail>
        </author>
        <price>27 元</price>
        <publishing-house>
            <p-name>科学出版社</p-name>
            <address>北京东皇城根北街 16 号</address>
            <zipcode>100717</zipcode>
            <E-mail>yanmc@ bhp. com. cn</E-mail>
        </publishing-house>
    </book>
        <b-name> XML 网页制作彻底研究</b-name>
        <author>
            <name>陈会安</name>
            <E-mail>cha@ 163. com</E-mail>
        </author>
        <price>47 元</price>
        <publishing-house>
            <p-name>中国铁道出版社</p-name>
            <address>北京市宣武区右安门西街 8 号</address>
            <zipcode>100054</zipcode>
            <E-mail>bjb@ tqbooks. com. cn</E-mail>
        </publishing-house>
    </book>
</bookcase>
```

图 12-1　书目信息 2. xml

12.3 实验操作指导

12.3.1 相关知识

Schema 的作用是定义 XML 文档的合法构建模块，类似 DTD。Schema 可定义能在 DTD 中使用的所有文档结构，它还可以定义数据类型和比 DTD 更加复杂的规则，被认为是基于 XML 的 DTD 的替代者。

DTD 与 Schema 的区别在于：①XML Schema 是 XML 文档，而 DTDs 有自己的特殊语法，只需懂得 XML、懂得语法规则即可编写 Schema，无需学习其他语法规则；XML 文档与 XML Schema 文档可以用相同的语法分析器来解析，无需写两套分析器；XML Schema 有强大、易用的扩展功能；②XML Schema 利用名域将文档中特殊的节点与 Schema 说明相联系，一个 XML 文档可有多个对应的 Schema，而用 DTDs 的话，一个 XML 文档只能有一个相对应的 DTDs；③XML Schema 内容模型是开放的，可以随意扩充，而 DTDs 无法解析扩充的内容；④DTDs 只能把内容类型定义为一个字符串，而 XML Schema 允许将内容类型定义为整型、浮点型、数据型、布尔型或者其他简单的数据类型，无需重新定义。

12.3.2 操作指导

(1) 在“Grid”模式下，使用 XMLSpy 建立“书目信息 . xsd”文档。

打开 XMLSpy2011，建立一个空白的 xml 文档，如图 12-2 所示。

```
<?xml version="1.0" encoding="GB2312"?>
<!--W3C Schema generated by XMLSpy (http://www.altova.com)-->
<xs:schema xmlns:xs="http://www.w3.org/2001/XMLSchema">
   <xs:annotation>
        <xs:documentation>
                        XML File Schema Test
        </xs:documentation>
   </xs:annotation>
   [  ]
</xs:schema>
```

图 12-2　编写 XML 文档声明

定义 bookcaseType 类型（添加在上图的 [ ] 处），如图 12-3 所示。

```
<xs:element name="bookcase" type="bookcaseType"/>
   <xs:attribute name="type">
      <xs:simpleType>
                    <xs:restriction base="xs:string">
               <xs:enumeration value="科技"/>
               <xs:enumeration value="教育"/>
                    </xs:restriction>
               </xs:simpleType>
   </xs:attribute>
```

图 12-3　定义 bookcaseType 类型

定义 bookcase 元素（紧随 bookcaseType 类型定义之后），如图 12-4 所示。

```
<xs:complexType name="bookcaseType">
    <xs:sequence>
                <xs:element name="book" type="bookType"/>
    </xs:sequence>
</xs:complexType>
```

图 12-4　定义 bookcase 元素

定义 bookType 元素类型（引用定义 authorType、pub-houseType），如图 12-5所示。

```
<xs:complexType name="bookType">
        <xs:sequence>
                    <xs:element name="b-name" type="xs:string"/>
                    <xs:element name="author" type="authorType"/>
                    <xs:element name="price" type="xs:string"/>
                    <xs:element name="publishing-house" type="pub-houseType"/>
            </xs:sequence>
</xs:complexType>
```

图 12-5　定义 bookType 元素类型

定义 authorType 及 pub-houseType 元素类型，如图 12-6 所示。

```
<xs:complexType name="authorType">
        <xs:sequence>
                <xs:element name="name" type="xs:string"/>
                <xs:element name="E-mail" type="xs:string"/>
        </xs:sequence>
</xs:complexType>
<xs:complexType name="pub-houseType">
        <xs:sequence>
                <xs:element name="p-name" type="xs:string"/>
                <xs:element name="address" type="xs:string"/>
                <xs:element name="zipcode" type="xs:string"/>
                <xs:element name="E-mail" type="xs:string"/>
        </xs:sequence>
</xs:complexType>
```

图 12-6　定义 authorType 及 pub-houseType 元素类型

将上述代码另存为 . xsd 文件，并在"Grid"模式下查看，体会 Schema 的定义方法。

（2）根据"书目信息 . xsd"文档，使用 XMLSpy 建立"书目信息 2. xml"。

选择菜单 File → New 弹出 Create new document 对话框，选择 XML（Extensible Markup Language），此时会弹出一个对话框，要求选择 XML 文档的验证方式是 DTD 还是 Schema，如图 12-7 所示，我们选择 Schema 验证方式，并且选择刚刚创建的"书目信息 . xsd"作为其验证文档。

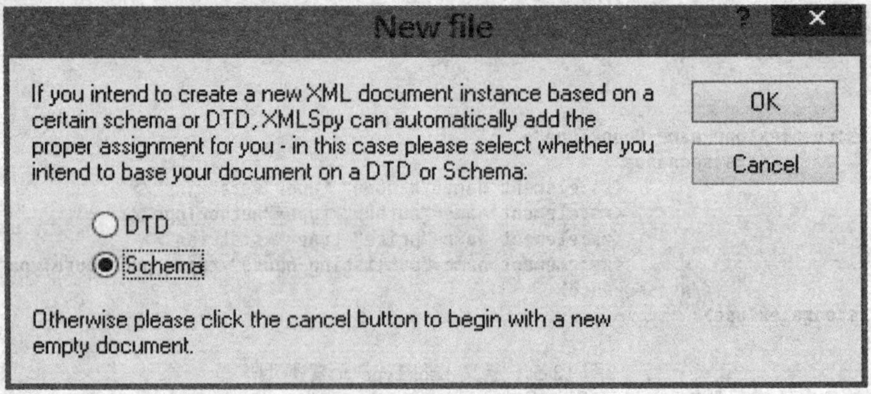

图 12-7　选择 Schema 验证方式

点击 OK 后 XMLSpy 就会自动建好符合"书目信息 .xsd"验证的 XML 空白文档。在"Grid"模式下填入两本书的内容数据，将编码方式项 encoding 更改为 GB2312，如图 12-8 所示。

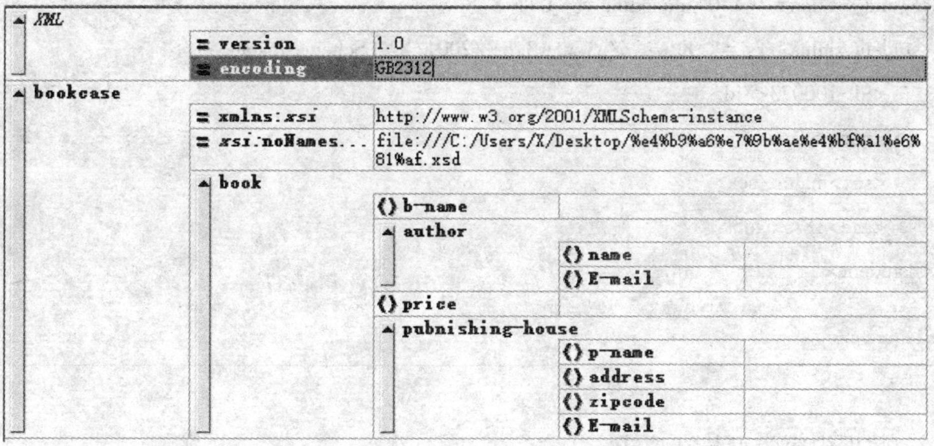

图 12-8　在 Grid 模式下编辑书目信息文档

将文件存成"书目信息 2. xml"，分别在"Text"和"Browser"模式下查看其源代码和显示。

12.3.3　实验题目

（1）根据下面的 XML 文档写出符合要求的 Schema 文档。

```
<? xml version =" 1.0" encoding =" GB2312"? >
<customer no =" 001718" >
    <name>Tom</name>
    <address>武汉大学</address>
</customer>
```

（2）分析下面的 XML 文档，编写符合有效性验证的 Schema 文档。

```
<? xml version=" 1.0" encoding=" UTF-8"? >
<student xmlns：xsi=" http：//www.w3.org/2001/XMLSchema-instance" >
    <id>100023</id>
    <name>Tom</name>
    <sex>male</sex>
    <age>18</age>
</student>
```

数据内容类型描述要求：

学号以 100 开头，后面为 3 个数字的组合（正则表达式约束）；

姓名是一个最多 6 个字符的字母组合，首字母大写，其余为小写字母（正则表达式约束）；

性别在 male 和 female 之间选择（枚举约束）；

年龄在 17~30 岁（值范围约束）。

（3）分析 Schema 文档，如图 12-9 所示，编写符合有效性验证的 XML 文档。

```
<? xml version=" 1.0" encoding=" GB2312"? >
<xsd: schema
xmlns: xsd=" http: //www.w3.org/2001/XMLSchema" elementFormDefault=" qualified">
    <xsd: simpleType name=" name" >
        <xsd: restriction base=" xsd: string" >
            <xsd: enumeration value=" 钢笔" />
            <xsd: enumeration value=" 圆珠笔" />
            <xsd: enumeration value=" 铅笔" />
            <xsd: enumeration value=" 毛笔" />
        </xsd: restriction>
    </xsd: simpleType>
    <xsd: element name=" 单价" >
        <xsd: complexType>
            <xsd: all>
                <xsd: element name=" 出厂价" type=" xsd: integer" />
                <xsd: element name=" 售价" type=" xsd: float" />
            </xsd: all>
        </xsd: complexType>
    </xsd: element>
    <xsd: element name=" 产品" >
        <xsd: complexType>
            <xsd: sequence>
                <xsd: element name=" 产品名称" type=" name" />
                <xsd: element ref=" 单价" />
            </xsd: sequence>
            <xsd: attribute name=" ID" use=" required" >
                <xsd: simpleType>
                    <xsd: restriction base=" xsd: NMTOKEN" />
                </xsd: simpleType>
            </xsd: attribute>
        </xsd: complexType>
    </xsd: element>
    <xsd: element name=" 产品系列" >
        <xsd: complexType>
            <xsd: sequence>
                <xsd: element ref=" 产品" maxOccurs=" unbounded" />
            </xsd: sequence>
        </xsd: complexType>
    </xsd: element>
</xsd: schema>
```

图 12-9 某 Schema 文档

13 使用 XML 语言编写 RDF 文档

13.1 实验目的与要求

（1）了解并掌握 RDF 描述资源的规则；

（2）了解并掌握 RDF 的主要元素、容器元素和集合。

13.2 实验内容

（1）使用 XMLSpy2011（英文版）编写基本的 RDF/XML 文档，并使用 W3C 提供的 RDF 在线验证工具（http：//www. w3. org/RDF/Validator/）进行验证；

（2）使用 XMLSpy2011（英文版）编写包含 RDF 容器元素的 RDF/XML 文档，并使用 W3C 提供的 RDF 在线验证工具（http：//www. w3. org/RDF/Validator/）进行验证；

（3）使用 XMLSpy2011（英文版）编写包含 RDF 集合的 RDF/XML 文档，并使用 W3C 提供的 RDF 在线验证工具（http：//www. w3. org/RDF/Validator/）进行验证。

13.3 实验操作指导

13.3.1 相关知识

13.3.1.1 RDF 简介

RDF 是指资源描述框架（Resource Description Framework），它是用于描述

Web 资源的框架，同时也是 W3C 推荐的标准。RDF 提供了针对数据的模型及语法，这样计算机应用程序就可以读取并理解它。RDF 文档使用 XML 语言编写，被 RDF 使用的 XML 语言称为 RDF/XML，通过使用 XML，RDF 信息可以轻易地在使用不同类型的操作系统和应用语言的计算机之间进行交换。

RDF 的思想基础：用 Web 标识符（称作统一资源标识符，Uniform Resource Identifiers，URLs）来标识事物，用简单的属性（Property）及属性值（Value）来描述资源（Resource）。

RDF 模型如图 13-1 所示。

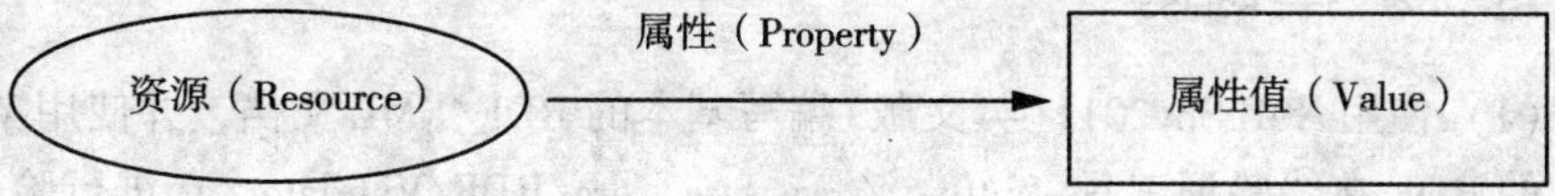

图 13-1　RDF 模型图

13.3.1.2　RDF 的应用

RDF 可以被应用于描述购物项目的属性，比如价格和可用性；描述 Web 时间的时间表；描述有关网页的信息，如内容、作者以及被创建和修改的日期；描述网络图片的内容和等级；描述针对搜索引擎的内容；描述数字图书馆等。

13.3.1.3　RDF 容器

我们可能经常需要描述一组事物：如由多个作者完成的一本书，或者上某门课的一些学生，或一个软件包下的所有模块。RDF 提供了一些预定义的类型和属性用以描述一组事物，即容器词汇。一个容器是包含了一些事物的资源，这些被包含的事物称为成员。RDF 定义了三种类型的容器（Container）：rdf：Bag；rdf：Seq；rdf：Alt。

一个包（Bag）是类型为 rdf：Bag 的资源，表示一组可能包含重复成员的资源或文字，且成员之间是无序的。

一个序列（Sequence）是类型为 rdf：Seq 的资源，表示一组资源或文字，其中可能有重复的成员，而且成员之间是有序的。容器 rdf：Seq 的图结构和对应的 RDF/XML 写法与 rdf：Bag 相似，唯一的区别是类型为 rdf：Seq。

一个替换（Alternative），是类型为 rdf：Alt 的资源，表示一组可以选择的资源或文字（常常是属性的一个值）。

13.3.1.4 RDF 集合

容器（Container）的一个缺点是没有办法封闭它，即没有办法说这些是容器的所有成员。一个容器只能说一些有标识的资源是它的成员，无法说没有其他的成员。而且，如果有一个 RDF 图描述它的一些成员，我们没法排除在其他地方有图也描述这个容器的其他成员的可能性。RDF 以 RDF 集合（Collection）的形式提供了对描述特定成员的组的支持。一个 RDF 集合是用列表结构表示的一组事物，这个列表结构是用一些预定义的集合词汇表示的。RDF 的集合词汇包括属性 rdf：first 和 rdf：rest，以及资源 rdf：nil。

13.3.2 操作指导

（1）使用 XMLSpy2011（英文版）编写基本的 RDF/XML 文档，并使用 W3C 提供的 RDF 在线验证工具（http：//www.w3.org/RDF/Validator/）进行验证。

打开 XMLSpy2011，单击选择菜单 File→New，弹出 Create new document 对话框，建立一个空白的 xml 文档。

输入以下描述网页创建日期的 RDF/XML 文档，它表示的意思是：网页资源 http：//www.example.org/index.html 的创建日期（Creation Date）是 1999 年 11 月 6 日。输入完成后显示为图 13-2。

```
1  <?xml version="1.0" encoding="UTF-8"?>
2  <rdf:RDF xmlns:rdf="http://www.w3.org/1999/02/22-rdf-syntax-ns#"
3           xmlns:exterms="http://www.example.org/terms/">
4  <rdf:Description rdf:about="http://www.example.org/index.html">
5  <exterms:creation-date>November 06, 1999</exterms:creation-date>
6  </rdf:Description>
7  </rdf:RDF>
```

图 13-2 基本的 XMLSpy 编辑页面

第 1 行是 XML 声明（XML declaration）：<? xml version = " 1.0" encoding =" UTF-8"? >，表明以下内容是版本号为 1.0 的 XML，编码为 UTF-8。

第 2 行到第 7 行以下的 XML 内容用于表达 RDF。第 2 行 rdf：RDF 后面的是 XML 命名空间声明（XML namespace declaration），即 rdf：RDF 的首标签 xmlns 属性。该声明说明在当前内容中出现的所有前缀为 rdf：的标签都属于 http：//www.w3.org/1999/02/22-rdf-syntax-ns#所标识的命名空间，用于标识来自 RDF 词汇表中的术语。

第 3 行是另一个 XML 命名空间声明，该声明用 rdf：RDF 元素的另一个

xmlns 属性表示，指明前缀 exterms：与命名空间 http：//www. example. org/terms/关联。

第 1 行到第 3 行是常规的、必备的部分，用以表明当前的内容是 RDF/XML，并声明内容中所使用的命名空间。

第 4 行到第 6 行是资源陈述的 RDF/XML 主要部分。第 4 行中 rdf：Description 表示资源描述的开始，rdf：about 属性指定了主体资源的 URIs。第 5 行以 exterms：creation-date 为标签，提供了属性元素（Property Element）来表述谓词以及陈述的客体（November 6，1999）。第 6 行表示这个 rdf：Description 到此结束。

第 7 行表示从第 2 行开始的 rdf：RDF 元素到此结束。

利用 W3C 提供的在线 RDF 验证服务对刚刚编辑完成的 RDF 文档进行检验，将刚刚编写好的 RDF/XML 复制粘贴到框内，选择 Triples and Graph，点击 Parse RDF，如图 13-3 所示，即可生成表格（见表 13-1）和图形（见图 13-4）视图。

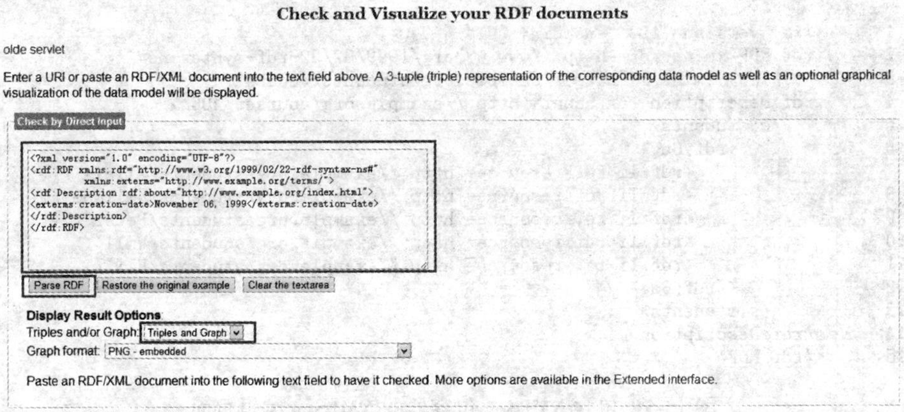

图 13-3　W3C 在线 RDF 验证页面

表 13-1　　　　RDF 基本元素的表格

Number	Subject	Predicate	Object
1	http：//www. example. org/index. html	http：//www. example. org/terms/creation-date	"November 06，1999"

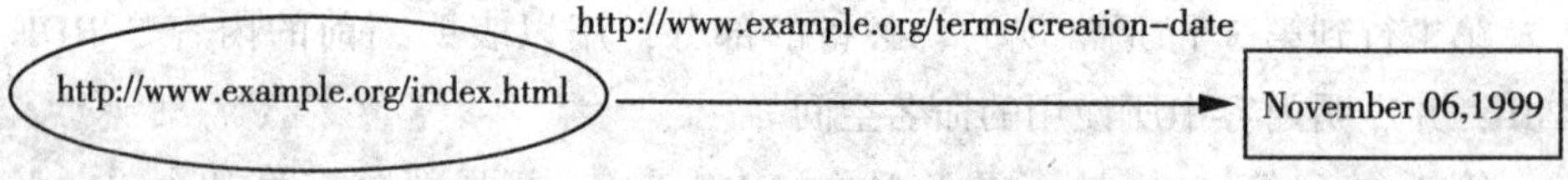

图 13-4 RDF 基本元素的图结构

（2）使用 XMLSpy2011（英文版）编写包含 RDF 容器元素的 RDF/XML 文档，并使用 W3C 提供的 RDF 在线验证工具（http://www.w3.org/RDF/Validator/）进行验证。

①学习使用 RDF 包容器（rdf: Bag）。

打开 XMLSpy2011，单击选择菜单 File→New，弹出 Create new document 对话框，建立一个空白的 xml 文档。

输入以下描述了“参加课程 406 的学生有：Alicia，Kalinda，Peter，Will 和 Eli”的 RDF/XML 文档。输入完成后显示为图 13-5。

```
<?xml version="1.0" encoding="UTF-8"?>
<rdf:RDF xmlns:rdf="http://www.w3.org/1999/02/22-rdf-syntax-ns#"
         xmlns:s="http://example.org/students/vocab#">
<rdf:Description rdf:about="http://example.org/courses/406">
    <s:students>
        <rdf:Bag>
            <rdf:li rdf:resource="http://example.org/students/Alicia"/>
            <rdf:li rdf:resource="http://example.org/students/Kalinda"/>
            <rdf:li rdf:resource="http://example.org/students/Peter"/>
            <rdf:li rdf:resource="http://example.org/students/Will"/>
            <rdf:li rdf:resource="http://example.org/students/Eli"/>
        </rdf:Bag>
    </s:students>
</rdf:Description>
</rdf:RDF>
```

图 13-5 包含 XMLSpy 包容器的 XMLSpy 编辑页面

利用 W3C 提供的在线 RDF 验证服务对刚刚编辑完成的 RDF 文档进行检验，将刚刚编写好的 RDF/XML 复制粘贴到框内，选择 Triples and Graph，点击 Parse RDF，即可生成表格（见表 13-2）和图形（见图 13-6）视图。

表 13-2 包含 XMLSpy 包容器的 RDF 表格

Number	Subject	Predicate	Object
1	genid:A1068656	http://www.w3.org/1999/02/22-rdf-syntax-ns#type	http://www.w3.org/1999/02/22-rdf-syntax-ns#Bag
2	http://example.org/courses/406	http://example.org/students/vocab#students	genid:A1068656
3	genid:A1068656	http://www.w3.org/1999/02/22-rdf-syntax-ns#_1	http://example.org/students/Alicia
4	genid:A1068656	http://www.w3.org/1999/02/22-rdf-syntax-ns#_2	http://example.org/students/Kalinda
5	genid:A1068656	http://www.w3.org/1999/02/22-rdf-syntax-ns#_3	http://example.org/students/Peter
6	genid:A1068656	http://www.w3.org/1999/02/22-rdf-syntax-ns#_4	http://example.org/students/Will
7	genid:A1068656	http://www.w3.org/1999/02/22-rdf-syntax-ns#_5	http://example.org/students/Eli

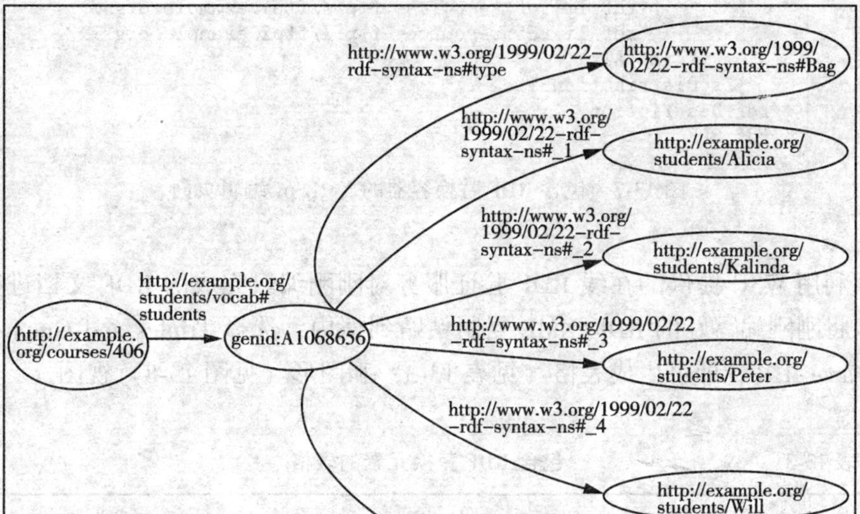

图 13-6 包含 XMLSpy 包容器的 RDF 图

rdf：li 作为一个便利元素，避免了显式地指定属性的名字。图中标号了的属性，如 rdf：#1，rdf：#2 是由 rdf：li 自动生成的。当描述一个类的实例时，用单个元素替换一个 rdf：Description 元素和 rdf：type 元素。因为没有指定 URIs，这个包资源是一个匿名节点。另外，它是属性元素<s：students>的子节点，这也是一种缩写，表示这个匿名节点是属性的值。

②学习使用 RDF 替换容器（rdf：Alt）。

打开 XMLSpy2011，单击选择菜单 File→New 弹出 Create new document 对话框，建立一个空白的 XML 文档。

输入以下描述了“X16 的源代码可能可以在网站 ftp. example. org，ftp1. example. org，或 ftp2. example. org 上找到”的 RDF/XML 文档。输入完成后显示为图 13-7。

```
<?xml version="1.0" encoding="UTF-8"?>
<rdf:RDF xmlns:rdf="http://www.w3.org/1999/02/22-rdf-syntax-ns#"
         xmlns:s="http://example.org/packages/vocab#">
<rdf:Description rdf:about="http://example.org/packages/X16">
    <s:DistributionSite>
        <rdf:Alt>
            <rdf:li rdf:resource="ftp://ftp.example.org"/>
            <rdf:li rdf:resource="ftp://ftp1.example.org"/>
            <rdf:li rdf:resource="ftp://ftp2.example.org"/>
        </rdf:Alt>
    </s:DistributionSite>
</rdf:Description>
</rdf:RDF>
```

图 13-7 包含 RDF 替换容器的 XMLSpy 编辑页面

利用 W3C 提供的在线 RDF 验证服务对刚刚编辑完成的 RDF 文档进行检验，将刚刚编写好的 RDF/XML 复制粘贴到框内，选择 Triples and Graph，点击 Parse RDF，即可生成表格（见表 13-3）和图形（见图 13-8）视图。

表 13-3 **包含 RDF 替换元素的表格**

Number	Subject	Predicate	Object
1	genid:A1068908	http://www. w3. org/1999/02/22-rdf-syntax-ns#type	http://www. w3. org/1999/02/22-rdf-syntax-ns#Alt
2	http://example. org/Packages/X16	http://example. org/packages/vocab#DistributionSite	genid:A1068908

续表

Number	Subject	Predicate	Object
3	genid:A1068908	http://www.w3.org/1999/02/22-rdf-syntax-ns#_1	http://ftp.example.org
4	genid:A1068908	http://www.w3.org/1999/02/22-rdf-syntax-ns#_2	http://ftp1.example.org
5	genid:A1068908	http://www.w3.org/1999/02/22-rdf-syntax-ns#_3	http://ftp2.example.org

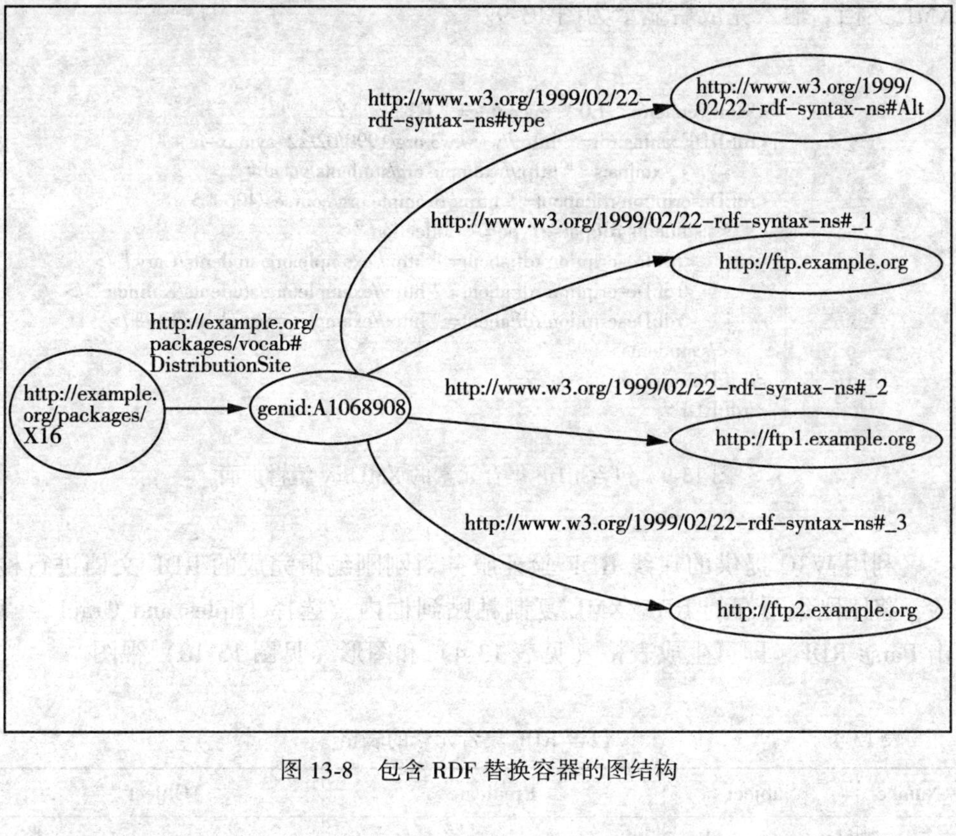

图 13-8 包含 RDF 替换容器的图结构

一个替换容器被设计为至少有一个成员，由属性 rdf：#1 标识。这个成员被认为是属性的缺省值或优先值。除了 rdf：#1 外，其他剩下的成员顺序是无关紧要的。

RDF 图表示属性 s：DistributionSite 的值是一个类型，是替换容器的资源。关于这个 RDF 图更多的意义必须由应用程序来解释，例如，替换容器的一个成员可以看成属性 s：DistributionSite 的值，或者 ftp：//ftp. example. org 是这个属性的缺省值或优先值。

（3）使用 XMLSpy2011（英文版）编写包含 RDF 集合的 RDF/XML 文档，并使用 W3C 提供的 RDF 在线验证工具（http：//www. w3. org/RDF/Validator/）进行验证。

打开 XMLSpy2011，单击选择菜单 File→New 弹出 Create new document 对话框，建立一个空白的 XML 文档。

输入以下描述了"上课程 406 的学生有：Cary，Kalinda 和 Eli"的 RDF/XML 文档。输入完成后显示为图 13-9。

```
<?xml version= " 1.0 "  encoding= " UTF-8 " ?>
<rdf:RDF xmlns:rdf= " http://www.w3.org/1999/02/22-syntax-ns# "
         xmlns:s= " http://example.org/students/vocab# " >
<rdf:Description rdf:about= " http://example.org/courses/406 " >
    <s:students rdf:parseType= " Collection " >
        <rdf:Description rdf:about= " http://example.org/students/Cary " />
        <rdf:Description rdf:about= " http://example.org/students/Kalinda " />
        <rdf:Description rdf:about= " http://example.org/students/Eli " />
    </s:students>
</rdf:Description>
</rdf:RDF>
```

图 13-9　包含 RDF 集合元素的 XMLSpy 编辑页面

利用 W3C 提供的在线 RDF 验证服务对刚刚编辑完成的 RDF 文档进行检验，将刚刚编写好的 RDF/XML 复制粘贴到框内，选择 Triples and Graph，点击 Parse RDF，即可生成表格（见表 13-4）和图形（见图 13-10）视图。

表 13-4　**包含 RDF 集合元素的表格**

Number	Subject	Predicate	Object
1	http://example. org/courses/406	http://example. org/students/vocab#students	genid:A1068909
2	genid:A1068909	http://www. w3. org/1999/02/22-rdf-syntax-ns#first	http://example. org/students/Cary

续表

Number	Subject	Predicate	Object
3	genid:A1068909	http://www. w3. org/1999/02/22-rdf-syntax-ns#rest	genid:A1068910
4	genid:A1068910	http://www. w3. org/1999/02/22-rdf-syntax-ns#first	http://example. org/ students/Kalinda
5	genid:A1068910	http://www. w3. org/1999/02/22-rdf-syntax-ns#rest	genid:A1068911
6	genid:A1068911	http://www. w3. org/1999/02/22-rdf-syntax-ns#first	http://example. org/ students/Eli
7	genid:A1068911	http://www. w3. org/1999/02/22-rdf-syntax-ns#rest	http://www. w3. org/1999/02/22-rdf-syntax-ns#nil

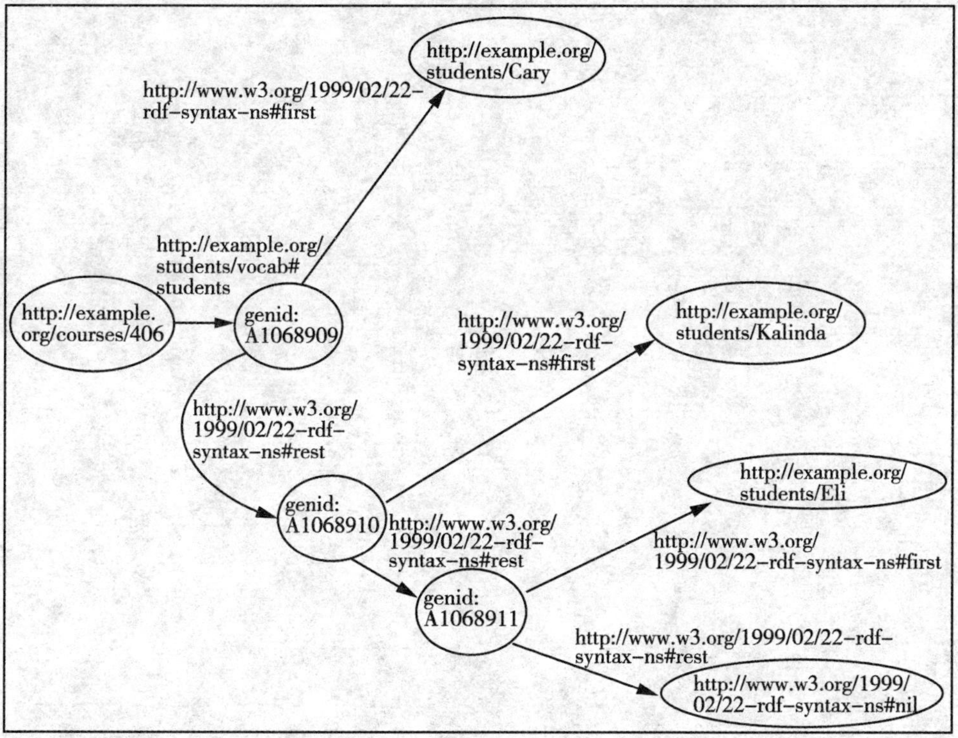

图 13-10 包含 RDF 集合元素的图结构

13.3.3 实验题目

(1) 使用 XML 语言表示此 RDF 文档："http://w3c.org/RDF 的作者 (Author) 是 David"。

(2) 使用 XML 语言并用 RDF 集合将本班来自同一个省的同学的名字列出来。

(3) 使用 XML 语言并用 RDF 容器将本班来自同一个省的学生的名字列出来。

14 使用 RDF 对 DC 元数据置标

14.1 实验目的与要求

(1) 了解并掌握在 RDF/XML 语言中使用 DC 描述的方法；
(2) 了解并掌握 DC 的 15 个核心元素的意义和使用方法。

14.2 实验内容

(1) 用 DC 元数据描述一个网页；
(2) 用 DC 元数据描述一本已经出版的杂志；
(3) 用 DC 元数据描述一篇杂志中的文章。

14.3 实验操作指导

14.3.1 相关知识

14.3.1.1 DC 元数据简介

都柏林核心元素集（Dublin Core Element Set），简称为都柏林核心，即 DC。它的目的是提供一个描述性元素的最小集，以便对类似文档的网络对象进行描述和自动索引。由于它具有简练、易于理解、可扩展、能与其他元数据形式进行衔接等特性，能较好地解决网络资源的发现、控制和管理问题。都柏林核心元素集已广泛地应用于记录网络资源的相关信息。

RDF 是被用于描述信息资源的元数据，DC 是一条供描述文档的预定义属性，RDF 非常适合表示 DC。DC 抽象模型（DC abstract model）可以很好地和 RDF 模型映射，因为 RDF 是抽象模型的基础。基于 RDF/XML 句法的 DC 是一种基于 XML 的 RDF 模型。

14.3.1.2 DC 核心元素集

DC 一共包含 15 个核心元素，具体见表 14-1。

表 14-1 **DC 核心元素集**

术语名称：其他责任者（Contributor）	
URI：	http：//purl. org/dc/elements/1. 1/contributor
标签：	其他责任者（Contributor）
定义：	对资源的内容作出贡献的其他实体
注释：	其他责任者的实例可包括个人、组织或某项服务。一般而言，用其他责任者的名称来标识这一条目
术语名称：覆盖范围（Coverage）	
URI：	http：//purl. org/dc/elements/1. 1/coverage
标签：	覆盖范围（Coverage）
定义：	资源内容所涉及的外延或范围
注释：	覆盖范围一般包括空间位置（一个地名或地理坐标）、时间区间（一个时间标识、日期或一个日期范围）或者行政辖区的范围（比如指定的一个行政实体）。推荐覆盖范围最好是取自于一个受控词表（例如地理名称叙词表［TGN］），并应尽可能地使用由数字表示的坐标或日期区间来描述地名与时间段
术语名称：创建者（Creator）	
URI：	http：//purl. org/dc/elements/1. 1/creator
标签：	创建者（Creator）
定义：	创建资源内容的主要责任者
注释：	创建者的实例包括个人、组织或某项服务。一般而言，用创建者的名称来标识这一条目

续表

术语名称：日期（Date）	
URI：	http：//purl. org/dc/elements/1. 1/date
标签：	日期（Date）
定义：	与资源生命周期中一个事件相关的时间
注释：	一般而言，日期应与资源的创建或可获得的日期相关。建议采用的日期格式应符合 ISO8601［W3CDTF］规范，并使用 YYYY-MM-DD 的格式
术语名称：描述（Description）	
URI：	http：//purl. org/dc/elements/1. 1/description
标签：	描述（Description）
定义：	资源内容的解释
注释：	描述可以包括但不限于以下内容：文摘、目录、图像的文字说明，或者一个关于资源内容的文本描述
术语名称：格式（Format）	
URI：	http：//purl. org/dc/elements/1. 1/format
标签：	格式（Format）
定义：	资源的物理或数字表现形式
注释：	一般而言，格式可以包括资源的媒体类型或资源的大小，格式元素可以用来决定展示或操作资源所需的软硬件或其他相应设备。例如资源的大小包括资源所占的存储空间或持续时间。建议采用来自于受控词表中的值（例如 Internet 媒体类型［MIME］定义的计算机媒体格式）
术语名称：标识符（Identifier）	
URI：	http：//purl. org/dc/elements/1. 1/identifier
标签：	资源标识符（Resource Identifier）
定义：	在特定的范围内给予资源的一个明确的标识
注释：	建议对资源的标识采用符合某一正式标识体系的字符串及数字组合。正式的标识体系的实例包括统一资源标识符（URI）（包括统一资源定位符 URL）、数字对象标识符（DOI）和国际标准书号（ISBN）等

续表

术语名称：语种（Language）	
URI：	http：//purl. org/dc/elements/1. 1/language
标签：	语种（Language）
定义：	描述资源知识内容的语种
注释：	建议本元素的值采用 RFC3066［RFC3066］，该标准与 ISO639［ISO639］一起定义了由两个或三个英文字母组成的主标签和可选的子标签来标识语种。例如用“en”或“eng”表示 English，“akk”表示 Akkadian，“en-GB”表示英国英语
术语名称：出版者（Publisher）	
URI：	http：//purl. org/dc/elements/1. 1/publisher
标签：	出版者（Publisher）
定义：	使资源成为可获得的责任实体
注释：	出版者的实例包括个体、组织或服务。一般而言，应该用出版者的名称来标识这一条目
术语名称：关联（Relation）	
URI：	http：//purl. org/dc/elements/1. 1/relation
标签：	关联（Relation）
定义：	对相关资源的参照
注释：	建议最好使用符合规范标识体系的字符串或数字来标识所要参照的资源
术语名称：权限（Rights）	
URI：	http：//purl. org/dc/elements/1. 1/rights
标签：	权限管理（Rights Management）
定义：	有关资源本身所有的或被赋予的权限信息
注释：	一般而言，权限元素应包括一个对资源的权限声明，或者是对提供这一信息的服务的参照。权限一般包括知识产权（IPR）、版权或其他各种各样的产权。如果没有权限元素的标注，不可以对与资源相关的上述或其他权利的情况作出任何假定

续表

术语名称：来源（Source）	
URI：	http：//purl. org/dc/elements/1. 1/source
标签：	来源（Source）
定义：	对当前资源来源的参照
注释：	当前资源可能部分或全部源自来源元素所标识的资源，建议对这一资源的标识采用一个符合规范标识系统的字串或数字组合
术语名称：主题（Subject）	
URI：	http：//purl. org/dc/elements/1. 1/subject
标签：	主题和关键词（Subject and Keywords）
定义：	资源内容的主题描述
注释：	如果要描述特定资源的某一主题，一般采用关键词、关键词短语或分类号，最好从受控词表或规范的分类体系中取值
术语名称：题名（Title）	
URI：	http：//purl. org/dc/elements/1. 1/title
标签：	题名（Title）
定义：	赋予资源的名称
注释：	一般而言，指资源对象正式公开的名称
术语名称：类型（Type）	
URI：	http：//purl. org/dc/elements/1. 1/type
标签：	资源类型（Resource Type）
定义：	资源内容的特征或类型
注释：	资源类型包括描述资源内容的一般范畴、功能、种属或聚类层次的术语。建议采用来自于受控词表中的值（例如 DCMI 类型词汇表［DCMITYPE］）。要描述资源的物理或数字化表现形式，请使用“格式”（Formart）元素

14.3.1.3　DC 修饰词

DC 修饰词是对 15 个核心元素的语义进行限定和修饰的词。DCMI 认可将 DC 修饰词分为以下两类：

（1）元素修饰词（Element Refinement）。

这些修饰词缩小了元素的含义范围，使其具有专指性，修饰词与未修饰词共享一个含义，只是对未修饰词的含义范围做了进一步的限定。目前，DC 元素集在以下元素中设有元素修饰词：

题名：Alternative。

说明：Table of Contents，Abstract。

日期：Created，Valid，Available，Issued，Modified。

格式：Extent，Medium。

关联：is Version of，has Version of，is Replaced by，Replace，is Required，by Requires，is Part of，has Part，is Referenced by，References，is Format of，has Format。

覆盖范围：Spatial，Temporal。

（2）编码体系修饰词（Encoding Scheme）。

编码体系有助于对元素修饰词值的理解，这类体系包括控制词表及正规的符号或解读方式。目前，DC 元素集在以下元素中设有编码体系：

主题：LCSH，MeSH，DDC，LC，UDC。

日期：DCMI Type Vocabulary。

格式：IMT。

标识符：URI。

来源：URI。

语种：ISO639-2，RFC 1766。

关联：URI。

空间覆盖：DCMI Point，ISO3166，DCMI Box，TGN。

时间覆盖：DCMI Period，W3C-DTF。

表 14-2 **常用编码体系修饰词列表**

对应的元素	修饰词名称	访问地址
主题（Subject）	LCSH（国会图书馆主题词表）	http：//id. loc. gov/authorities/subjects. html
日期（Date）	W3C-DTF（基于 ISO8601 的 W3C 对日期和时间编码规则）	http：//www. w3. org/TR/NOTE-datetime
格式（Format）	IMT（因特网媒体类型）	http：//www. iana. org/assignments/media-types/media-types. xhtml
语种（Language）	ISO639-2	http：//www. loc. gov/standards/iso639-2/langhome. html
覆盖（Coverage）	ISO3166	http：//userpage. chemie. fu-berlin. de/diverse/doc/ISO #3166. html

表 14-3　　DC 类型词表（DCMI Type Vocabulary）①

Index of Terms	
Properties in the / Terms/Namespace	Abstract, Access Rights, Accrual Method, Accrual Periodicity, Accrual Policy, Alternative, Audience, Available, Bibliographic Citation, Conforms to, Contributor, Coverage, Created, Creator, Date, Date Accepted, Date Copyrighted, Date Submitted, Description, Education Level, Extent, Format, has Format, has Part, has Version, Identifier, Instructional Method, is Format of, is Part of, is Referenced by, is Replaced by, is Required by, Issued, is Version of, Language, License, Mediator, Medium, Modified, Provenance, Publisher, References, Relation, Replaces, Requires, Rights, Rights Holder, Source, Spatial, Subject, Table of Contents, Temporal, Title, Type, Valid
Properties in the/ Elements/ 1.1/Namespace	Contributor, Coverage, Creator, Date, Description, Format, Identifier, Language, Publisher, Relation, Rights, Source, Subject, Title, Type
Vocabulary Encoding Schemes	DCMIType, DDC, IMT, LCC, LCSH, MESH, NLM, TGN, UDC
Syntax Encoding Schemes	Box, ISO3166, ISO639-2, ISO639-3, Period, Point, RFC1766, RFC3066, RFC4646, RFC5646, URI, W3CDTF
Classes	Agent, Agent Class, Bibliographic Resource, File Format, Frequency, Jurisdiction, License Document, Linguistic System, Location, Location Period or Jurisdiction, Media Type, Media Type or Extent, Method of Accrual, Method of Instruction, Period of Time, Physical Medium, Physical Resource, Policy, Provenance Statement, Rights Statement, Size or Duration, Standard
DCMI Type Vocabulary	Collection, Dataset, Event, Image, Interactive Resource, Moving Image, Physical Object, Service, Software, Sound, StillImage, Text
Terms Related to the DCMI Abstract Model	Member of, Vocabulary Encoding Scheme

① http://dublincore.org/documents/dcmi-type-vocabulary/, 2015-10-11。

14.3.1.4 命名域和注意事项

RDF、DC、DC 修饰词的命名域和地址：

rdf=http：//www. w3. org/1999/02/22-rdf-syntax-ns#

dc=http：//purl. org/dc/elements/1. 1/

dcterms=http：//purl. org/dc/terms/

注意事项：XML 中严格区分大小写，DC 的命名域前缀词与元素名采用全部小写的格式。

14.3.2 操作指导

（1）用 DC 描述一个网页。

以下是描述一个网页的 RDF/XML 文档，如图 14-1 所示。

```
<? xml version=" 1.0" encoding=" UTF-8"? >
<rdf: RDF
    xmlns: rdf=" http: //www. w3. org/1999/02/22-rdf-syntax-ns#"
    xmlns: dc=" http: //purl. org/dc/elements/1. 1/" >
<rdf: Description rdf: about=" http: //www. dlib. org" >
    <dc: title>D-Lib Program-Research in Digital Libraries</dc: title>
    <dc: description>The D-Lib program supports the community of people with research
interests in digital libraries and electronic publishing. </dc: description>
    <dc: publisher>Corporation For National Research Initiatives</dc: publisher>
    <dc: date>1995-01-07</dc: date>
    <dc: subject>
        <rdf: Bag>
            <rdf: li>Research; statistical methods</rdf: li>
            <rdf: li>Education, research, related topics</rdf: li>
            <rdf: li>Library use Studies</rdf: li>
        </rdf: Bag>
    </dc: subject>
    <dc: type>World Wide Web Home Page</dc: type>
    <dc: format>text/html</dc: format>
    <dc: language>en</dc: language>
</rdf: Description>
</rdf: RDF>
```

图 14-1 某网页的 RDF/XML 文档

打开 XMLSpy2011，单击选择菜单 File→New，弹出 Create new document 对话框，建立一个空白的 XML 文档。

输入包含了 DC 属性的网页描述 XML 文档，如图 14-2 所示。我们可以利用 W3C 提供的在线 RDF 验证服务进行验证并生成 RDF 图，如图 14-3 所示。

```xml
<?xml version="1.0" encoding="UTF-8"?>
<rdf:RDF
    xmlns:rdf="http://www.w3.org/1999/02/22-rdf-syntax-ns#"
    xmlns:dc="http://purl.org/dc/elements/1.1/">
<rdf:Description rdf:about="http://www.dlib.org">
    <dc:title>D-Lib Program - Research in Digital Libraries</dc:title>
    <dc:description>The D-Lib program supports the community of people with research interests in digital libraries and electronic publishing.</dc:description>
    <dc:publisher>Corporation For National Research Initiatives</dc:publisher>
    <dc:date>1995-01-07</dc:date>
    <dc:subject>
        <rdf:Bag>
            <rdf:li>Research; statistical methods</rdf:li>
            <rdf:li>Education, research, related topics</rdf:li>
            <rdf:li>Library use Studies</rdf:li>
        </rdf:Bag>
    </dc:subject>
    <dc:type>World Wide Web Home Page</dc:type>
    <dc:format>text/html</dc:format>
    <dc:language>en</dc:language>
</rdf:Description>
</rdf:RDF>
```

图 14-2　包含了 DC 属性的网页描述 XMLSpy 编辑页面

我们注意到，RDF 和 DC 都定义了一个 XML 元素“Description”，不过，都柏林核心元素名称用了小写字母。即使开头的字母都是大写字母，还是可以用 XML 的名字空间机制将这两个元素区别开来，一个是 rdf：Description，另一个是 dc：description。

此 XML 文档中使用了 8 个 DC 核心元素，分别为<dc：title>、<dc：description>、<dc：publisher>、<dc：date>、<dc：subject>、<dc：type>、<dc：format>、<dc：language>。

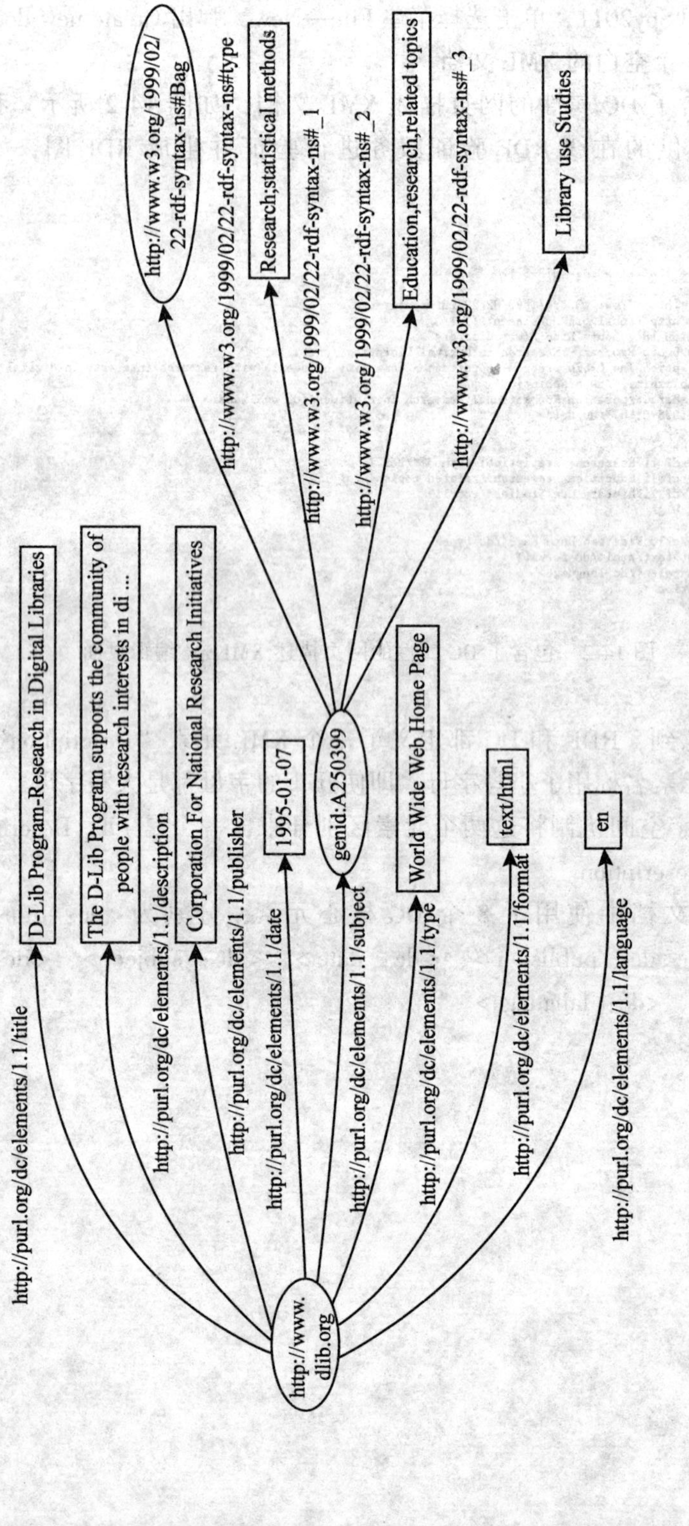

图14-3 包含DC属性的网页描述RDF图结构

（2）用 DC 描述一本杂志。

以下是描述一本杂志的 RDF/XML 文档，如图 14-4 所示。

```
<? xml version=" 1.0" encoding=" UTF-8"? >
<rdf: RDF
    xmlns: rdf=" http: //www. w3. org/1999/02/22-rdf-syntax-ns#"
    xmlns: dc=" http: //purl. org/dc/elements/1. 1/">
<rdf: Description rdf: about=" http: //www. dlib. org">
    <dc: title>D-Lib Program-Research in Digital Libraries</dc: title>
    <dc: description>The D-Lib program supports the community of people with research
interests in digital libraries and electronic publishing. </dc: description>
    <dc: publisher>Corporation For National Research Initiatives</dc: publisher>
    <dc: date>1995-01-07</dc: date>
    <dc: subject>
        <rdf: Bag>
            <rdf: li>Research; statistical methods</rdf: li>
            <rdf: li>Education, research, related topics</rdf: li>
            <rdf: li>Library use Studies</rdf: li>
        </rdf: Bag>
      </dc: subject>
      <dc: type>World Wide Web Home Page</dc: type>
      <dc: format>text/html</dc: format>
      <dc: language>en</dc: language>
    </rdf: Description>
</rdf: RDF>
```

图 14-4　某杂志的 RDF/XML 文档

打开 XMLSpy2011，单击选择菜单 File→New，弹出 Create new document 对话框，建立一个空白的 XML 文档。

输入包含了 DC 属性的一本已经出版的杂志的 XML 文档，如图 14-5 所示。我们可以利用 W3C 提供的在线 RDF 验证服务进行验证并生成 RDF 图，如图 14-6 所示。

```xml
<?xml version= " 1.0 "  encoding= " UTF-8 " ?>
<rdf:RDF
    xmlns:rdf= " http://www.w3.org/1999/02/22-rdf-syntax-ns# "
    xmlns:dc= " http://purl.org/dc/elements/1.1/ "
    xmlns:dcterms= " http://purl.org/dc/terms/ " >
<rdf:Description rdf:about= " http://www.dlib.org/dlib/may98/05contents.html " >
    <dc:title>DLIB Magazine - The Magazine for Digital Library Research - May 1998</dc:title>
    <dc:description>D-LIB magazine is a monthly compilation of contributed stories,commentary, and briefings.</dc:description>
    <dc:contributor>Amy Friedlander</dc:contributor>
    <dc:publisher>Corporation fou National Research Initiatives</dc:publisher>
    <dc:date>1998-01-05</dc:date>
    <dc:type>electronic journal</dc:type>
    <dc:subject>
        <rdf:Bag>
            <rdf:li>library use studies</rdf:li>
            <rdf:li>magazines and newspapers</rdf:li>
        </rdf:Bag>
    </dc:subject>
    <dc:format>text/html</dc:format>
    <dc:identifier rdf:resource= " urn:issn:1082-9873 " />
    <dcterms:isPartof rdf:resource= " http://www.dlib.org " />
</rdf:Description>
</rdf:RDF>
```

图 14-5　包含 DC 修饰词“is Part of”的 XMLSpy 编辑页面

本实例使用了都柏林的限定词“is Part of”来说明这份杂志是以前描述过的 Web 网站的一部分。

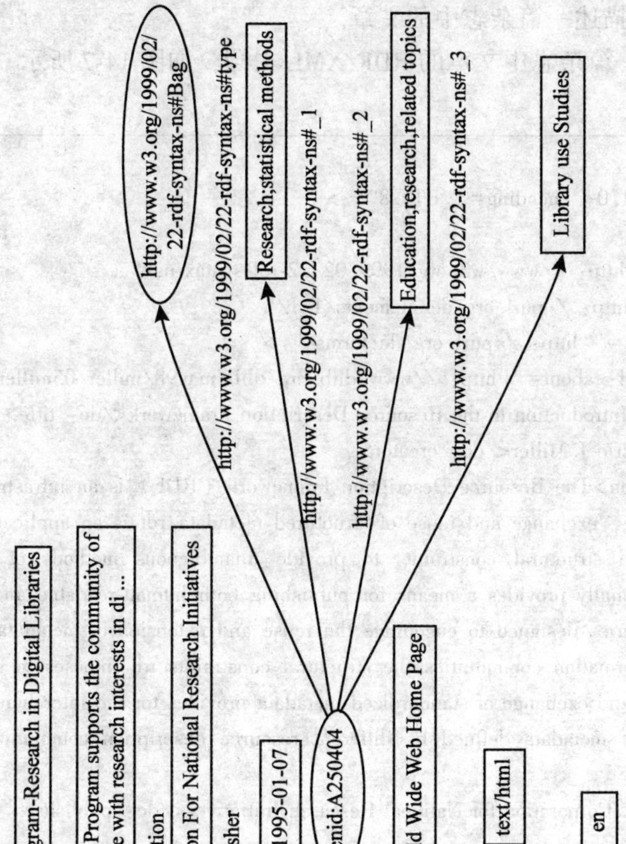

图14-6 包含DC修饰词“is Part of”的RDF图结构

（3）用 DC 描述一篇杂志中的文章。

以下是描述一篇杂志中文章的 RDF/XML 文档，如图 14-7 所示。

```
<? xml version=" 1.0" encoding=" UTF-8"? >
<rdf: RDF
    xmlns: rdf=" http: //www. w3. org/1999/02/22-rdf-syntax-ns#"
    xmlns: dc=" http: //purl. org/dc/elements/1. 1/"
    xmlns: dcterms=" http: //purl. org/dc/terms/" >
<rdf: Description rdf: about=" http: //www. dlib. org/dlib/may98/miller/05miller. html" >
    <dc: title>An Introduction to the Resource Description Framework</dc: title>
    <dc: creator>Eric J. Miller</dc: creator>
    <dc: description>The Resource Description Framework (RDF) is an infrastructure that enables the encoding, exchange and reuse of structured metadata. rdf is an application of xml that imposes needed structural constraints to provide unambiguous methods of expressing semantics. rdf additionally provides a means for publishing both human-readable and machine-processable vocabularies designed to encourage the reuse and extension of metadata semantics among disparate information communities. the structural constraints rdf imposes to support the consistent encoding and exchange of standardized metadata provides for the interchangeability of separate packages of metadata defined by different resource description communities. </dc: description>
    <dc: publisher>Corporation for National Research Initiatives</dc: publisher>
    <dc: subject>
        <rdf: Bag>
            <rdf: li>machine-readable catalog record formats</rdf: li>
            <rdf: li>applications of computer file organization and access methods</rdf: li>
        </rdf: Bag>
    </dc: subject>
    <dc: rights>Copyright? 1998 Eric Miller</dc: rights>
    <dc: type>Electronic Document</dc: type>
    <dc: format>text/html</dc: format>
    <dc: language>en</dc: language>
    <dcterms: isPartOf rdf: resource="http: //www. dlib. org/dlib/may98/05contents. html"/>
</rdf: Description>
</rdf: RDF>
```

图 14-7 某杂志中文章的 RDF/XML 文档

打开 XMLSpy2011，单击选择菜单 File→New，弹出 Create new document 对话框，建立一个空白的 xml 文档。

输入包含了 DC 属性的一本杂志中文章的 XML 文档，如图 14-8 所示。我们可以利用 W3C 提供的在线 RDF 验证服务进行验证并生成 RDF 图，如图14-9 所示。

```
<?xml version= " 1.0 "  encoding= " UTF-8 " ?>
<rdf:RDF
     xmlns:rdf= " http://www.w3.org/1999/02/22-rdf-syntax-ns# "
     xmlns:dc= " http://purl.org/dc/elements/1.1/ "
     xmlns:dcterms= " http://purl.org/dc/terms/ " >
<rdf:Description rdf:about= " http://www.dlib.org/dlib/may98/miller/05miller.html " >
     <dc:title>An Introduction to the Resource Description Framework</dc:title>
     <dc:creator>Eric J.Miller</dc:creator>
     <dc:description>The Resource Description Framework (RDF) is an infrastructure that enables
the encoding,exchange and reuse of structured metadata.rdf is an application of xml that imposes
needed structural constraints to provide unambiguous methods of expressing semantics.rdf
additionally provides a means for publishing both human-readable and machine-processable
vocabularies designed to encourage the reuse and extension of metadata semantics among
disparate information communities.the structural constraints rdf imposes to support the consistent
encoding and exchange of standardized metadata provides for the interchangeability of separate
packages of metadata defined by different resource description communities .</dc:description>
     <dc:publisher>Corporation fou National Research Initiatives</dc:publisher>
     <dc:subject>
          <rdf:Bag>
               <rdf:li>machine-readable catalog record formats</rdf:li>
               <rdf:li>applications of computer file organization and access methods</rdf:li>
          </rdf:Bag>
     </dc:subject>
     <dc:rights>Copyright?1998 Eric Miller</dc:rights>
     <dc:type>Electronic Document</dc:type>
     <dc:format>text/html</dc:format>
     <dc:language>en</dc:language>
     <dcterms:isPartof rdf:resource= " http://www.dlib.org/dlib/may98/05contents.html " />
</rdf:Description>
</rdf:RDF>
```

图 14-8　包含 DC 修饰词“is Part of”的 XMLSpy 编辑页面

本实例中也使用了限定词“is Part of”，这次是指这篇文章是先前描述过的杂志中的一部分。

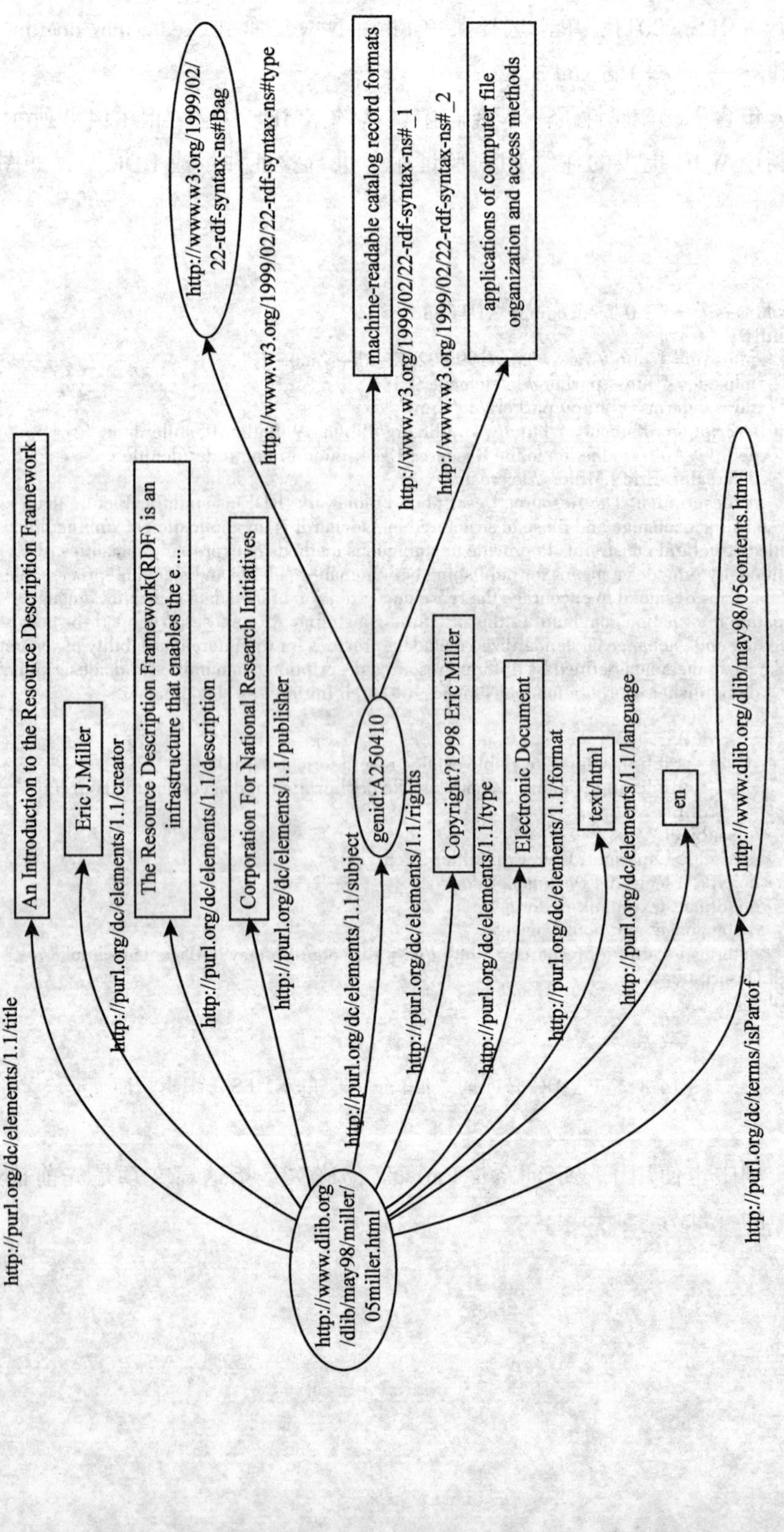

图14-9 包含DC修饰词 "is Part of" 的RDF图结构

14.3.3 实验题目

（1）使用 DC 的 15 个核心元素在 XMLSpy2011 中编写描述任意一个熟悉的网站的 RDF/XML 文档，并使用 W3C 提供的在线 RDF 验证服务进行验证并生成 RDF 图。

（2）武汉大学图书馆的馆藏目录（http://lib.whu.edu.cn/book/book00001.html）中有一本图书的信息为：《元数据研究与应用》，张晓林主编，国家图书馆出版社（http://www.nlcpress.com）出版。请为该网页建立一个 RDF/XML 文档。

要求：网页信息用 DC 元数据描述。

15 用 DC 元数据描述网页

15.1 实验目的与要求

(1) 了解 DC 元数据的编辑工具；

(2) 掌握利用 DC 进行网络资源描述的方法；

(3) 会用 HTML、XML、RDF/XML 等几种不同的标记语言对 DC 进行置标。

15.2 实验内容

利用在线元数据编辑工具对网页进行描述。

15.3 实验操作指导

15.3.1 相关知识

在线 DC 元数据编辑工具有以下几种：

15.3.1.1 DC-dot（UKOLN，United Kingdom）

地址：http：//www.ukoln.ac.uk/metadata/dcdot/。

能够自动生成网页资源的 DC 元数据，可以生成 HTML 或者 RDF/XML 文档并在线编辑，可生成多种格式，如：USMARC，SOIF，IAFA/ROADS，TEI headers，GILS，IMS or RDF。

15.3.1.2 Editor-Converter Dublin Core Metadata（Kirovohrad Regional Universal Research Library，Ukraine）

地址：http：//library.kr.ua/dc/dceditunie.html。

DC 元数据的编辑器和转换器，将 DC 元数据转换成 UNIMARC 格式后能够将数据作为 ISO-2709 文件存储在本地硬盘上。

15.3.1.3 My Meta Maker（ISN——Institute for Science Networking Oldenburg GmbH，Germany）

地址：http：//old.isn-oldenburg.de/services/mmm/。

为在线的（开放存取的）出版物创建、编辑元数据的在线工具。

15.3.1.4 Photo RDF-Gen（Webposible，Spain）

地址：http：//www.webposible.com/utilidades/photo#rdf#generator#en.html。

可生成 RDF 文档的在线元数据工具，主要针对图像文件。

15.3.1.5 Viewer-Generator Dublin Core Metadata（Kirovohrad Regional Universal Research Library，Ukraine）

地址：http：//www.library.kr.ua/dc/lookatdce.html。

测试 URL 链接是否包含 DC 元数据，同时可以自动生成 DC 元数据，但是只包含传统 HTML 元数据的网页。

其他工具请参看 http：//dublincore.org/tools/。

15.3.2 操作指导

打开 DC-dot（http：//www.ukoln.ac.uk/metadata/dcdot/），提交任意网页的 URL 地址，如美国国会图书馆：http：//www.loc.gov/，如图 15-1 所示，即可生成该网页包含 DC 元数据的 XML/RDF 格式的文档（见图 15-2）、HTML 格式的文档（见图 15-3）、XML 文档（见图 15-4）。

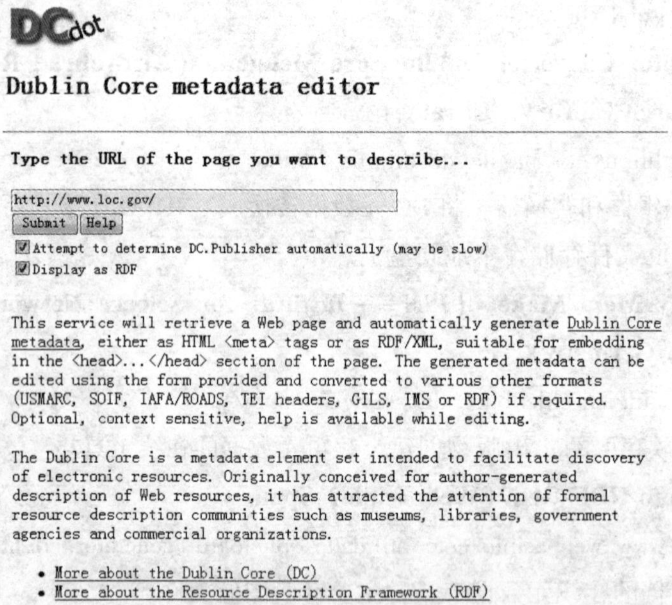

Dublin Core metadata editor

Type the URL of the page you want to describe...

http://www.loc.gov/

Submit Help

☑ Attempt to determine DC.Publisher automatically (may be slow)

☑ Display as RDF

This service will retrieve a Web page and automatically generate Dublin Core metadata, either as HTML <meta> tags or as RDF/XML, suitable for embedding in the <head>...</head> section of the page. The generated metadata can be edited using the form provided and converted to various other formats (USMARC, SOIF, IAFA/ROADS, TEI headers, GILS, IMS or RDF) if required. Optional, context sensitive, help is available while editing.

The Dublin Core is a metadata element set intended to facilitate discovery of electronic resources. Originally conceived for author-generated description of Web resources, it has attracted the attention of formal resource description communities such as museums, libraries, government agencies and commercial organizations.

- More about the Dublin Core (DC)
- More about the Resource Description Framework (RDF)

图 15-1　DC-dot 页面

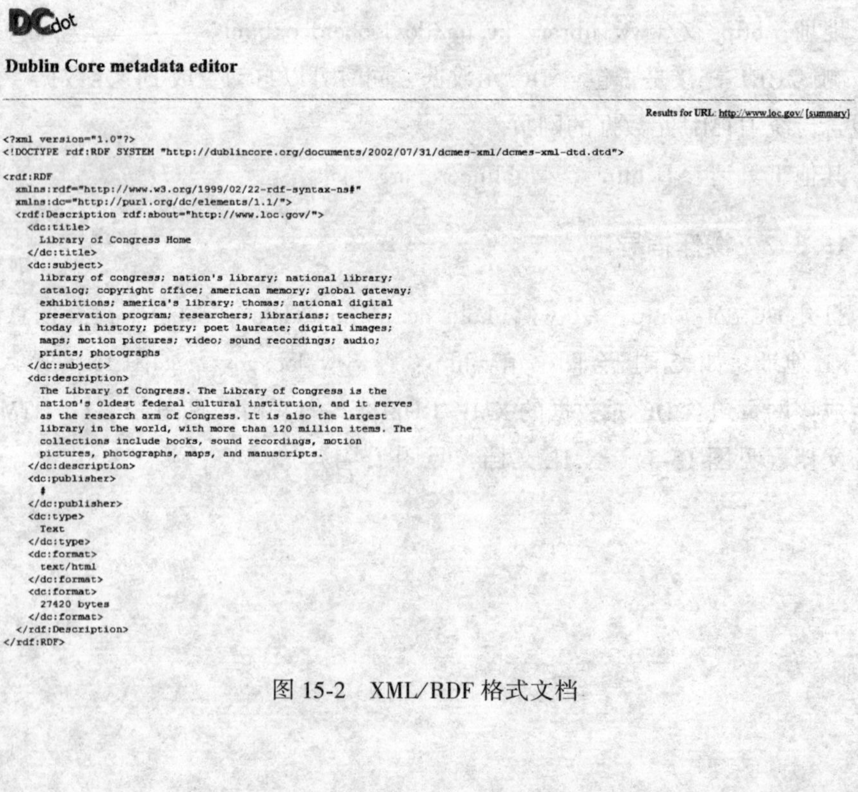

Dublin Core metadata editor

Results for URL: http://www.loc.gov/ [summary]

```
<?xml version="1.0"?>
<!DOCTYPE rdf:RDF SYSTEM "http://dublincore.org/documents/2002/07/31/dcmes-xml/dcmes-xml-dtd.dtd">

<rdf:RDF
  xmlns:rdf="http://www.w3.org/1999/02/22-rdf-syntax-ns#"
  xmlns:dc="http://purl.org/dc/elements/1.1/">
  <rdf:Description rdf:about="http://www.loc.gov/">
    <dc:title>
      Library of Congress Home
    </dc:title>
    <dc:subject>
      library of congress; nation's library; national library;
      catalog; copyright office; american memory; global gateway;
      exhibitions; america's library; thomas; national digital
      preservation program; researchers; librarians; teachers;
      today in history; poetry; poet laureate; digital images;
      maps; motion pictures; video; sound recordings; audio;
      prints; photographs
    </dc:subject>
    <dc:description>
      The Library of Congress. The Library of Congress is the
      nation's oldest federal cultural institution, and it serves
      as the research arm of Congress. It is also the largest
      library in the world, with more than 120 million items. The
      collections include books, sound recordings, motion
      pictures, photographs, maps, and manuscripts.
    </dc:description>
    <dc:publisher>
      #
    </dc:publisher>
    <dc:type>
      Text
    </dc:type>
    <dc:format>
      text/html
    </dc:format>
    <dc:format>
      27420 bytes
    </dc:format>
  </rdf:Description>
</rdf:RDF>
```

图 15-2　XML/RDF 格式文档

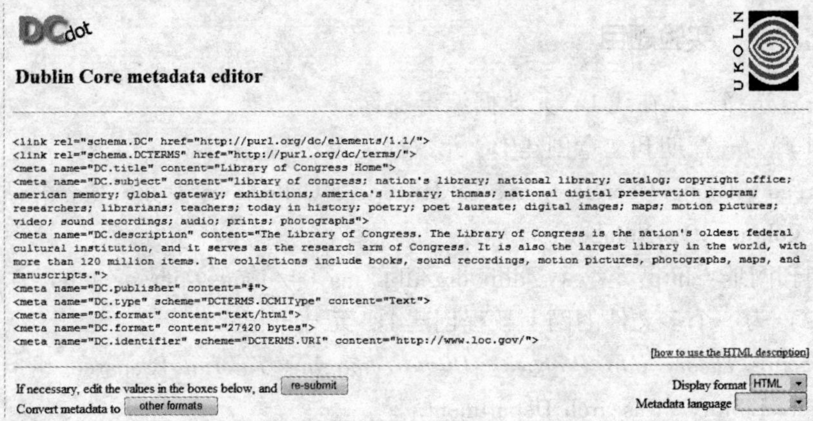

Dublin Core metadata editor

```
<link rel="schema.DC" href="http://purl.org/dc/elements/1.1/">
<link rel="schema.DCTERMS" href="http://purl.org/dc/terms/">
<meta name="DC.title" content="Library of Congress Home">
<meta name="DC.subject" content="library of congress; nation's library; national library; catalog; copyright office;
american memory; global gateway; exhibitions; america's library; thomas; national digital preservation program;
researchers; librarians; teachers; today in history; poetry; poet laureate; digital images; maps; motion pictures;
video; sound recordings; audio; prints; photographs">
<meta name="DC.description" content="The Library of Congress. The Library of Congress is the nation's oldest federal
cultural institution, and it serves as the research arm of Congress. It is also the largest library in the world, with
more than 120 million items. The collections include books, sound recordings, motion pictures, photographs, maps, and
manuscripts.">
<meta name="DC.publisher" content="#">
<meta name="DC.type" scheme="DCTERMS.DCMIType" content="Text">
<meta name="DC.format" content="text/html">
<meta name="DC.format" content="27420 bytes">
<meta name="DC.identifier" scheme="DCTERMS.URI" content="http://www.loc.gov/">
```

[how to use the HTML description]

If necessary, edit the values in the boxes below, and re-submit

Convert metadata to other formats

Display format HTML

Metadata language

图 15-3　HTML 格式文档

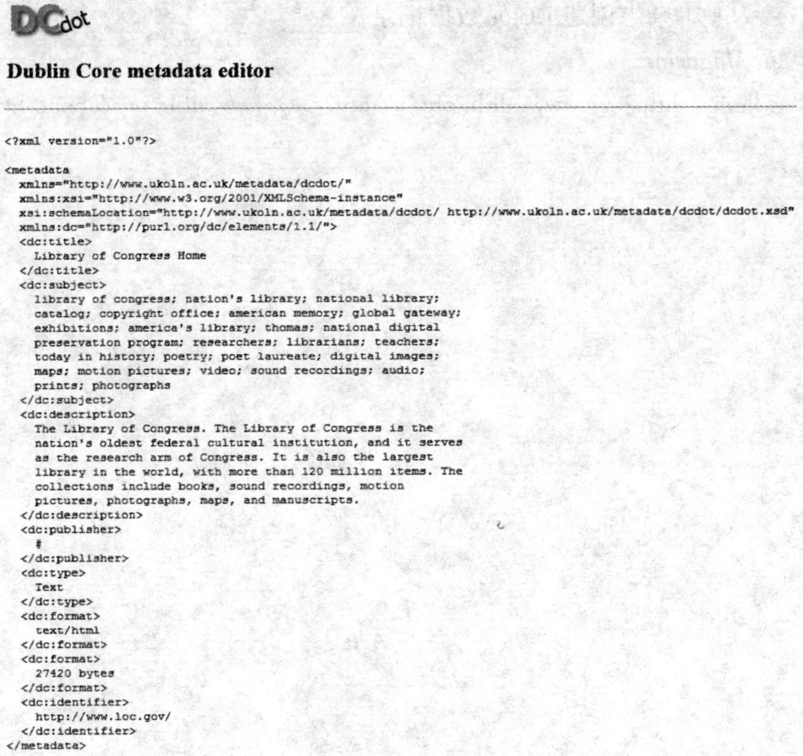

Dublin Core metadata editor

```
<?xml version="1.0"?>

<metadata
  xmlns="http://www.ukoln.ac.uk/metadata/dcdot/"
  xmlns:xsi="http://www.w3.org/2001/XMLSchema-instance"
  xsi:schemaLocation="http://www.ukoln.ac.uk/metadata/dcdot/ http://www.ukoln.ac.uk/metadata/dcdot/dcdot.xsd"
  xmlns:dc="http://purl.org/dc/elements/1.1/">
  <dc:title>
    Library of Congress Home
  </dc:title>
  <dc:subject>
    library of congress; nation's library; national library;
    catalog; copyright office; american memory; global gateway;
    exhibitions; america's library; thomas; national digital
    preservation program; researchers; librarians; teachers;
    today in history; poetry; poet laureate; digital images;
    maps; motion pictures; video; sound recordings; audio;
    prints; photographs
  </dc:subject>
  <dc:description>
    The Library of Congress. The Library of Congress is the
    nation's oldest federal cultural institution, and it serves
    as the research arm of Congress. It is also the largest
    library in the world, with more than 120 million items. The
    collections include books, sound recordings, motion
    pictures, photographs, maps, and manuscripts.
  </dc:description>
  <dc:publisher>
    #
  </dc:publisher>
  <dc:type>
    Text
  </dc:type>
  <dc:format>
    text/html
  </dc:format>
  <dc:format>
    27420 bytes
  </dc:format>
  <dc:identifier>
    http://www.loc.gov/
  </dc:identifier>
</metadata>
```

图 15-4　XML 文档

注：2013 年 4 月 30 日起由于经费问题 DC-dot 已停止服务。

15.3.3 实验题目

任意选择一款在线 DC 元数据编辑工具：

（1）为一篇期刊文章创建 DC 元数据记录。

Gregory Crane. Georeferencing in Historical Collections. *D-Lib Magazine*, May 2004, Volume 10, Number 5.

期刊网址：http：//www. dlib. org/dlib/may04/crane/05crane. html。

（2）为一个多文件的网上教程创建 DC 元数据记录。

Moving Theory into Practice: *Digital Imaging Tutorial*. Prepared by Cornell University Library/ Research Department.

教程地址：http：//www. library. cornell. edu/preservation/tutorial/contents. html。

（3）为一本杂志创建 DC 元数据记录。

D-Lib Magazine.

杂志地址：http：//www. dlib. org/或 http：//www. dlib. org/about. html。

16 FRBR 在图书馆联机目录中的应用

16.1 实验目的与要求

（1）理解 FRBR 模型的基本结构和内容；

（2）分析 FRBR 模型在图书馆 OPAC 或书目查询网站中的应用，理解 FRBR 理念在这些书目查询系统中的具体体现。

16.2 实验内容

（1）在理解 FRBR 实体—关系模型的基础上，分析相关的书目查询系统是如何融入 FRBR 这一新的编目思想的；

（2）对应用 FRBR 模型的图书馆联机目录或书目查询网站进行比较分析，了解它们在体现 FRBR 理念方面的异同。

16.3 实验操作指导

16.3.1 相关知识

16.3.1.1 FRBR 产生背景

FRBR 的全称为“Functional Requirements for Bibliographic Records”，即“书目记录的功能需求”，是国际图书馆协会联合会（IFLA）运用“实体—关系”概念模型提出的书目记录的模型。

在巴黎原则确立之后，编目的环境发生了显著的变化。由于技术的发展与经费的短缺，自动化编目、联机编目迅速普及；多种类型电子信息资源的出现、互联网的迅速普及需要编目理论、实践的配合；同时文献信息用户产生了大量新的需求，需要编目界的回应。1990 年，国际图联于瑞典斯德哥尔摩召开编目研讨会。会上讨论了以上变化对编目界的影响，并提出了九项应对措施。定义书目记录的功能需求的研究就是这九项措施中的一项。1997 年 9 月，国际图联通过了书目记录功能需求研究的报告，即为 FRBR。

16.3.1.2　FRBR 模型概述

FRBR 将书目记录涉及的实体分为三组：第一组实体是通过智慧和艺术创作的产品，包括作品（Work）、内容表达（Expression）、载体表现(Manifestation）和单件（Item）；第二组实体是对通过智慧和艺术创作产品负责的个人或团体，与第一组实体间存在着各种不同的角色关系；第三组实体为作品主题的表达，包括概念、事物、时间和地点等项目。

第一组实体是 FRBR 模型的基础和核心内容，是目前编目界关注的焦点。在这组实体的四个项目中，"作品"是一个抽象的实体，指的是不同内容表达背后的知识创作；内容表达是指通过数字、声音、图像等形式对作品进行实现；载体表现是作品物理形式的表现；单件是指作品的一个具体实体。图 16-1 为第一组实体及其之间的关系。

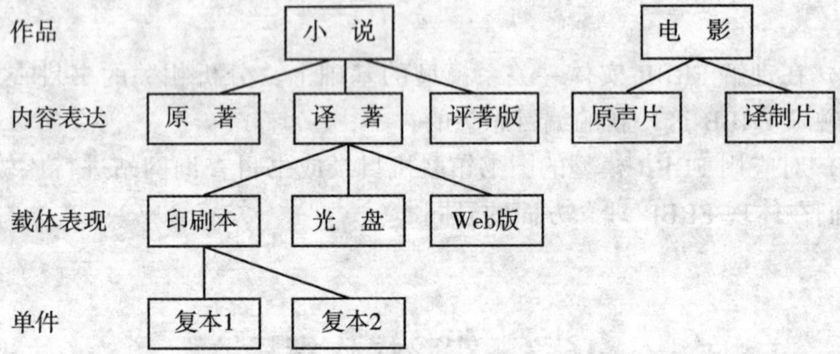

图 16-1　第一组实体及实体之间的关系

16.3.1.3　FRBR 与 OPAC

OPAC 是 Online Public Access Catalogue 的简称，即联机公共检索目录，是供用户查询和获取信息资源的书目检索系统。在 FRBR 模型未出现之前，OPAC 经过几十年的发展，确实在功能、结构和用户服务等方面有很大的进步，但从本质上看，其结构和显示模式并没有得到大的改进，提供的检索结果仍是基于文本的线性列表，显示方式较为单一，且无法揭示书目之间隐藏的信息关系，不利于提升用户的查找效率。1998 年，IFLA 的 FRBR 报告一经发布即在编目界引起了强烈反响，FRBR 模型为传统 OPAC 的改变创造了条件，基于 FRBR 模型的 OPAC 更加注重资源的内容表达，能够打破传统书目记录之间彼此孤立的状态，使书目架构更加立体化，检索界面也更加简洁明了，增强用户体验，更能满足用户的检索需求。

目前，经过不断的研究和实验，已出现一些应用 FRBR 模型的 OPAC 实例，比较著名的是澳大利亚国家图书馆与 8 所大学图书馆共同开发的 AustLit 项目，这也是最早体现 FRBR 理念的 OPAC 项目，提供澳大利亚上万名作家和文学作品信息的检索服务。此外，美国研究图书馆集团 RLG 的开放联合目录“Red Light Green”以及 OCLC 的 Fiction Finder 项目都是较早进行 FRBR 化的书目数据库。其中，OCLC 多年来进行 FRBR 化的实验尝试，已发布包括 Fiction Finder、xISBN、聚类算法等在内的 6 个相关项目。

16.3.2 操作指导

下面以 WorldCat 为例，分析 FRBR 在 WorldCat 中的应用。利用 WorldCat 联机目录（http：//www.worldcat.org/），查找 *The Da Vinci Code* 这部作品，分析评价 WorldCat 对 FRBR 理念的贯彻情况，以下是具体的操作分析步骤。

16.3.2.1 检索著作

通过高级检索的题名项查找 *The Da Vinci Code* 的著作信息，如图 16-2 所示。

图 16-2　WordCat 高级检索界面

16.3.2.2 浏览具体的检索结果，分析 FRBR 模型的体现

如图 16-3 所示，WorldCat 返回的结果是关于 *The Da Vinci Code* 作品的集合，包括小说和电影等作品。通过著者、年份、语种等这些实体属性用户可以缩小检索范围，提供的版本和格式则是作品“内容表达”与“载体表现”的综合体现。

图 16-3 “The Da Vinci Code”的检索结果集

点击进入“版本和格式”，显示的是“载体表现”的具体结果，包括不同类型、不同语言和日期以及不同出版机构的版本和格式信息，如图 16-4 所示。

点击进入一个具体的版本，系统自动显示这一版本的详细信息以及馆藏信息（见图 16-5）。其中馆藏列表部分首先聚集的是拥有不同“内容表达”与“载体表现”（即不同版本和格式）文献的收藏馆，但当选择“只要这个版本”（见图 16-6）或某种“格式”（见图 16-7）时，下方的馆藏部分则只会显示与上方版本一致或与选择格式一致的收藏馆列表。然后点击进入一个图书馆的馆藏目录，就会看到具体的“单件”信息。

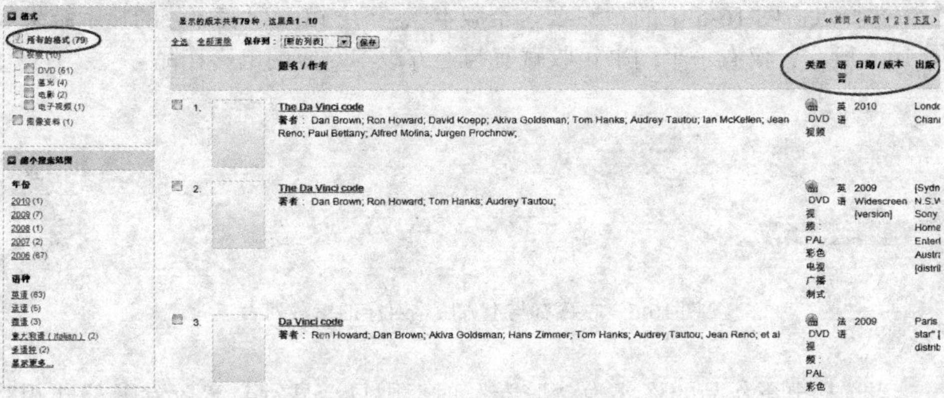

图 16-4　不同版本和格式的影片“The Da Vinci Code”

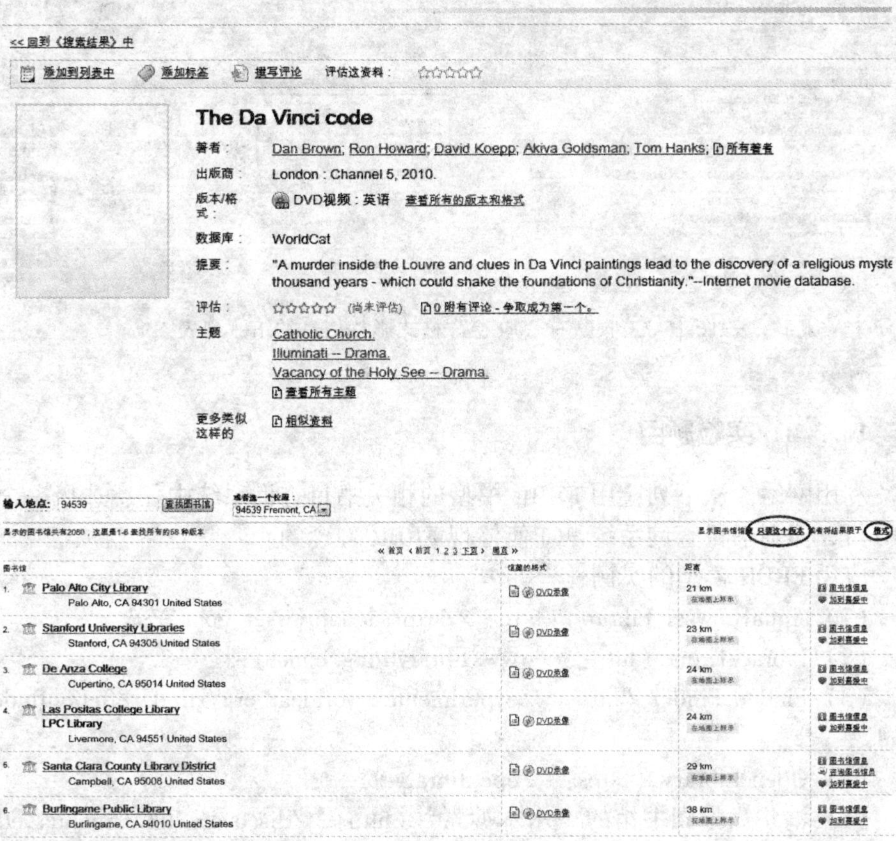

图 16-5　影片“The Da Vinci Code”具体的版本信息和馆藏信息

选择点击图 16-5 中的“只要这个版本”，下方馆藏列表部分的显示结果如图 16-6 所示，仅有一个图书馆收藏有与上方版本对应的电影作品。

图 16-6　收藏有与上方版本对应的馆藏列表

当选择电影作品的格式为“胶卷”时，则只会显示与“胶卷”格式相对应的馆藏列表。

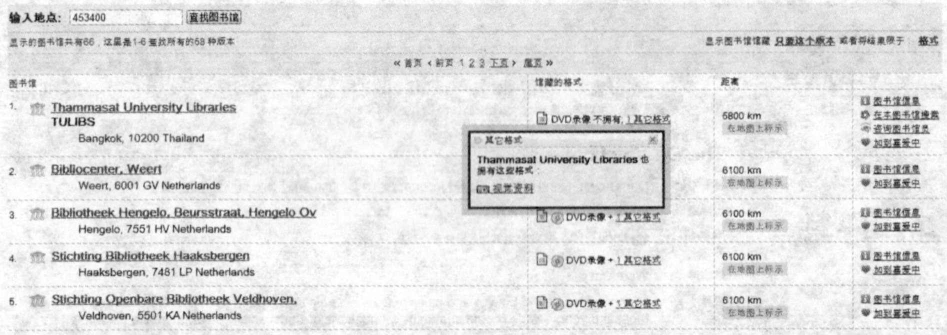

图 16-7　收藏有“胶卷”格式影片信息的馆藏列表

16.3.3　实验题目

利用网络，从下列应用 FRBR 模型的相关书目查询系统中任意选择一个进行分析，体会书目查询系统是如何体现 FRBR 理念的。

应用 FRBR 模型的实例：

（1）AquaBrowser Library（http：//wfpl. aquabrowser. com/）；

（2）LibraryThing（http：//www. librarything. com/）；

（3）Fiction Finder（http：//experimental. worldcat. org/xfinder/fictionfinder. html）；

（4）Open Library（https：//openlibrary. org/）；

（5）清华大学图书馆的“水木搜索”（http：//discovery. lib. tsinghua. edu. cn/primo#library/libweb/action/search. do？ vid=thu）。

17 MARC记录的FRBR化显示

17.1 实验目的与要求

(1) 理解与掌握FRBR的基本概念与结构；

(2) 掌握FRBR的主要类、关系、属性；

(3) 体会书目记录FRBR化显示满足用户任务需求的优越性。

17.2 实验内容

(1) 使用美国国会图书馆提供的FRBR显示工具将MARC21书目记录以FRBR层次结构进行显示；

(2) 分析FRBR化显示的书目记录的结构、FRBR的数据要素（类、属性、关系）及其与MARC21字段的映射关系并体会这些数据要素对于实现对应用户任务的作用；

(3) 思考FRBR化显示的书目记录相较于普通书目记录的优点，并指出目前美国国会图书馆的FRBR化显示工具的缺点及其原因，提出改进策略。

17.3 实验操作指导

17.3.1 相关知识

17.3.1.1 FRBR书目记录模型及实体、主要关系简述

FRBR书目记录模型是一个“实体—关系”模型，其组成要素包括实体

(Entity)、关系 (Relationship)、属性 (Attribute), 其中实体有三组。第一组实体包括: 作品 (Work)、表达方式 (Expression)、表现形式 (Manifestation)、单件 (Item)。第二组实体包括: 个人 (Person)、组织体 (Corporate Body)。第三组实体包括: 概念 (Concept)、实物 (Object)、事件 (Event)、地点 (Place)。每个实体都有其相应的属性, 实体与实体之间存在关系 (包括高层次关系和其他关系)。下面简要介绍第一组实体和高层次关系:

(1) 作品是指特定的知识、艺术创作, 是一个抽象概念, 其内容需要通过表达方式、表现形式呈现给用户。如《贝多芬第九交响曲》是音乐家贝多芬的艺术创作, 不是指出版商发行的乐谱或唱片, 但其本身需要通过音符、乐谱、音频信号、CD 等方式呈现。一种作品可以有多种呈现方式。

(2) 表达方式: 指通过字母、文字、数字、音符等标记符号或者声音、图像、实物、运动等形式或者这些形式的组合来表达作品的内容。如沈从文的作品《边城》通过中文字符来表达其内容。

(3) 表现形式: 作品的表达方式的物理载体, 包括手稿、图书、缩微胶卷、CD、DVD、音频文件、视频文件等。一种作品的表达方式可以有多种表现形式。如作品《边城》的中文文字表达方式由多家出版社出版为多种不同装潢的图书。

(4) 单件: 一种表达形式的一个样本。如岳麓书社出版的图书《边城》在武汉大学图书馆有四个副本, 这些副本即为单件。

(5) 高层次关系: 包括第一组实体内部的基本关系, 即作品通过表达方式实现, 表达方式由表现形式体现, 表现形式被单件代表; 第二组实体与第一组实体的责任关系, 即作品被个人或团体创作, 表达方式被个人或团体实现, 表现形式被个人或团体生产、单件被个人或团体拥有; 作品实体与其主题之间的关系, 即作品实体以三组实体作为其主题。

关于三组实体、高层次关系以及其他关系、属性的详细介绍请参见 FRBR 最终报告: http://www.ifla.org/files/assets/cataloguing/frbr/frbr-zh.pdf。

17.3.1.2 美国国会图书馆 FRBR 显示工具介绍

美国国会图书馆的 FRBR 研究从 MARC21 的字段与 FRBR 中的实体、属性、关系的对应性入手, 分析了通过 MARC 字段与 FRBR 的相互映射以实现传统书目记录 FRBR 化的可行性。通过将 MARC 字段数据映射到 FRBR 相应的实体、属性、关系, 以及反过来将 FRBR 映射到 MARC 的试验, 美国国会图书馆发现 MARC 与 FRBR 具有相当高的相关度, 在 MARC 与反映 FRBR 理念的资源描述规则以及相关的模型之间实现数据交互至少在逻辑层面上具有较高的可行性。在调查结论的支撑下, 美国国会图书馆建立了完整的 MARC 数据元素与 FRBR 的映射。基于上述研究, 美国国会图书馆开发了 FRBR 显示工具, 通过 MARC21 与 FRBR 数据元素的映射实现书目记录的 FRBR 化显示。

FRBR 显示工具将书目显示为五个层次化模块: 作品信息、表达方式导引卡、表现形式简短条目一（标题、版本等信息）、表现形式简短条目二（出版发行信息）、表现形式简短条目三（物理特征描述、标准号等信息）。每个模块对应的用户任务，包含的 FRBR 属性、关系及其映射的 MARC21 字段等信息如表 17-1～表 17-5 所示。附表中 FRBR 属性、关系的定义详见 FRBR 最终报告：http：//www. ifla. org/files/assets/cataloguing/frbr/frbr-zh. pdf。

表 17-1　　作品信息模块数据元素映射表

用户任务	FRBR 的属性、关系	映射的 MARC21 字段
Identify the Work	Created by→Person/ Corporate Body	100/110/111 analytic entries： 700/710/711<02=2>（excluding $ t，$ n，$ p，$ d，$ f，$ k，$ s，$ m，$ r，$ l，$ o，$ h）
	Title of Work	130 $ a，$ n，$ p or 240 $ a，$ n，$ p or 243 $ a，$ n，$ p or 245 $ a，$ n，$ p analytic entries： 700/710/711/730/740<02=2> $ t，$ n，$ p
	Date of Work	130 $ d or 240 $ d or 243 $ d or 245 $ g analytic entries： 700/710/711 $ d；730 $ d
	Form of Work	130 $ k or 240 $ k or 240 $ k or 245 $ k analytic entries：700/710/711/730 $ k
	Medium of Performance	130 $ m or 240 $ m or 243 $ m analytic entries： 700/710/730 $ m
	Key	130 $ r or 240 $ r or 243 $ r analytic entries： 700/710/730 $ r
	Coordinates	255 $ c

表 17-2 **表达方式导引卡数据元素映射表**

用户任务	FRBR 的属性、关系	映射的 MARC21 字段
Identify the Expression（s）	Form of Expression	Leader/06
	Language of Expression	130 $ l or 240 $ l or 243 $ l or 008/35-37
	Other Distinguishing Characteristic	130 $ o or 240 $ o or 243 $ o or 245 $ s
	Type of Score	254 $ a
	Scale	255 $ a

表 17-3 **表现形式简短条目一（标题、版本等信息）数据元素映射表**

用户任务	FRBR 的属性、关系	映射的 MARC21 字段
Identify the Manifestation（s）	Title of Manifestation	245 $ a，$ n，$ p or 242 $ a，$ n，$ p
	Statement of Responsibility	245 $ c or 242 $ c
	Edition/Issue Designation	250 $ a，$ b
	Numbering	362 $ a

表 17-4 **表现形式简短条目二（出版发行信息）数据元素映射表**

用户任务	FRBR 的属性、关系	映射的 MARC21 字段
Identify the Manifestation（s）	Publisher/Distributor	260 $ b reproductions： 533 $ c
	Date of Publication/Distribution	260 $ c reproductions： 533 $ d

表 17-5 表现形式简短条目三（物理特征描述、标准号等信息）数据元素映射表

用户任务	FRBR 的属性、关系	映射的 MARC21 字段
Select the Manifestation（s）	Form of Carrier，Extent of Carrier	300 $ a reproductions： 533 $ e
	Dimensions of Carrier	300 $ c reproductions： 533 $ e
	Physical Medium，Capture Mode，Playing Speed，Groove Width，Kind of Cutting，Tape Configuration，Kind of Sound，Special Reproduction Characteristics，Colour，Polarity，Presentation Format，File Characteristics	300 $ b
	Reduction Ratio	340 $ f reproductions： 533 $ e（?）
	Manifestation Identifier	Books：020，027，074 Serials：022，030，074 Other materials：024，028，074

17.3.2 操作指导

（1）工具下载安装。

在美国国会图书馆 FRBR 显示工具网页页面下载 FRBR Display Tool Version 2.0，网址为 http：//www.loc.gov/marc/marc-functional-analysis/tool.html，点击 Contents 中的“Download Tool”，弹出调查问卷页面，填写完成后进入工具下载页面，点击“Download FRBR Display Tool”链接，下载工具压缩包。

对工具压缩包解压，并使用 Windows 系统提供的 CMD 命令提示符程

序打开工具包所在文件夹（确保 JAVA 版本在 1.4 及以上），如图 17-1 所示。

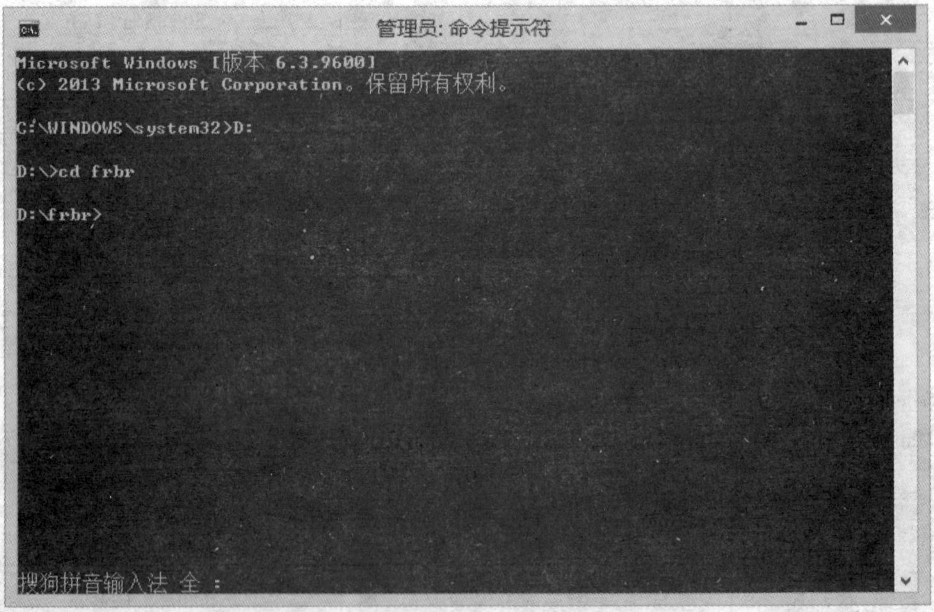

图 17-1　打开 FRBR 显示工具文件夹

（2）分析记录。

以图书 *A Tale of Two Cities* 为例，在美国国会图书馆 OPAC 搜索图书的书目记录（通过国会图书馆控制号 81083604 精确查找），将该记录的 MARC 文件下载到 FRBR Display Tool 文件夹中。下载过程如图 17-2 所示，点击记录页面左侧的“Save Record”链接，并在新的下载页面中选择 MARC 格式为“MARC（Unicode/UTF-8）”，点击“Save”按钮，在弹出的下载对话框中选择 FRBR Display Tool 所在文件夹。

在打开的 CMD 命令提示符程序中输入命令“marc2frbr MARC 文件名 .mrc 输出文件名”，并按回车键。程序运行之后在文件夹中获得两个新的文件，一个为 HTML 格式，另一个为 XML 格式，都是该 MARC21 记录的 FRBR 化显示。具体操作如图 17-3 所示。

用网页浏览器将新生成的 HTML 格式文件（在 FRBR Display Tool 文件夹

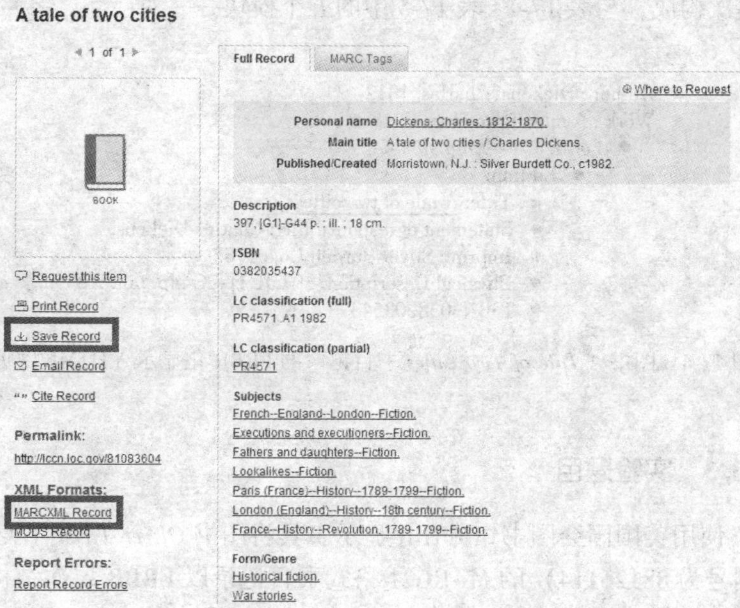

图 17-2 下载图书 *A Tale of Two Cities* 的 MARC21 记录

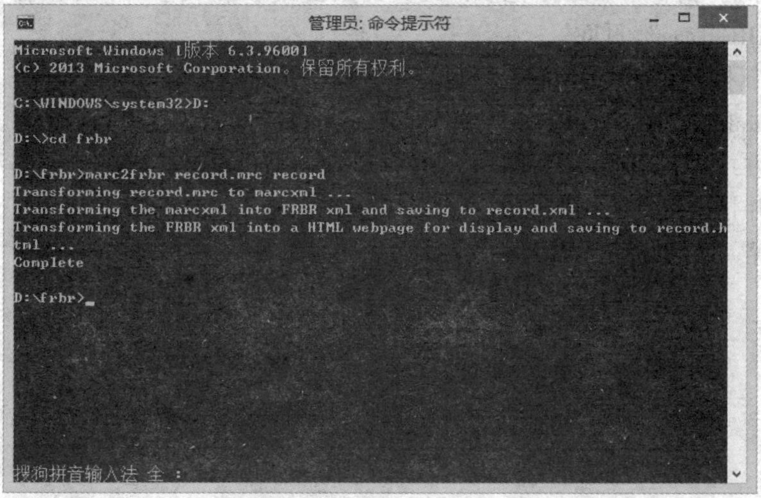

图 17-3 FRBR 化显示工具的运行

中）打开。图书 *A Tale of Two Cities* 书目记录的 FRBR 化显示如图 17-4 所示，由三个层次构成，与表 17-1~表 17-5 中的五个模块一一对应。

- Author : Dickens, Charles, 1812
- Work : A tale of two cities
    - Form: text – *English*
        - Edition:
            - Title: A tale of two cities
            - Statement of responsibility: Charles Dickens.
            - Imprint: Silver Burdett Co, c1982
            - Physical Description: 397, [G1] – G44p. : ill. :18 cm.
            - ISBN: 0382035437

图 17-4 图书 *A Tale of Two Cities* 书目记录的 FRBR 化显示（HTML 网页）

17.3.3 实验题目

（1）使用美国国会图书馆 FRBR 显示工具将图书 *Oliver Twist*（美国国会图书馆控制号为 88126114）的 MARC21 格式书目记录以 FRBR 层次结构显示。

（2）分析图书 *Oliver Twist* FRBR 化书目记录（HTML 格式）的层次模块，指出每个模块对应的 FRBR 实体以及模块中信息要素对应的 FRBR 关系、属性，并指出与 FRBR 关系、属性对应的 MARC21 数据元素（字段、子字段、头标区字符等）。MARC21 记录详见美国国会图书馆 OPAC 中的相应书目记录的“MARC Tags”页面。

（3）打开 FRBR Display Tool 文件夹中的实例文件“Mahler. html”，找到作曲家“Mahler，Gustav，1860”的作品“Symphony no. 3”的所有记录及其相应的表达方式、表现形式。思考 FRBR 化显示的书目记录相较于普通书目记录的优点，并指出目前美国国会图书馆的 FRBR 化显示工具的缺点及其原因，提出改进策略。

18 MARC 记录的 BIBFRAME 转换

18.1 实验目的与要求

(1) 理解 BIBFRAME 的本质及存在意义;

(2) 掌握 BIBFRAME 的基本结构和主要类、属性;

(3) 能够指出 BIBFRAME 与 MARC 的不同之处及其在语义网环境下的优势;

(4) 能够对 BIBFRAME 的关联度进行评估, 并提出改进建议。

18.2 实验内容

(1) 将 MARC21 记录转化为 BIBFRAME 记录, 并对 BIBFRAME 记录进行结构分析;

(2) 从理论上阐述 BIBFRAME 相较于 MARC21 在网络环境中的优势;

(3) 对 BIBFRAME 词表和具体的 BIBFRAME 记录进行调查, 分析、评估 BIBFRAME 的关联度, 并提出改进建议。

18.3 实验操作指导

18.3.1 相关知识

18.3.1.1 语义 Web 相关概念

语义 Web 是一种使用可以被计算机理解的方式描述事物的网络。由 Web 之父 Berners-Lee 等提出, 是现有 Web 的扩展, 让 Web 上的数据以一种良好的方式表示和连接，使机器和人都能理解和处理它们，使数据在不同应用系统之间自动整合和重用，而不仅仅是显示数据而已。关联数据是语义 Web 环境下数据存在的基本形式，URI 是关联数据的存在方式，一个 URI 可以代表一个实例数据或者类数据。RDF（Resource Description Framework）是语义 Web 环境下的基本语法，使用 RDF 可以对关联数据及其属性进行描述。RDF/XML 则是语义 Web 环境下主要的数据格式。

特定领域、组织的关联数据构成关联数据集。目前，越来越多的团体、个人开始发布关联数据集。为了提升不同关联数据集之间的关联度，增强关联数据集的开放性，以实现建设语义 Web 的最终目标，开放关联数据计划（The Linking Open Data Project，简称 LOD）于 2007 年 2 月开启，目前的参与者包括大学、公司、个人等。计划参与者将其关联数据集在 LOD 网站上进行发布，并通过 LOD 云图（如图 18-1 所示，其中的圆圈表示关联数据集，箭头表示数据集之间的引用）链接在其网站上提供数据集的免费下载。根据《开放关联数据云 2014 状况》（http：//linkeddatacatalog. dws. informatik. unimannheim. de/state/）报告，目前共有 1014 个关联开放数据集，分为政府、出版、生命科学、用户生成内容、跨领域、媒体、地理、社交网络八大类。

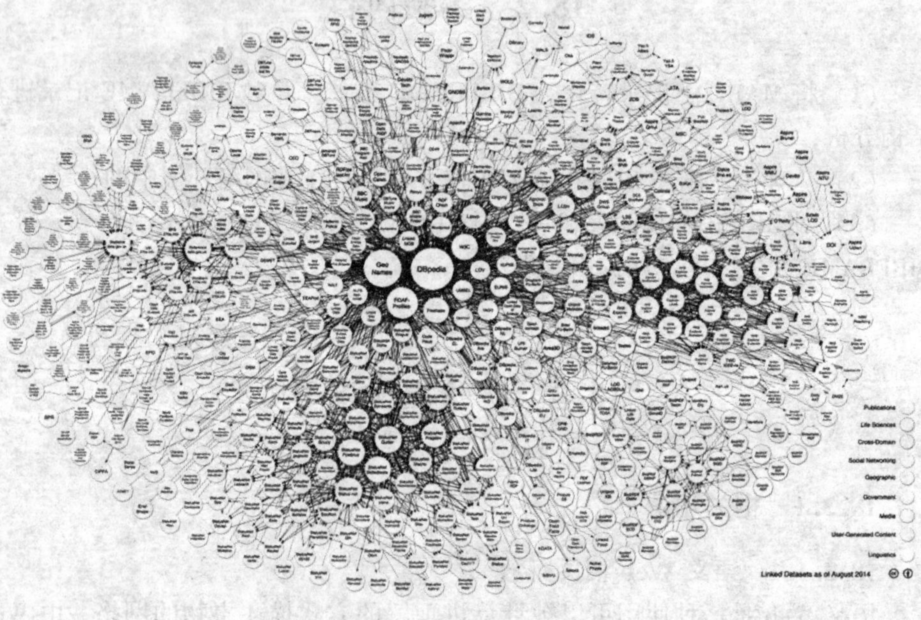

图 18-1　LOD 云图

该报告对开放关联数据的最佳实践进行了分析评估，包括数据集关联性最佳实践、词表最佳实践、应用元数据最佳实践。在数据集关联性最佳实践方面，报告主要使用数据集引用量（包括数据集引用其他数据集数量和被引用数量）作为关联性最佳实践的评估标准。整体上看，目前有56.11%的数据集引用了至少一个其他数据集，详细的整体引用状况如表18-1所示。此外，报告还展示了引用量（引用与被引数量）最多的11个数据集作为最佳实践的代表。在词表最佳实践方面，报告主要使用词表在关联数据集中的应用频度作为词表最佳实践的评估标准。报告指出，目前在所有649个词表中，有58.24%的词表只应用于1个数据集，41.76%的词表应用于至少2个数据集。报告同时还展示了词表应用频度的排行榜，作为最佳实践的代表。详细数据详见报告文档。

表18-1　　关联数据集整体引用状况表

Categorization by Number of Linked Datasets	
Number of Linked Datasets	Number of Datasets
More than 10	79（7.79%）
6 to 10	81（7.99%）
5	31（3.06%）
4	42（4.14%）
3	54（5.33%）
2	106（10.45%）
1	176（17.36%）
0	445（43.89%）

关联数据的发布首先需要描述框架来定义基本类和属性，所有实例型关联数据作为类的实例存在，通过属性建立关联。这一框架和实例数据合在一起，一般被称为词表或本体。一个词表或本体一般由类、属性、实例构成。如定义“作品”和“人”是两个类，“作者”是一个属性，“作者”的定义域为“作品”，值域为“人”；《边城》是类“作品”的一个实例，“沈从文”是类“人”的一个实例，实例《边城》的属性“作者”的属性值则为实例“沈从文”。词表或本体的描述语言包括RDF Schema、

OWL（Web Ontology Language）等。RDF Schema 在 RDF 的基础上为 RDF 提供基本词表，包括类结构定义、属性定义和属性约束，它是一种原始的本体定义框架。OWL 以“描述逻辑”作为基础，为语义网带来了逻辑推理功能，并在 RDF Schema 基础上提供更加强大、复杂的基本词表，如关于类、属性的约束。

随着关联数据集的增长，词表也在不断增多，同时不同词表间的关系日益复杂、密切。为了从整体上观察、控制、应用这些词表，需要将这些词表及其相互关系从关联数据云图中抽取出来作为可供用户使用、研究的工具。这一工具即为“关联开放词表”（Linked Open Vocabularies，简称 LOV，地址：http：//lov. okfn. org/dataset/lov/index. html）。LOV 不仅提供了所有词表的基本信息和链接，并对每个词表的应用状况、与其他词表的关系、历史变化进行了统计和图形化展示。LOV 对于词表用户而言，为其提供了词表的全球视野，更加方便寻找适合其数据集的描述框架；对于词表创建者和管理者而言，LOV 能够为其提供词表引用的统计数据等反馈信息。

18. 3. 1. 2 图书馆发布关联数据的意义

图书馆发布书目记录关联数据具有重要意义。图书馆在新的网络环境下面临严峻挑战，迫切需要拓展服务模式，提升信息服务的便捷性，以在网络环境下的信息服务业中保持竞争力；同时图书馆拥有大量高质量的书目信息资源以及其他信息资源，但是这些资源却不能被方便地查找、获取，不被大众所熟悉、使用。通过发布书目记录的关联数据，使书目记录与网络信息资源关联起来，从而能够促进书目记录的利用率，提升图书馆在信息社会中的地位。

18. 3. 1. 3 BIBFRAME 介绍

Bibliographic Framework Initiative 是由美国国会图书馆发起的一个书目记录关联数据框架计划。Bibliographic Framework（缩写为 BIBFRAME）即为书目记录的本体，同时也可被视为语义 Web 环境下取代 MARC 的书目记录交换格式。

BIBFRAME 与 FRBR、RDA 有着密切的联系。FRBR 是国际图联发布的一个“实体—关系”书目模型。RDA 则是新一代的编目规则，是 FRBR 模型的具体体现。FRBR 与 RDA 对于 BIBFRAME 的主要启示在于：重新思考了编目的目的，将编目对象由物理载体转变为信息内容、内容的表达、内容的载体、载体的单件等多层次实体。在 FRBR 与 RDA 中，编目的对象包括：作品、表达方式、表现形式、单件。BIBFRAME 则将编目的对象实体进行了简化，包括两个层次：作品和实例。BIBFRAME 中的作品的概念相当于 FRBR 中的作品和表达方式实体的结合，而 BIBFRAME 中的实例的概念则是 FRBR 中表现形式和单件的结合。除了 FRBR、RDA 之外，BIBFRAME 还参考借鉴了大英图书馆、德国国家图书馆、OCLC 等组织的书目开放关联数据的建设经验。

BIBFRAME 的主要类包括：Work、Instance、Authority。Work 是指编目资源的概念本质，即为抽象的学术、艺术创作，如上文的《边城》。Instance 是指作品的一个物质载体，如图书馆馆藏的一个某出版社出版的纸质版图书《边城》的单册。Authority 泛指客观存在的各种事物，可以作为 Work 的主题，可以是 Work 的责任者，也可以是 Instance 的出版者、出版地、存在形式等。BIBFRAME 主要类与主要属性如图 18-2 所示。此外，图书馆本身生成了许多高质量数据，包括用户的评注、编目注释、馆藏信息等图书馆使用数据等。对此，BIBFRAME 定义了 Annotation 类，将这些评注信息放入 BIBFRAME 框架之中。Annotation 类主要包括两种数据：图书馆对 Instance 的评注信息（馆藏信息、编目信息等），用户对 Work 的评论信息。包含 Annotation 类的 BIBFRAME 框架如图 18-3 所示。BIBFRAME 其他类、属性的定义详见 BIBFRAME 词表：http：//bibframe. org/vocab-list/。

BIBFRAME 词表提供三种浏览模式：模型浏览模式（通过图形化模型链接到各个类、属性）、分类浏览模式（对类、属性进行分类浏览）、列表浏览模式（按照字母表对类、属性进行列表浏览）。在词表中，类和属性都有明确的说明。类的说明项包括：定义、标签、父类链接。属性的说明项包括：定义、标签、属性类型、父属性、定义域、值域。此外，每个类、属性都有唯一确定的 URI。

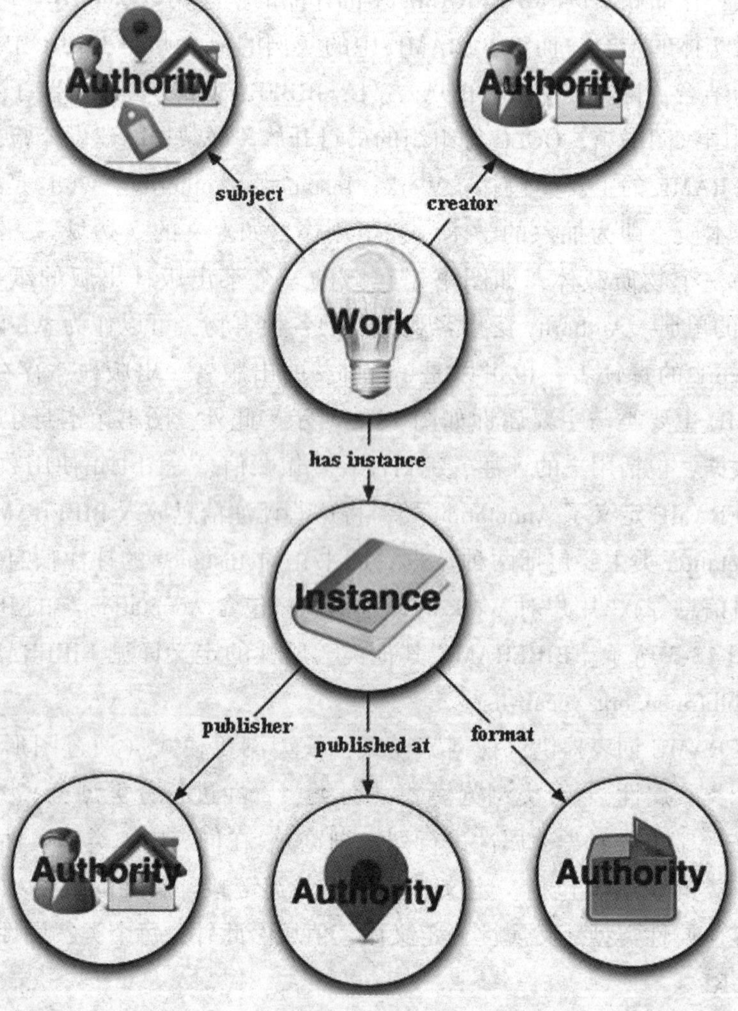

图 18-2　BIBFRAME 主要类与主要属性模型

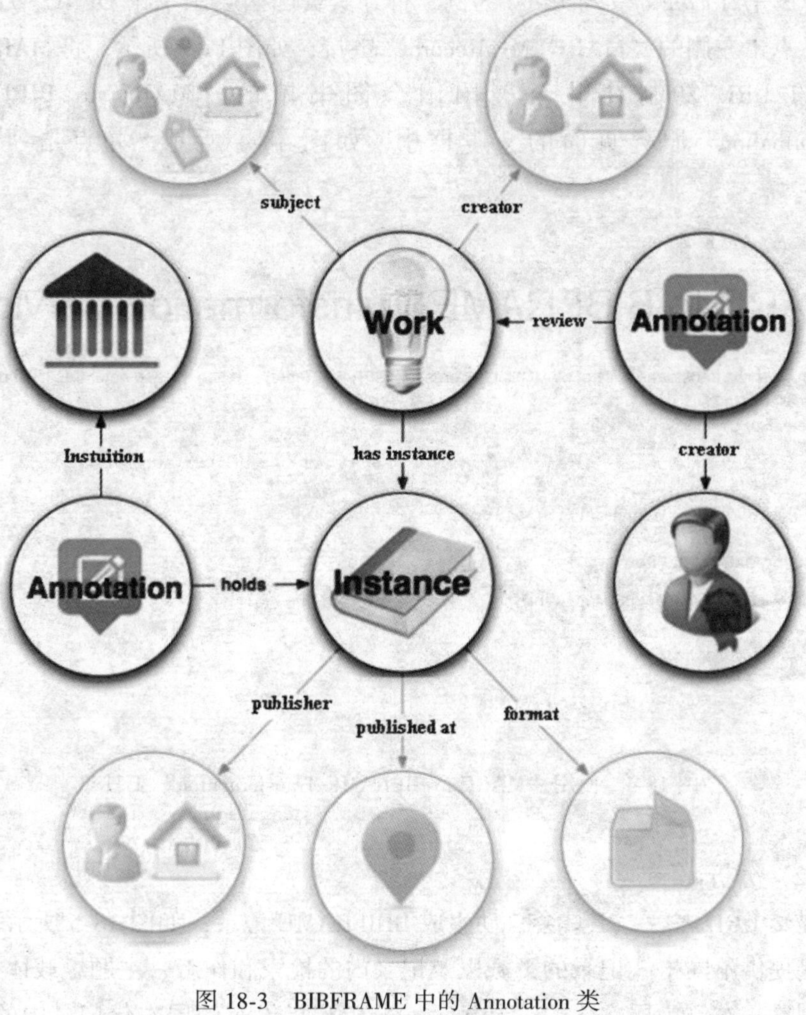

图 18-3 BIBFRAME 中的 Annotation 类

18.3.2 操作指导

（1）数据导入。

以图书 *A Tale of Two Cities* 为例，打开其美国国会图书馆 OPAC 书目记录页面，点击左侧的“MARCXML Record”链接，如图 17-2 所示，将 MARCXML 记录的 URL 复制粘贴至美国国会图书馆的“MARC to BIBFRAME Transformation”服务页面的文本框中，如图 18-4 所示，并点击“Submit URL”。

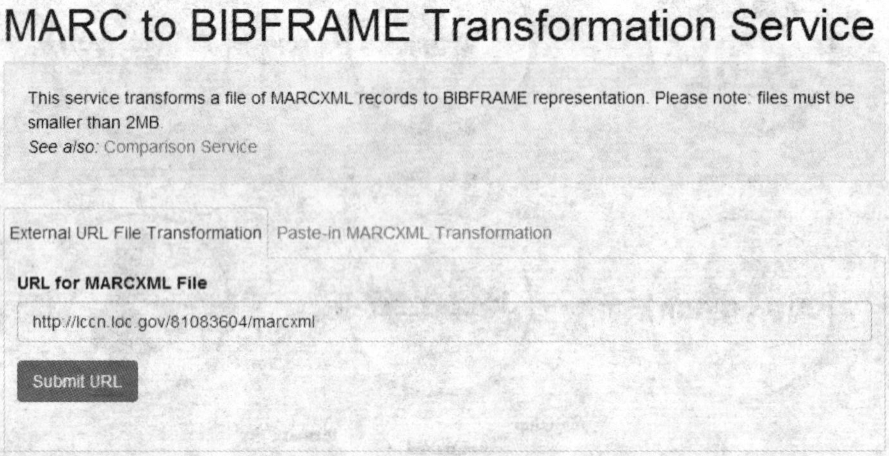

图 18-4 使用“MARC to BIBRAME Transformation”工具

（2）分析记录。

提交 URL 之后，工具会自动生成 BIBFRAME 记录，如图 18-5 所示，页面的左侧提供不同格式记录的下载以及记录内的检索和作者、主题、载体类型的分类浏览。右侧为层次化的记录显示，分析和指出右侧层次化记录中的实例、实例、实例的属性和属性值，以及实例所属的类。

点击图 18-5 中层次化记录中所有实例的链接，可以下载其 RDF/XML 文档。然后用写字板工具打开这一文档，可以查看每个实例及其属性值的 URI，如图 18-6 所示。

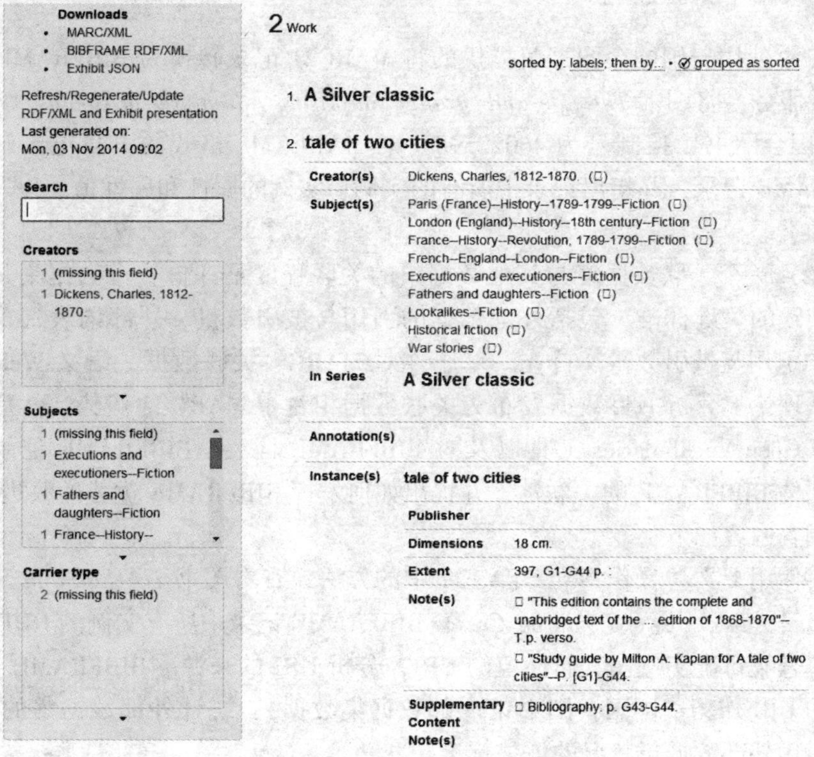

图 18-5 BIBFRAME 记录实例

```
<?xml version="1.0" encoding="utf-8"?>
<rdf:RDF
  xmlns:bf="http://bibframe.org/vocab/"
  xmlns:rdf="http://www.w3.org/1999/02/22-rdf-syntax-ns#"
>
  <bf:Person
rdf:about="http://bibframe.org/resources/gnf1415023335/1372920person7">
    <bf:hasAuthority
rdf:resource="http://id.loc.gov/authorities/names/n78087607"/>
    <bf:label>Dickens, Charles, 1812-1870.</bf:label>
    <bf:authorizedAccessPoint>Dickens, Charles,
1812-1870.</bf:authorizedAccessPoint>
  </bf:Person>
</rdf:RDF>
```

图 18-6 实例的 RDF/XML 文档

18.3.3 实验题目

（1）使用美国国会图书馆提供的将 MARC21 记录转换为 BIBFRAME 记录的在线服务，将图书 *The Life and Strange Surprising Adventures of Robinson Crusoe*（美国国会图书馆控制号为 46022598）的 MARCXML 格式的书目记录转换为 BIBFRAME 记录，并指出记录中所有的实例、实例的属性和属性值，以及实例所属的类。

（2）一个关联数据集与其他数据集的关联程度是评价一个数据集是否为最佳实践的关键标准，包括外部数据的引用与被引数量、外部词表（类、属性）的引用与被引数量。首先，基于你对 MARC、关联数据、语义 Web 的认知，从理论上分析书目数据发布为关联数据相对于 MARC 的优势。然后利用 Linked Open Vocabularies 工具以及对 BIBFRAME 词表、BIBFRAME 记录的分析，评估 BIBFRAME 的关联性，并提出如何发挥 BIBFRAME 优势的改进建议。具体调查内容如下：

①使用上文“操作指导”第三步中的方法，查看图书 *The Life and Strange Surprising Adventures of Robinson Crusoe* BIBFRAME 记录中所有实例的 RDF/XML 文档，查看每个实例及其属性值的 URI，分析 URI 的来源（BIBFRAME. org 域名下的 URI 作为美国国会图书馆内部数据集数据），统计外部数据集的数量，作为引用外部数据集状况的评估标准。

②打开 BIBFRAME 词表网页（http://bibframe. org/vocab-list/）。点击类列表和属性列表中的链接，可以查看每个类、属性的定义及其 URI（在浏览器的网址输入框中）。第一，点击每个类的链接，查看所有类的 URI 及其父类的 URI，分析 URI 的来源，统计外界词表的数量。第二，点击每个属性的链接，查看其属性及其定义域和值域的 URI，同样分析 URI 的来源，统计外界词表的数量（值域为 rdfs 前缀的一般数据类型时不统计）。

③打开 Linked Open Vocabularies 网站（http://lov. okfn. org/dataset/lov/），在“Vocabularies member list”中查找 BIBFRAME（前缀为 bf）并打开 BIBFRAME 的页面。在页面中查看使用 BIBFRAME 的关联数据集的数量信息、BIBFRAME 引用和被引的词表（本体）的数量信息。

④结合以上三个步骤中的统计数据，并参照《开放关联数据云 2014 状况》报告（http://linkeddatacatalog. dws. informatik. uni-mannheim. de/state/）中的相应数据的平均状况，评估 BIBFRAME 的关联性并提出具体的改进建议。

19 利用 GreenStone 软件构建个人数字图书馆

19.1 实验目的与要求

（1）将元数据理论与实践相结合，加强对授课内容的理解，提升操作能力；

（2）熟悉数字图书馆构建中常用的元数据集，了解不同类型元数据集的特点与应用范围，学会使用元数据描述多种对象；

（3）熟悉 GreenStone 的功能与操作方法，掌握 GreenStone 的元数据设计流程，学会使用 GreenStone 创建个人数字图书馆，并通过应用实例，加深过程体会。

19.2 实验内容

实验的主要内容包括：

（1）熟悉 GreenStone 软件及其在数字图书馆中的应用；

（2）熟悉 GreenStone 软件的主要功能；

（3）了解 GreenStone 软件中常用的元数据集；

（4）掌握 GreenStone 软件的操作方法，并使用 GreenStone 软件创建个人数字图书馆。

19.3 实验操作指导

19.3.1 相关知识

19.3.1.1 GreenStone 软件介绍

GreenStone（绿宝石）数字图书馆软件是建立与发布数字图书馆馆藏的软件套件，提供了组织信息和通过互联网或光盘出版的新途径。它由新西兰怀卡托大学（University of Waikato）大学的新西兰数字图书馆项目组制作，同时与联合国教育科技文化组织（UNESCO）及人类信息非政府组织（Human Info NGO）合作开发与发行。它是在通用公共许可条款（General Public License）下，一种面向全球、基于 Unicode 编码、支持多语言的开源软件。目前，通用的版本是 2.86。

19.3.1.2 GreenStone 软件在数字图书馆建设中的应用

GreenStone 旨在帮助大学、图书馆及其他公共服务机构，建设各自的数字图书馆，从而促进信息共享。作为一种开源软件，它得到了广泛应用，用户包括加州大学、芝加哥大学、北京大学数字图书馆等近 30 所高校和研究机构，以及联合国教科文组织、联合国粮农组织与教育信息技术研究所等国际组织。

19.3.1.3 GreenStone 软件在构建数字图书馆中常用的元数据集

GreenStone 在馆员界面中（Librarian Interface）预置了几种元数据集，包括：

(Qualified) Dublin Core Metadata Element Set（dc）;

Australian Government Locator Service Metadata Element Set（agls）;

CDWALite（cdwalite）;

DSpace（ds）;

Greenstone Metadata Set（gs）;

New Zealand Government Locator Service Metadata（nzgls）;

RFC 1807 Metadata Element Set。

同时，也可使用“Metadata Set Editor（GEMS）”创建新的元数据集。

19.3.2 操作指导

本实验包括 3 个部分：GreenStone 软件的安装、功能的介绍，以及应用实例。

（1）GreenStone 软件的安装。

GreenStone 提供了适用于 Windows、Linux 和 Mac OS 等系统版本的软件包。下载地址为 http：//www. GreenStone. org/download（见图 19-1）。

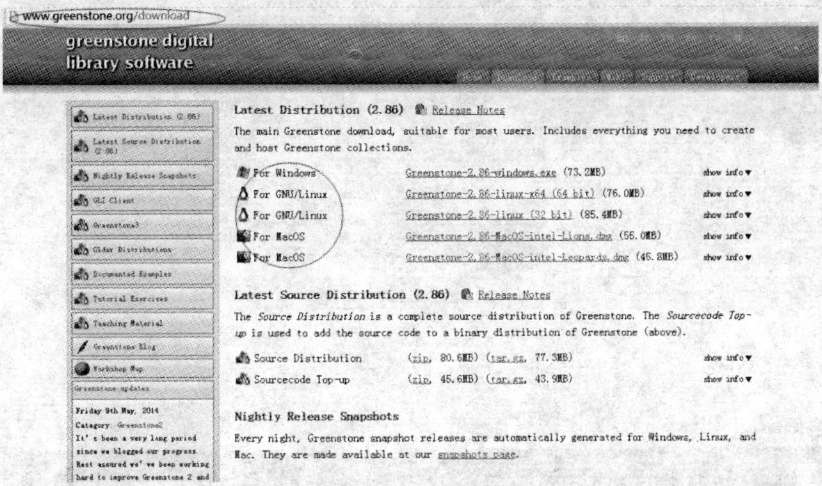

图 19-1　GreenStone 的下载界面

安装步骤：选择“语言”（中文）→GreenStone 2. 86 安装器→接受“软件许可”→选择“安装目录”→确定“安装部件”→激活“管理界面”→等待“安装过程”→退出（见图 19-2～图 19-8）。

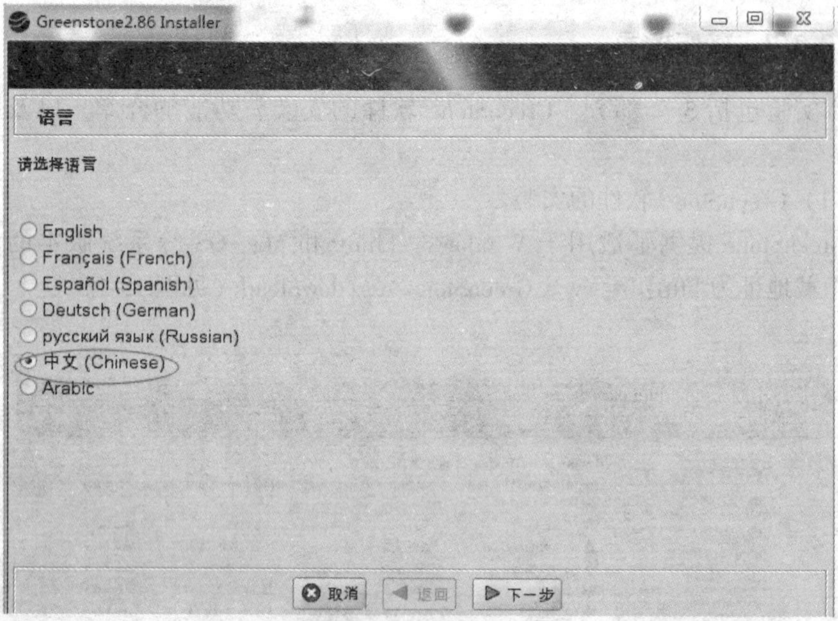

图 19-2 语言选择

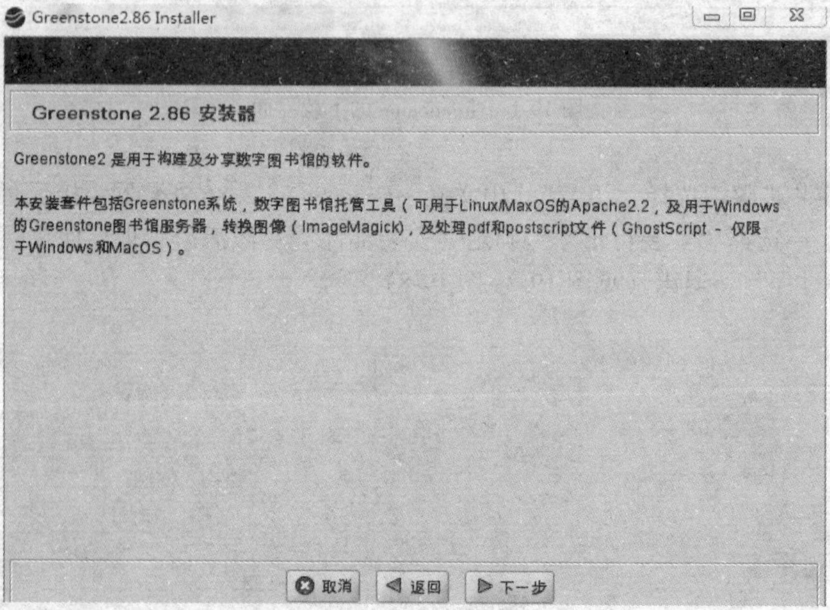

图 19-3 GreenStone 2. 86 安装器

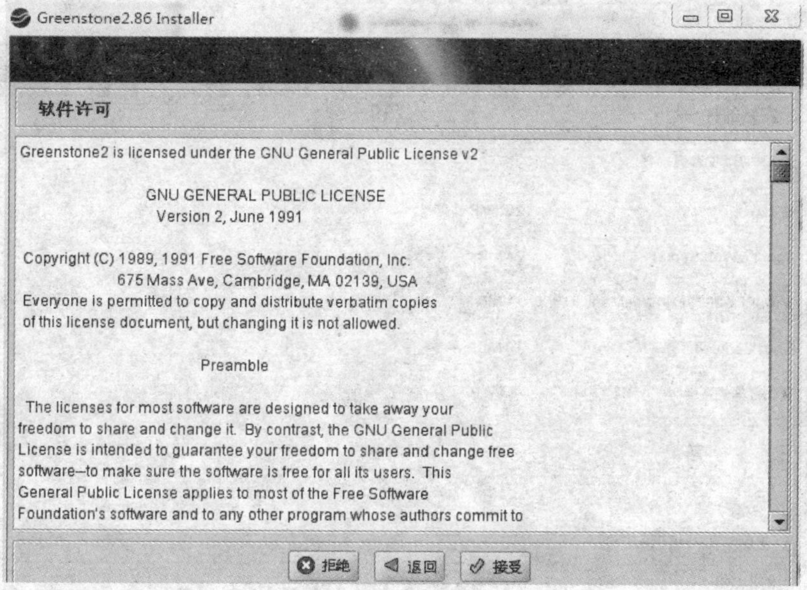

图 19-4　软件许可

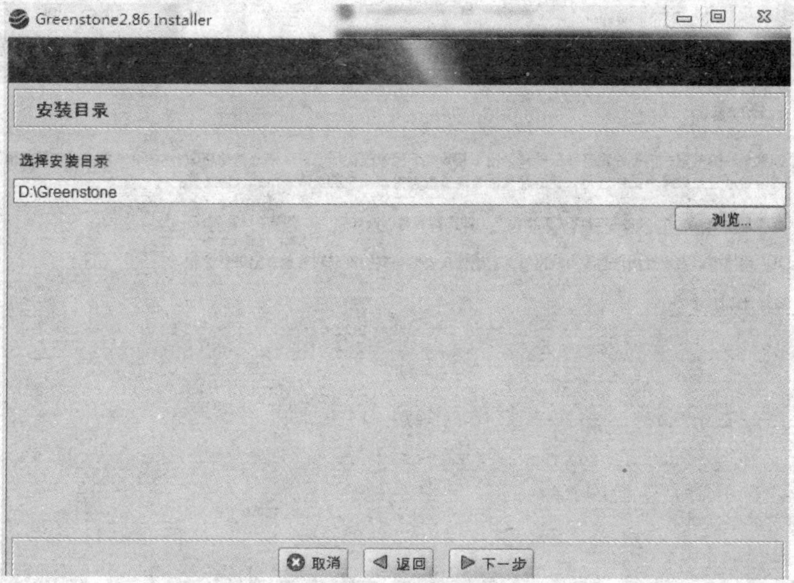

图 19-5　安装目录

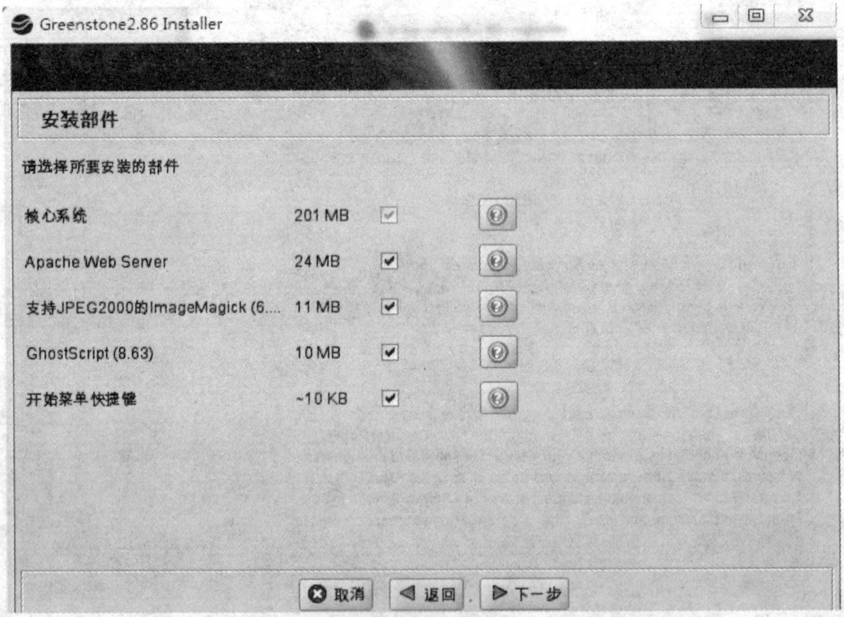

图 19-6 安装部件

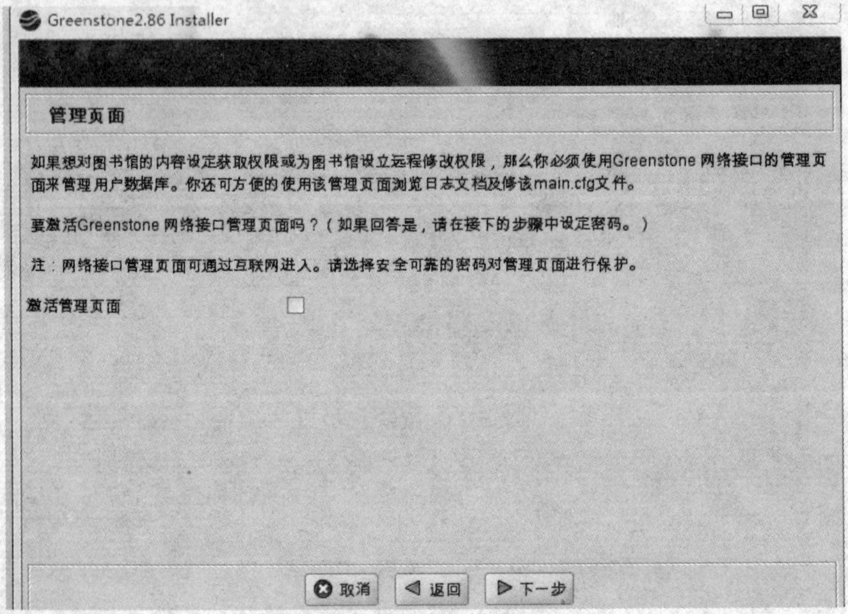

图 19-7 管理界面

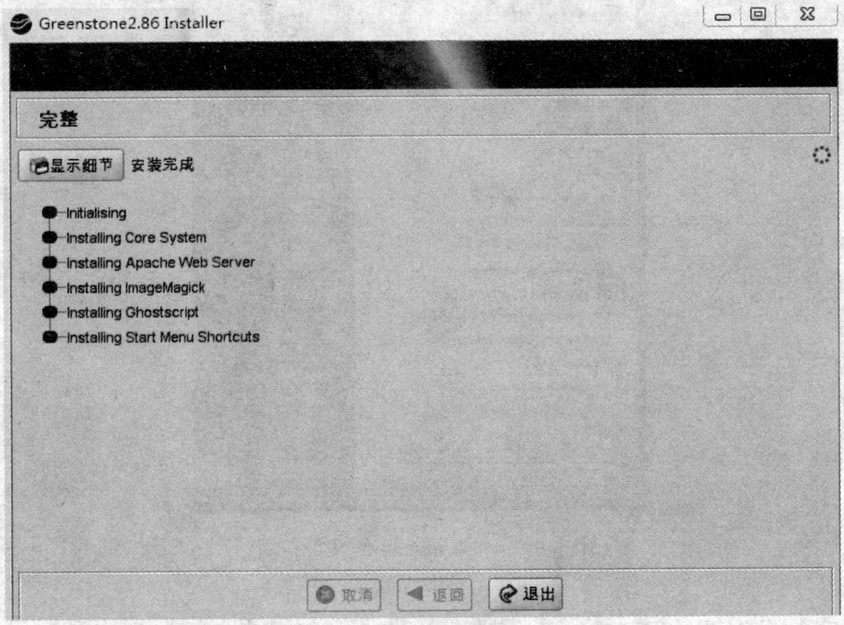

图 19-8 安装完成

安装完成后，点击“开始”→“程序”→GreenStone 2.86（见图 19-9）。其中，Documentation 提供了 GreenStone 的描述信息；GreenStone Server 提供了“enter library”的入口；Metadata Set Editor（GEMS）提供了元数据集的编辑器；Librarian Interface（GLI）提供了编辑、设计的平台；Remote Librarian Interface 提供了远程客户端的设置界面。

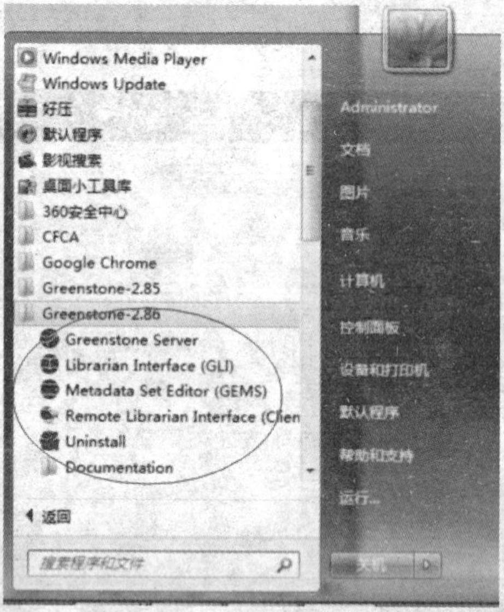

图 19-9　GreenStone 的文件位置

点击“Librarian Interface（GLI）”进入馆员界面，浏览器自动打开“绿宝石系统演示”页面。同时，弹出“Green Digital Library”初始化窗口，点击“Restart Library”可刷新馆藏（见图 19-10～图 19-12）。对于其他弹出窗口，点击“OK”即可。最后，弹出系统设计窗口（见图 19-13）。

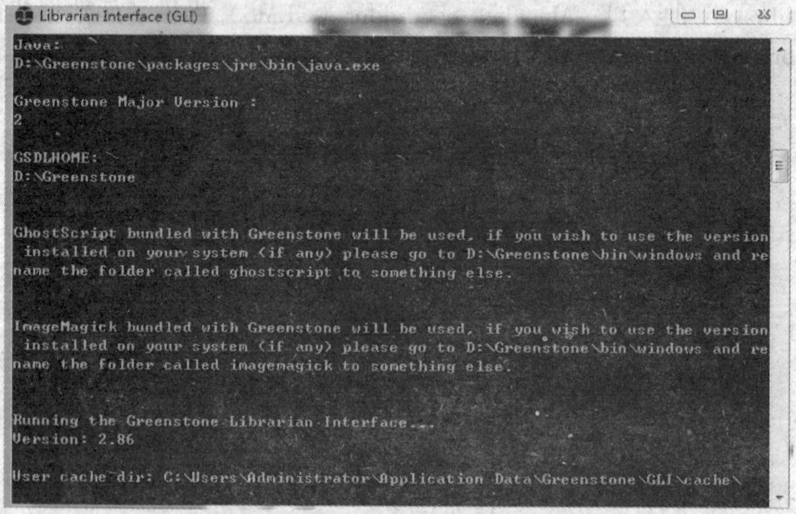

图 19-10　Librarian Interface 弹出界面

图 19-11　浏览器显示界面

图 19-12　Green Digital Library 开始界面

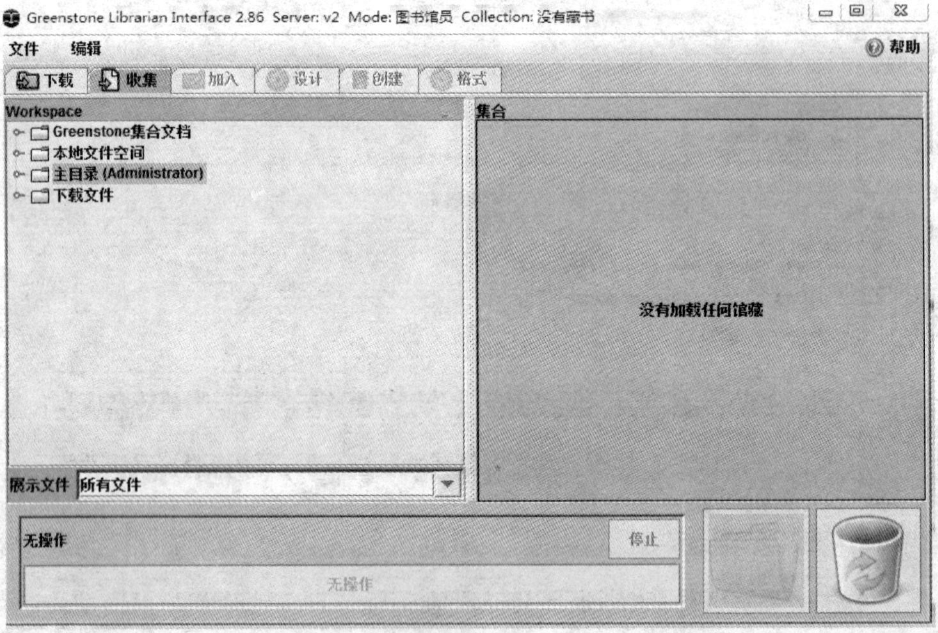

图 19-13　系统设计界面

系统界面若出现无法识别的方块，单击红色区域，选择倒数第二行（见图 19-14、图 19-15）。对弹出窗口进行设置，在所示位置的下拉列表选择"Chinese-simplified"，并在下行手工输入"微软细黑"或"宋体"等中文字体，其他不变；调整后，单击下方"应用"按钮（见图 19-16）。软件自动重启，正常显示中文界面。

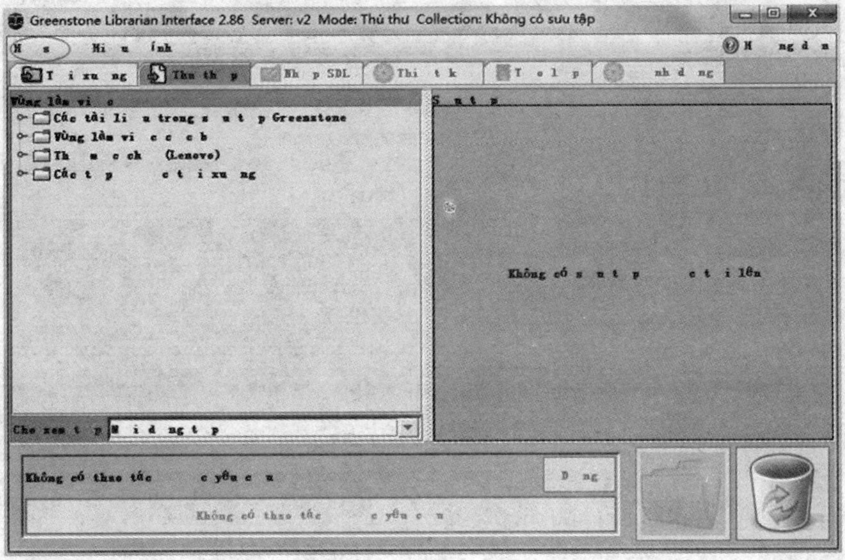

图 19-14 乱码界面

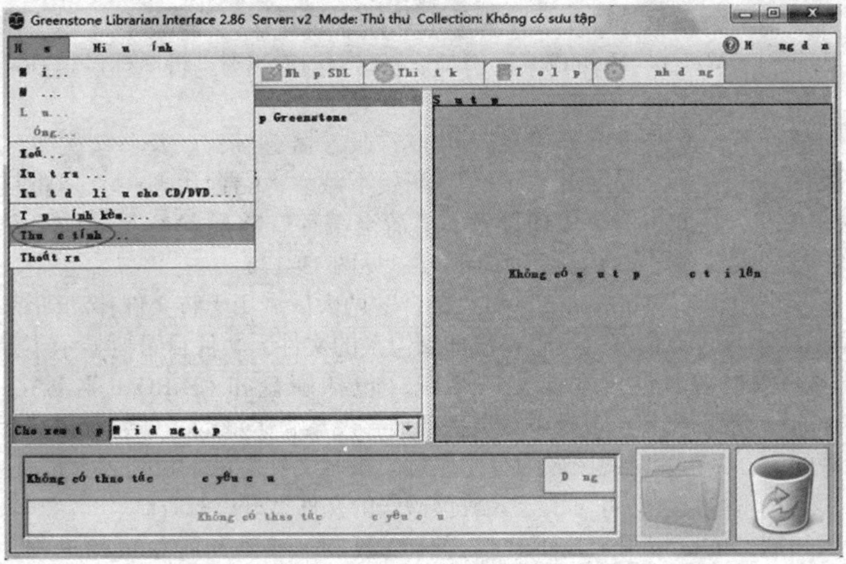

图 19-15 调试界面

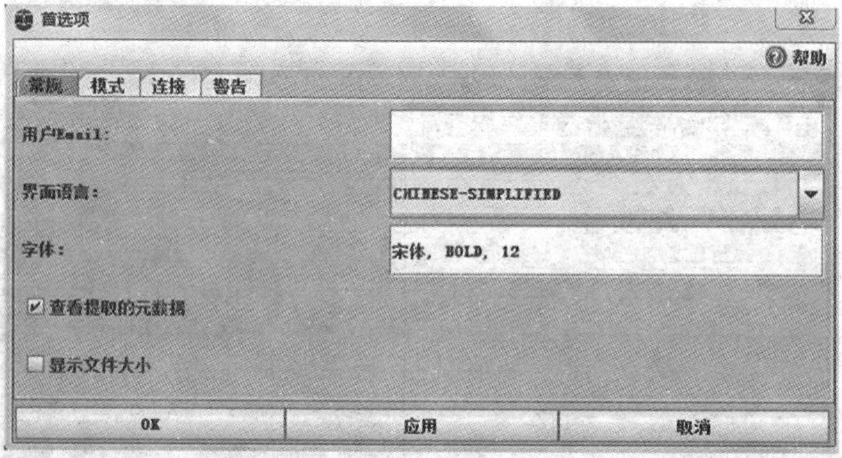

图 19-16　字体设置

（2）GreenStone 软件的功能。

GreenStone 软件的功能分为“下载”、“收集”、“加入”、“设计”、“创建”和“格式”6 个部分。

①下载功能：“下载”视图用于从互联网上下载资源。视图的上半部分显示的是下载控制，左侧是协议，右侧是所选下载协议的可用选项；下半部分初始时为空，但会显示等待和已完成的下载任务的列表。系统提供了多个下载协议，包括网（Web）、MediaWiki、OAI、Z39. 50 和 SRW。将鼠标停留在右侧选项之上，即显示该选项的提示信息。

设置好后，点击“服务信息”可查看服务器链接，以及一些关于网页或服务器的基本信息，或点击“下载”开始下载。“配置代理……”将链接到“参数配置”，在此可修改代理设置。“清空缓存”将删除所有以前下载的文件。下载列表记录了每个已处理的下载（见图 19-17）。

②收集功能：“Workspace”和“集合”两大区域用于将文件移动到馆藏中。Workspace 区域可以浏览查找想要添加到馆藏的文件，文件目录树显示了馆员界面可用的数据源，包括本地文件系统（包括硬盘和 CD-ROM 驱动）、现有 Greenstone 馆藏的内容，以及下载文件的缓存。集合区域的文件目录树显示了目前馆藏的内容，初始时此区域为空。通过“展示文件”的下拉列表（html、pdf、office 文档、图像等），可对预导入或预操作的文件类型进行限制。

窗口底部的区域用于显示文件操作（复制、移动和删除）的进程，“停止”按钮用于停止当前操作。屏幕右下角的两个按钮，“新建文件夹”用于创建新文件夹，“删除”用于删除文件（见图 19-18）。

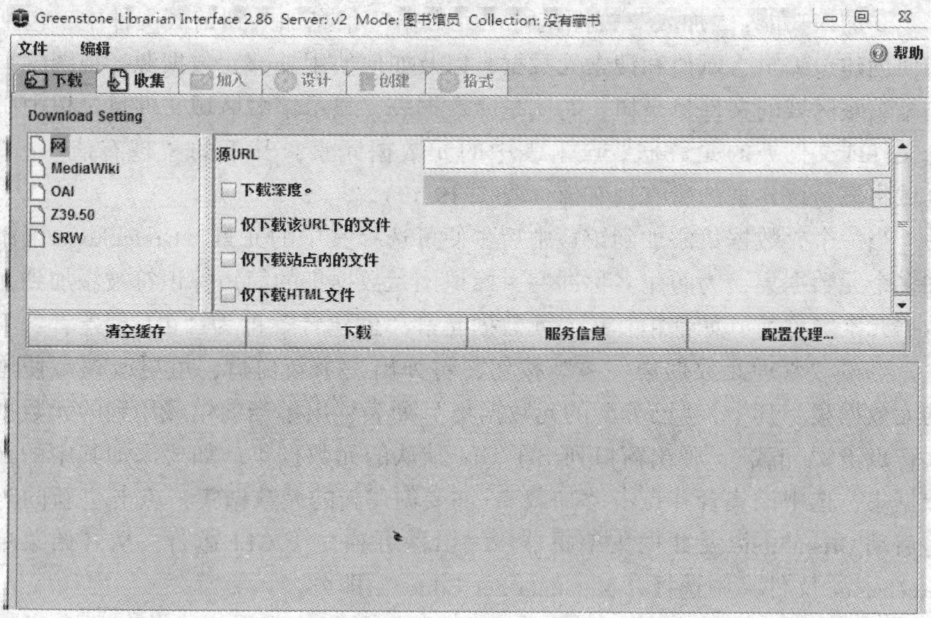

图 19-17 “下载”视图

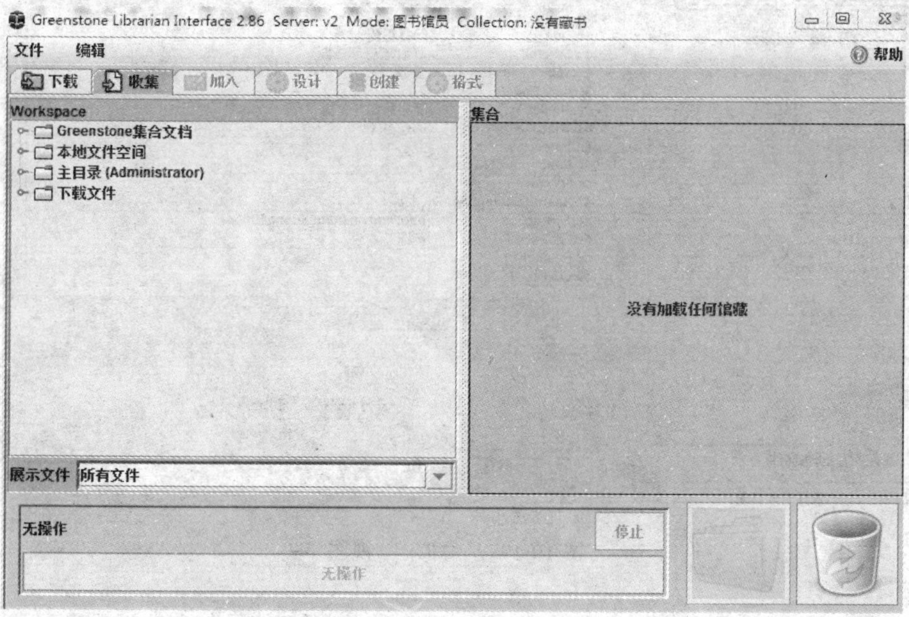

图 19-18 “收集”视图

③加入功能："加入"视图是将"元数据"信息加入到馆藏文件中，包括如何创建、编辑、赋值和搜索元数据，以及如何使用外部元数据源。视图的左侧是馆藏区域的文件目录树，右侧是元数据表，显示馆藏区域文件目录树中所选文件或文件夹的元数据。点击表中的元数据元素，其下的"现有值……"区域将显示该元素的所有现有值（见图 19-19）。

当一个元数据集添加到馆藏中后，便可选择其中的元素。GreenStone 可添加多个元数据集，为防止名称冲突，标识该元数据集的简短标识符被添加到元数据元素名称前，如都柏林核心元数据元素"创建者"即为"dc. 创建者"。

点击"管理元数据集……"按钮，将弹出一个新窗口，可更改馆藏使用的元数据集。其中，"已分配的元数据集"列表列出了当前馆藏用到的元数据集；点击"加载"，弹出窗口列出了 GLI 默认的元数据集。如要添加其中的元数据集，选中该集合并点击"加载"；如要创建新的元数据集，点击"新的"，将启动 GreenStone 元数据集编辑器。编辑器可独立于 GLI 运行，从开始菜单 Greenstone 文件夹中选择"Metadata Set Editor"即可。

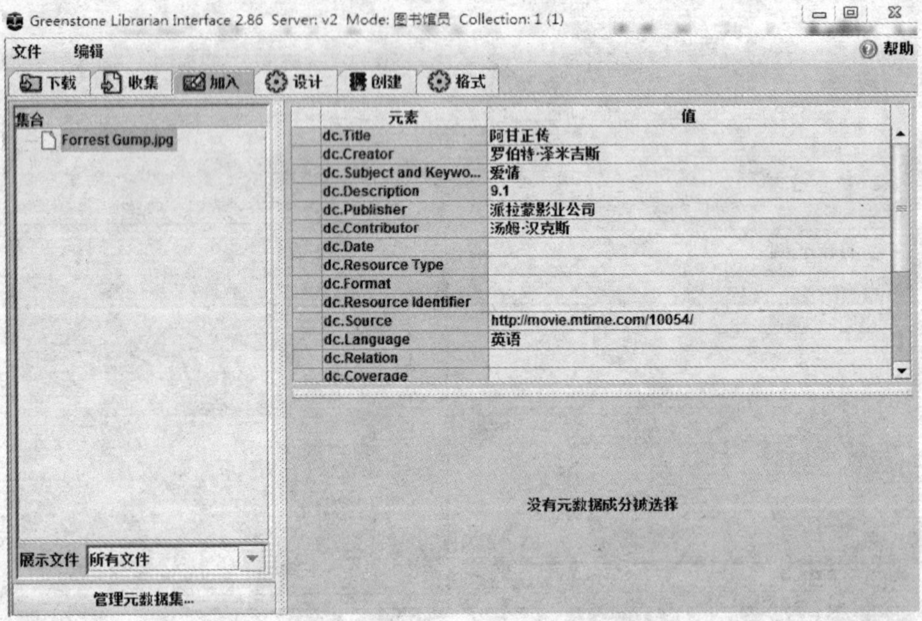

图 19-19 "加入"视图

④设计功能："设计"视图可以设置如何处理文档，以及本馆藏如何被用

户访问。视图的左侧列有不同参数的列表，右边是当前参数对应的控件（见图 19-20）。

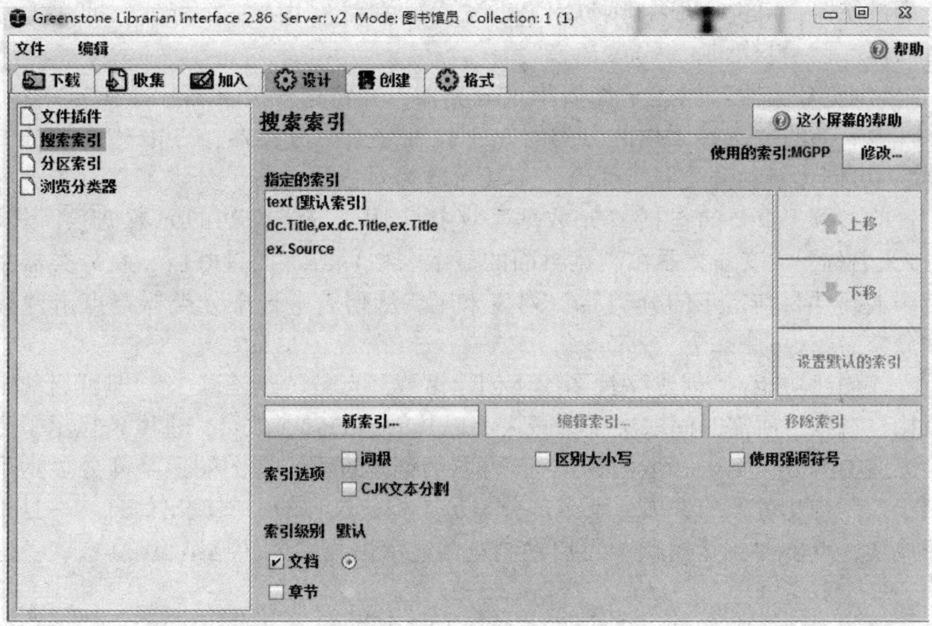

图 19-20 “设计”视图

“文件插件”描述了如何指定要使用的插件，传递给这些插件的参数，以及插件以什么顺序出现。若添加插件，在底部的“选择要添加的插件”下拉列表中选中该插件，点击“添加插件”，弹出“配置参数”对话框，可进行设置。

“搜索索引”描述了如何添加和删除索引，以及设置默认的索引。视图的右上方显示了当前馆藏使用的索引，通过点击“修改……”可更改，弹出窗口列出了可供选择的项目：MG、MGPP 以及 Lucene。改变索引将影响索引的构建过程以及搜索功能。“指定的索引”列出了当前馆藏所指定的索引入口。点击“新索引”可添加一个索引，其弹出窗口显示了索引源列表，包括文本和元数据，定义好后，点击“添加索引”将其添加到馆藏中。从指定的索引列表中选中一个索引并点击“编辑索引”可对其进行编辑；选中一个索引并点击“移除索引”可删除该索引。索引在列表中的顺序，即是搜索页面下拉列表中的显示顺序，使用“上移”和“下移”可改变这个顺序。选中一个索引并点击“设置默认的索引”，可将其设为搜索页面的默认索引。如果没有默认索引，列表的第一个将被作为默认索引。搜索页面索引下拉列表中的名称可在“格式”视图的“查询”部分设置。

索引是建立在特定文本或源元数据上的，通过语种、分区，或一个预先定义的过滤器，可进一步控制搜索空间。“分区索引”共有三个标签，即“定义过滤器”、“分区”和“分配语言”。

“浏览分类器”描述了如何指定分类器，并将这些分类器用于浏览馆藏。在视图底部的“选择添加的分类器”下拉列表选中分类器，点击“添加分类器”，可创建新的分类器，弹出“配置参数”对话框。每个分类器都有若干可配置的参数，重要的包括“元数据”（指定用于分类文档的元数据），以及“按钮名称”（该分类器在浏览页面的显示名称）等。设置好后，新分类器将被添加到“目前指定的分类器”列表末尾。从列表中选中分类器并点击“移除分类器”，可删除分类器。

⑤创建功能：“创建”视图用于创建馆藏，点击“创建藏书”即可启动馆藏构建过程，所需时间取决于馆藏大小以及创建的索引数目，进度条显示了已经完成的部分。点击“取消构建”，可取消创建过程。视图的上半部分显示了用于控制构建过程的选项，下半部分显示了构建过程的一些输出信息。一旦构建成功，点击“预览馆藏”可启动浏览器显示馆藏主页（见图 19-21）。

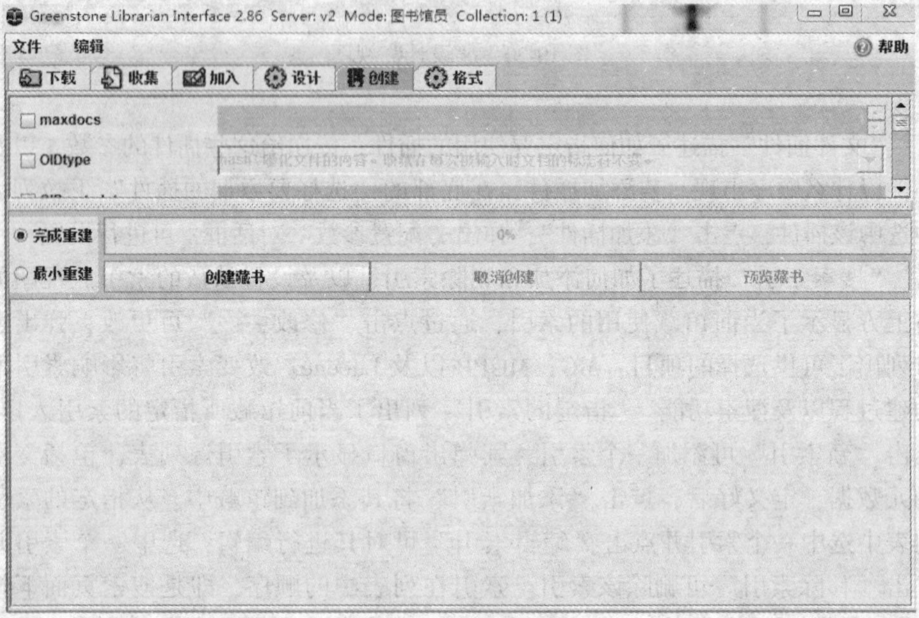

图 19-21 “创建”视图

有时馆藏创建过程会出现错误。有些文档不能被处理，意味着馆藏中的其余部分能顺利构建，且可预览，但会少了某些文档。或者整个馆藏不能被正确构建，此时会显示“因为发现一个错误，所以馆藏不能被创建”的信息。

⑥格式功能：“格式”视图可以定制馆藏呈现给用户的外观。左侧是参数列表，右侧是与当前参数对应的控件。参数列表下是“预览藏书”按钮，“格式”视图中的更改无需重新构建馆藏，因此可以直接预览，但在预览之前必须至少构建过一次馆藏（见图 19-22）。

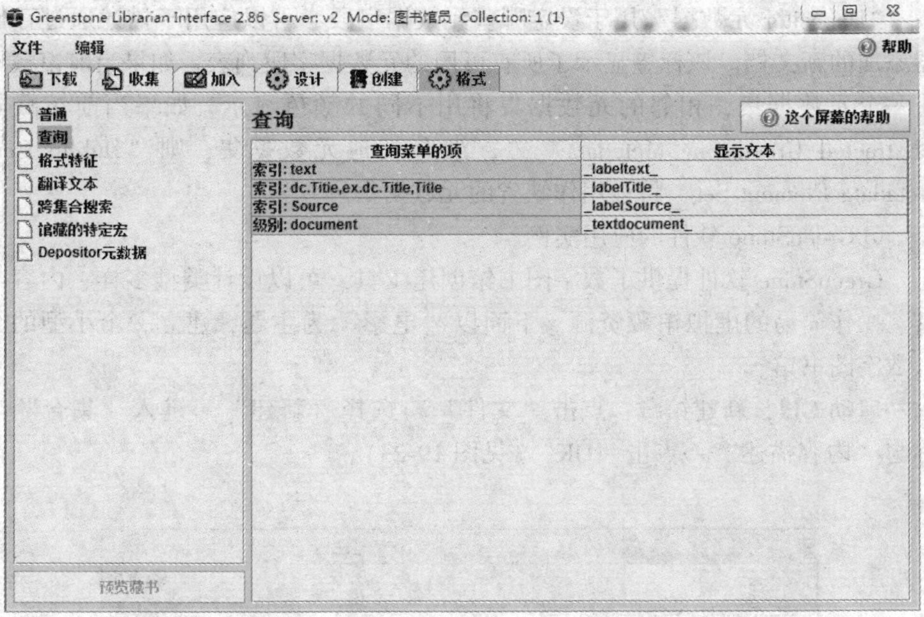

图 19-22 “格式”视图

“普通”描述了如何察看和更改与馆藏相关联的常规设置。包括：馆藏创建者和维护者的邮箱地址；馆藏的标题；存放该馆藏的文件夹（该文件夹不可被修改）；页面左上方馆藏的“关于”图标；在 Greenstone 图书馆页面链接到该馆藏的图标；该馆藏是否可以被公开访问的选择框；以及“馆藏描述”的文本框。

“查询”用于设置搜索页面下拉列表中的显示文本。

“格式特征”用于更改页面的外观、显示文档时显示哪些按钮等。格式命令可用于“选择特征”下拉列表中的任何元素。对于这些特征，可在“受影响的组件”中选择将命令应用到特征的哪个部分（如必要），并在 HTML 格式串输入框中输入该命令。将光标移动到要插入的位置，在“插入变量……”下拉列表中选择要添加的变量，可将变量添加到格式串中。

“翻译文本”可将当前馆藏界面的部分文本片断翻译成其他语言。

“跨集合搜索”通过指定一个与本馆藏同时搜索的其他馆藏的列表，可实现跨多个不同的馆藏进行搜索。

“馆藏的特定宏”显示了该馆藏 extra. dm 文件的内容，馆藏特定的宏可在此定义。

“Depositor 元数据”用于设定哪些元数据字段，可以应用于描述通过存储器添加的新文档。该标签显示了所有可用的元数据字段列表，如果当前馆藏不止一个元数据集，相邻的元数据集将用不同的颜色显示。如果当前馆藏除“Extracted Greenstone Metadata”外，没有其他元数据集，则“Dublin Core Metadata Element Set”将被用作缺省的元数据集。

③GreenStone 软件的应用实例。

GreenStone 软件提供了数字图书馆创建工具，可以设计类型多样、内容丰富、操作简易的虚拟馆藏资源。下面以“电影”为主题，建立一个小型的个人数字图书馆。

启动 GLI，新建馆藏：点击“文件”→选择“新建”→键入“集合”名称与“内容描述”→点击“OK”（见图 19-23）。

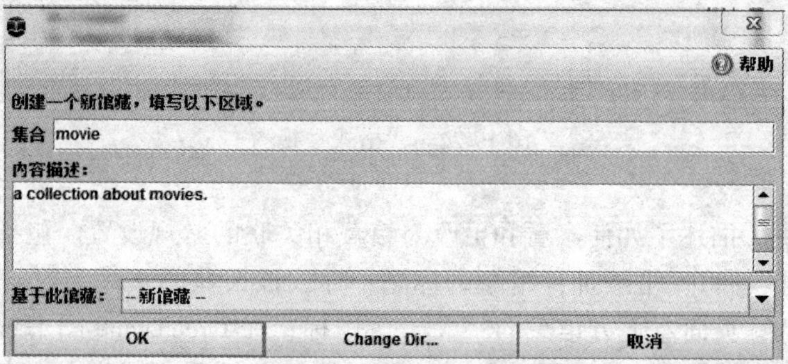

图 19-23　“新建”窗口

从本地文件导入资源：“收集”视图下，选中左边“Workspace”区域中的“sample-images”文件夹，拖拽至右边“集合”区域（见图 19-24）。

元数据的设计：首先，确定资源描述所需的元数据；其次，根据预定义的

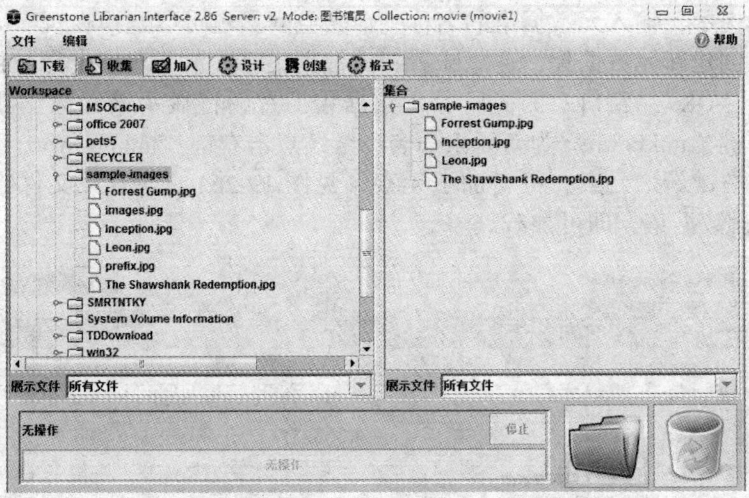

图 19-24　资源导入

元数据，选择元数据集类型。点击“加入”视图左下角“管理元数据集”按钮，从“已分配的元数据集”中选择，或点击“加载”按钮，弹出“加载元数据集”对话框，从其他“有效的元数据集”中选择。若仍不能满足描述需求，可新建元数据集。新建元数据集有两种方法：一是在“加载元数据集”对话框中，点击“新的”按钮，弹出“新元数据集”对话框（见图 19-25）；二是从“开始”程序中启动“Metadata Set Editor”，点击“文件”→选择“新建”，同样弹出“新元数据集”对话框。

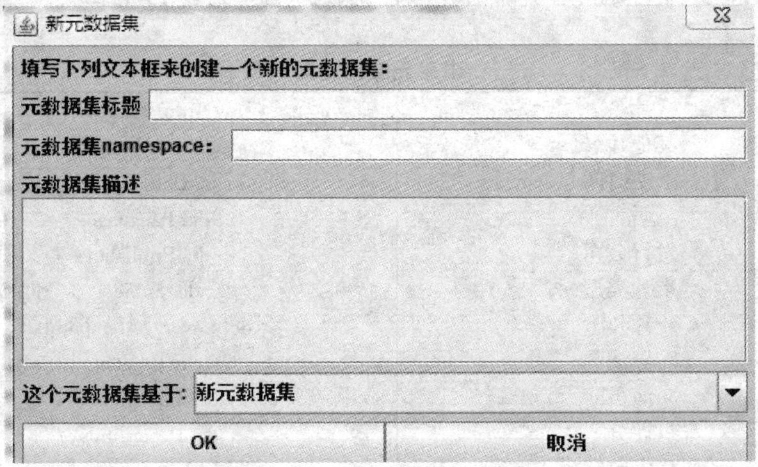

图 19-25　“新元数据集”窗口

根据提示，输入元数据集的名称、命名空间，也可以选择在现有元数据集的基础上创建新元数据集，这意味着新元数据集将继承所有指定元数据集的元素，点击“OK”。窗口左侧将显示元数据集，右侧将显示该元数据集的一些属性。右键“unknown”为新元素命名，继续点击右键“unknown”，可增加其他元素，右键新增元素，可增加子元素（见图 19-26）。点击“文件”→选择“保存”元数据集，即可加载。

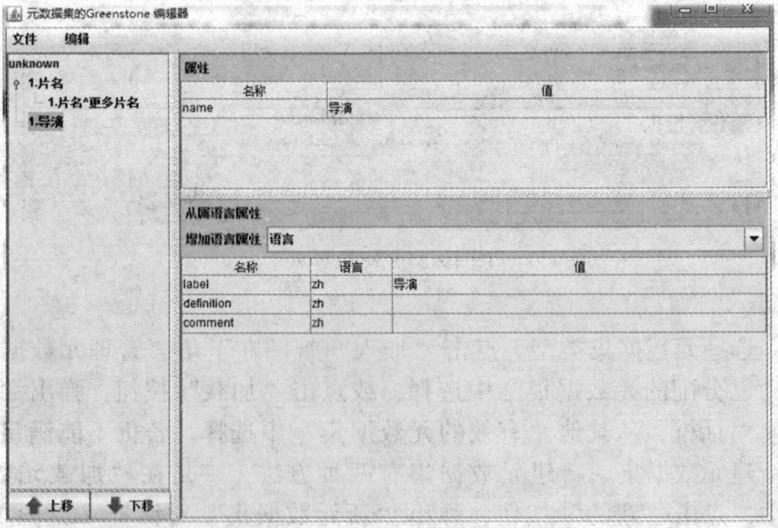

图 19-26　新元素设计窗口

本实例主要应用了都柏林核心元数据集（见表 19-1）。

表 19-1　**电影元数据定义**

片名	dc. Title
其他片名	dc. Title^Alternative
上映时间	dc. Date. Issued
语言	dc. Language
发行公司	dc. Publisher
影片类型	dc. Subject
片长	dc. Coverage^temporal
导演	dc. Creator
演员	dc. Contributor
评分	dc. Description
影片资料链接	dc. Source

功能设置主要在“设计”视图完成，主要功能如下：

①简单检索：在“搜索索引”标签下，点击“新索引”，将已有元数据设为检索入口。既可对单项元数据进行索引，也可选择多项元数据进行组合索引（见图 19-27）。此外，还可对索引偏好和级别等进行设置。本实例的设置如图 19-28 所示。

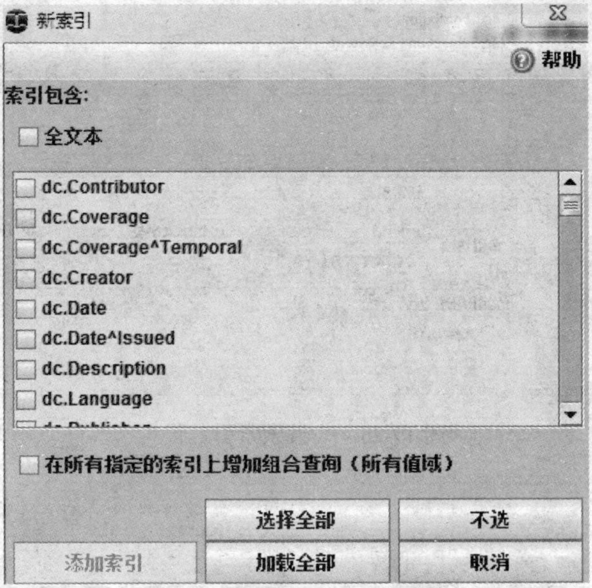

图 19-27 “新索引”窗口

②浏览功能：在“浏览分类器”标签下，通过“选择添加的分类器”下拉列表选择“AZlist”、“Datelist”、“Hierarchy”等排列依据。点击“添加分类器”，弹出“配置参数”窗口，从下拉列表中选择已有元数据作为“metadata”来源，设置“bottomname”作为网页上的显示名称（见图 19-29）。本实例的设置如图 19-30 所示。

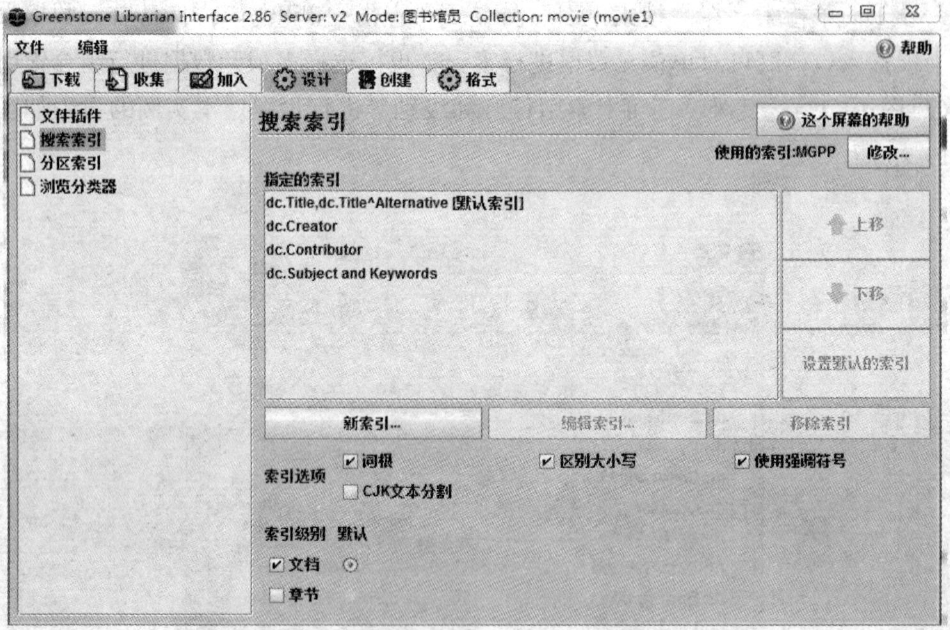

图 19-28 “搜索索引”设置

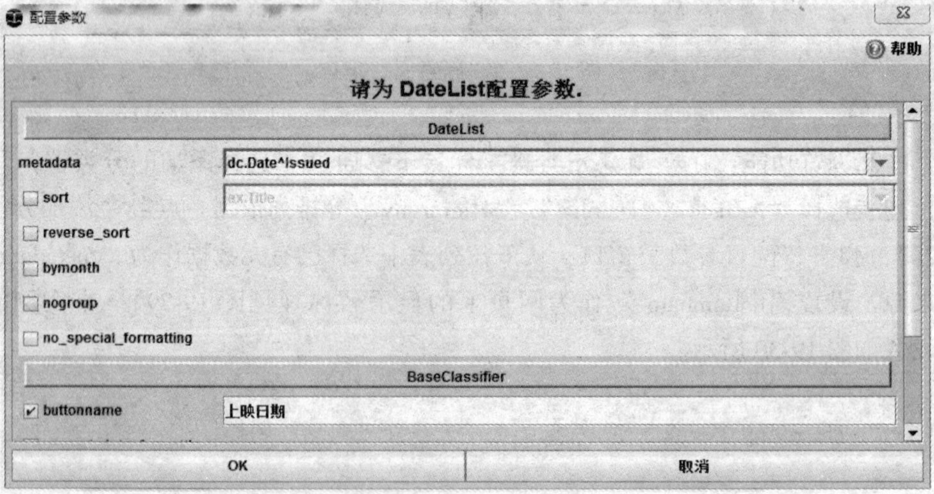

图 19-29 “配置参数”窗口

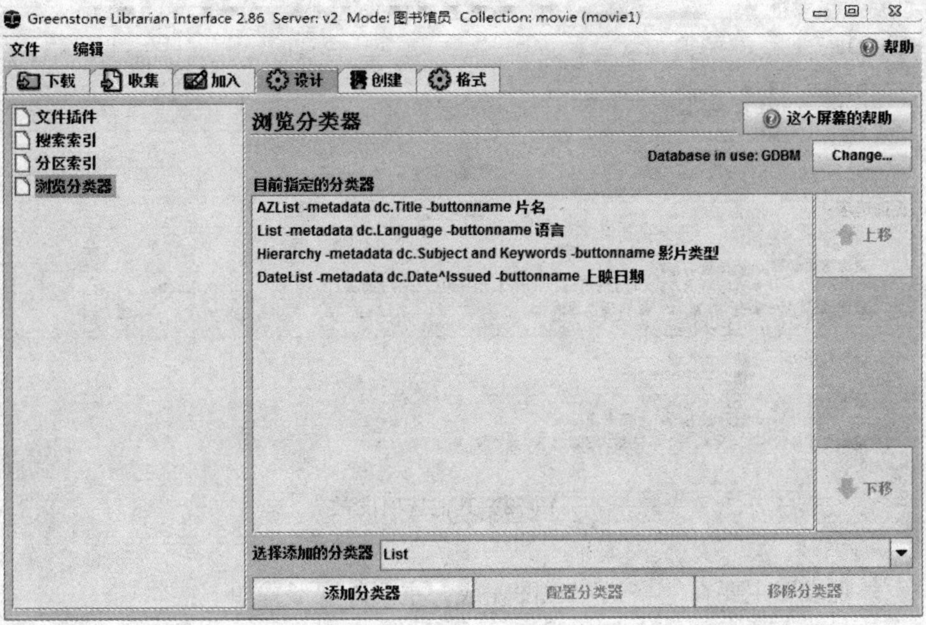

图 19-30　“浏览分类器”设置

③其他功能：点击浏览器页面右上角的“选项”按钮，可以设置“显示选项”和“查询选项”（见图 19-31）。本实例的设置见图 19-32。

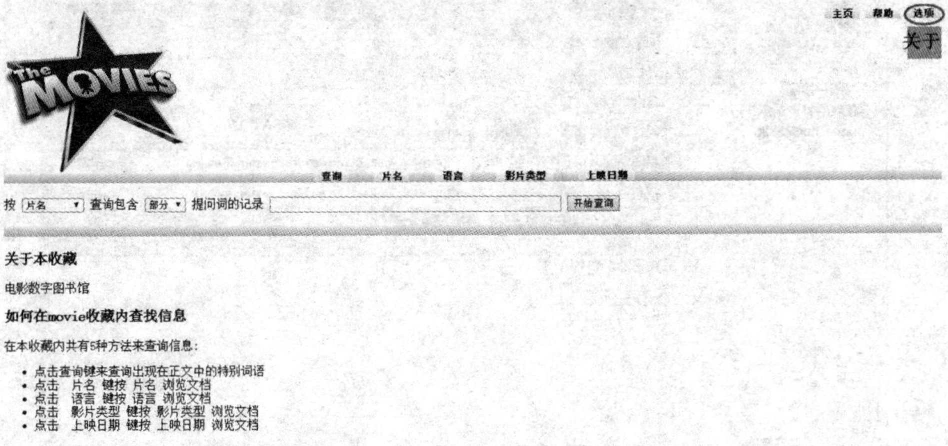

图 19-31　浏览器显示界面

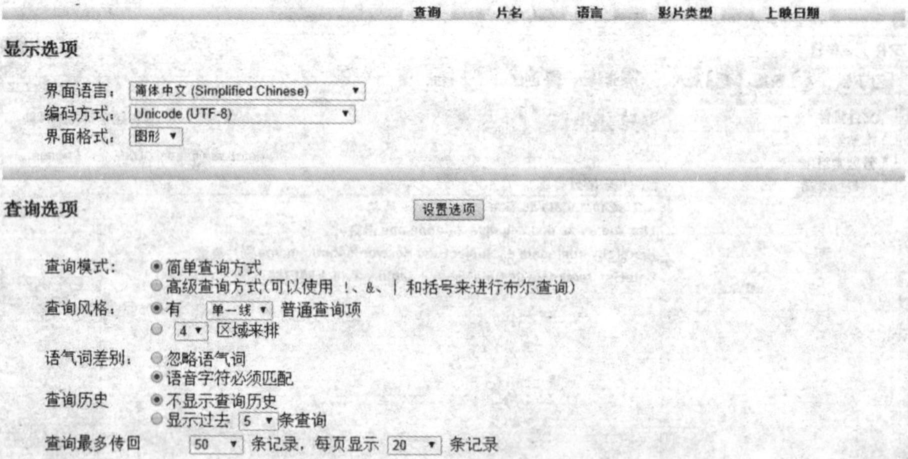

图 19-32　其他选项设置

外观设置主要在“格式”视图完成，主要外观形式如下：

①普通：可以设置馆藏的名称，及分别指向主页和“about page”的图标等（见图 19-33～图 19-35）。

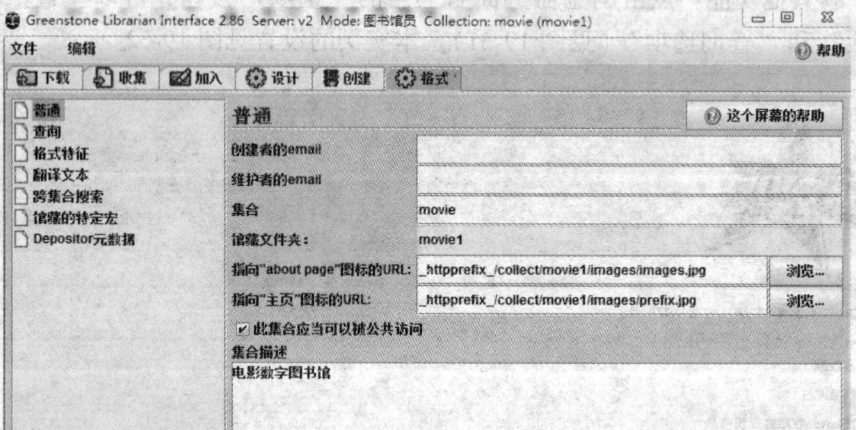

图 19-33　“普通”设置

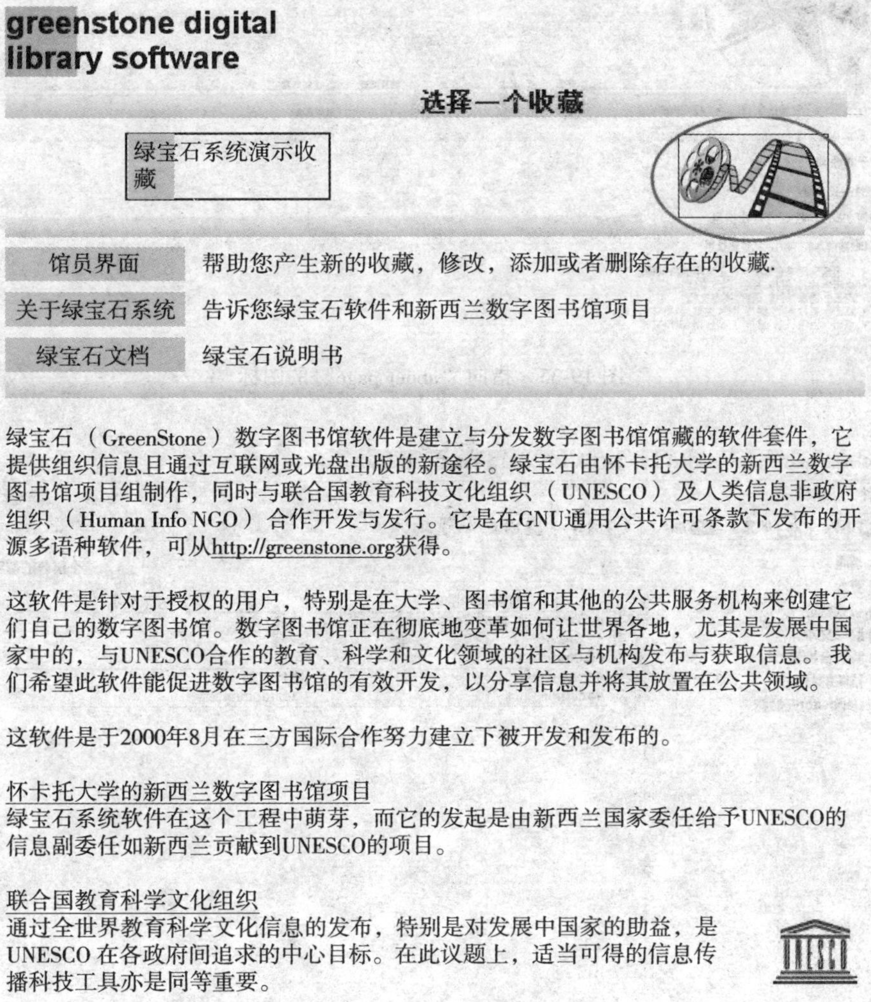
greenstone digital
library software

选择一个收藏

绿宝石系统演示收藏

馆员界面	帮助您产生新的收藏，修改，添加或者删除存在的收藏.
关于绿宝石系统	告诉您绿宝石软件和新西兰数字图书馆项目
绿宝石文档	绿宝石说明书

绿宝石（GreenStone）数字图书馆软件是建立与分发数字图书馆馆藏的软件套件，它提供组织信息且通过互联网或光盘出版的新途径。绿宝石由怀卡托大学的新西兰数字图书馆项目组制作，同时与联合国教育科技文化组织（UNESCO）及人类信息非政府组织（Human Info NGO）合作开发与发行。它是在GNU通用公共许可条款下发布的开源多语种软件，可从http://greenstone.org获得。

这软件是针对于授权的用户，特别是在大学、图书馆和其他的公共服务机构来创建它们自己的数字图书馆。数字图书馆正在彻底地变革如何让世界各地，尤其是发展中国家中的，与UNESCO合作的教育、科学和文化领域的社区与机构发布与获取信息。我们希望此软件能促进数字图书馆的有效开发，以分享信息并将其放置在公共领域。

这软件是于2000年8月在三方国际合作努力建立下被开发和发布的。

怀卡托大学的新西兰数字图书馆项目
绿宝石系统软件在这个工程中萌芽，而它的发起是由新西兰国家委任给予UNESCO的信息副委任如新西兰贡献到UNESCO的项目。

联合国教育科学文化组织
通过全世界教育科学文化信息的发布，特别是对发展中国家的助益，是UNESCO在各政府间追求的中心目标。在此议题上，适当可得的信息传播科技工具亦是同等重要。

图 19-34　指向主页的图标

②查询：可以修改前述“搜索索引”中索引入口的“显示文本”。本实例的设置如图 19-36 所示。

③格式特征：允许键入 html 语言，自定义个性化的馆藏显示界面。本实例的设置如图 19-37 所示。

所有设置完成后，点击“创建图书”，即可自动生成一个新馆藏，点击预

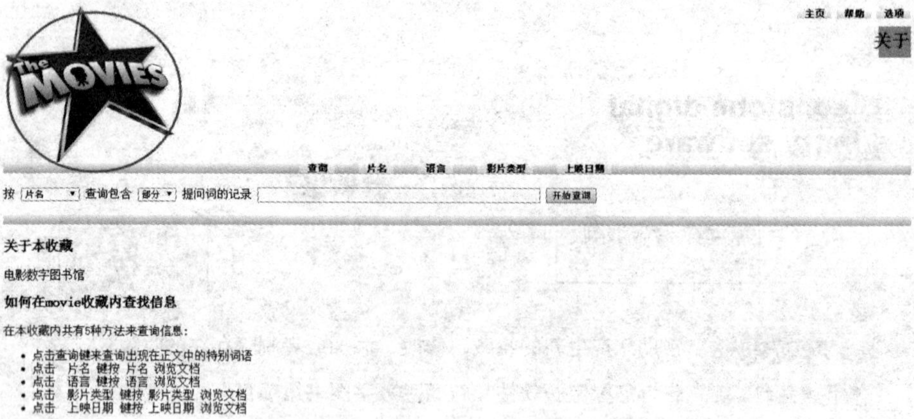

图 19-35　指向“about page”的图标

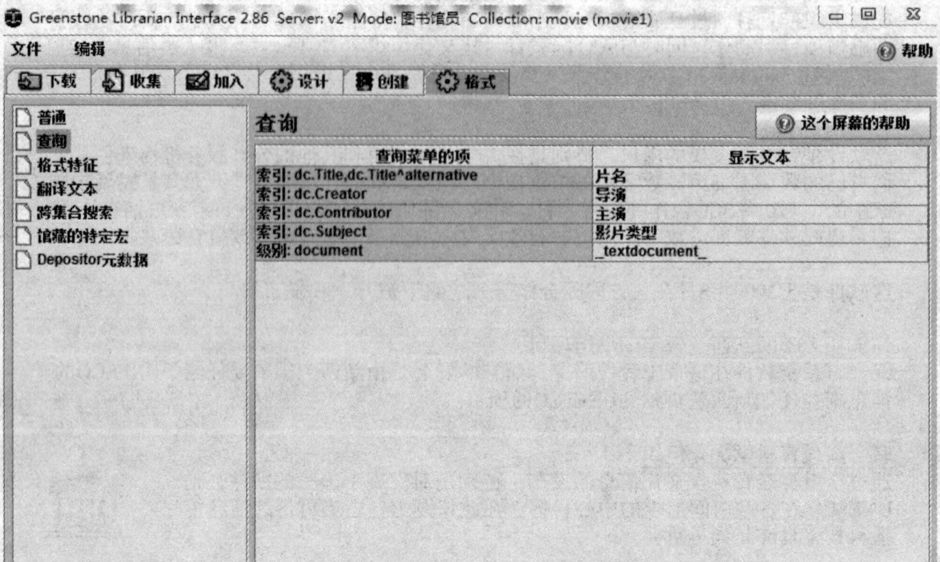

图 19-36　“查询”设置

览图书，以浏览器形式查看。

馆藏设计效果如下：创建完成后，点击“预览藏书”，浏览器如图 19-38 所示。

```
HList:[link][highlight][ex. Title][/highlight][/link]
DocumentHeading:<font size="6" face="Times New
Roman">{Or}{[parent(Top):Title],[dc. Title],untitled}</font>
DocumentButton:Detach $ Highlight
SearchTypes:plain,form
VList:<td valign="top">[link][icon][/link]</td>
<td valign="top">[highlight]{Or}{[dc. Title],[exp. Title],[ex. Title],Untitled}<br>
DocumentText:<td valign="top">[ex. srclink]{Or}{[ex. srcicon]}[ex. /srclink]</td><br>
<font color="#443d0c" size="4" face="华文新魏">
<strong>更多片名:</strong>[dc. Title^Alternative]<br>
<strong>上映时间:</strong>[dc. Date. Issued]<br>
<strong>语言:</strong>[dc. Language]<br>
<strong>发行公司:</strong>[dc. Publisher]<br>
<strong>影片类型:</strong>[dc. Subject]<br>
<strong>片长:</strong>[dc. Coverage^temporal]<br>
<strong>导演:</strong>[dc. Creator]<br>
<strong>演员:</strong>[dc. Contributor]<br>
<strong>IMDB 评分:</strong>[dc. Description]<br>
<strong>影片资料链接:</strong>[dc. Source]<br>
<strong>存储档案号:</strong>[dc. Identifier]<br></font>
```

图 19-37 自定义个性化的设置

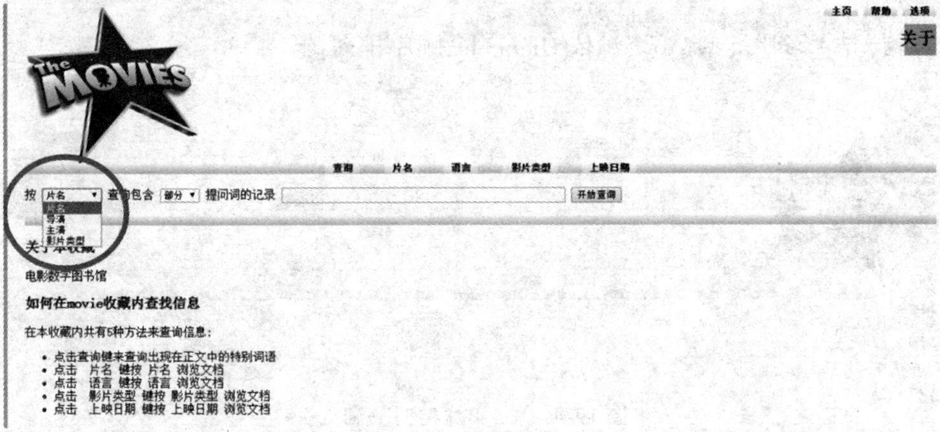

图 19-38 馆藏页面

浏览分为4个版块（见图19-39~图19-42）。点击“片名”，资源依 AZList 顺序排列：

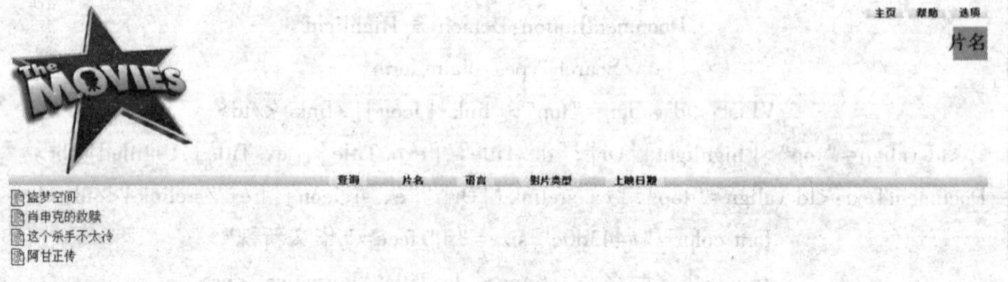

图 19-39 “片名”浏览

点击“语言”，资源依 List 顺序排列：

图 19-40 “语言”浏览

点击“影片类型”，资源依 Hierarchy 顺序排列：

图 19-41 “影片类型”浏览

点击“上映日期”，资源依 DateList 顺序排列：

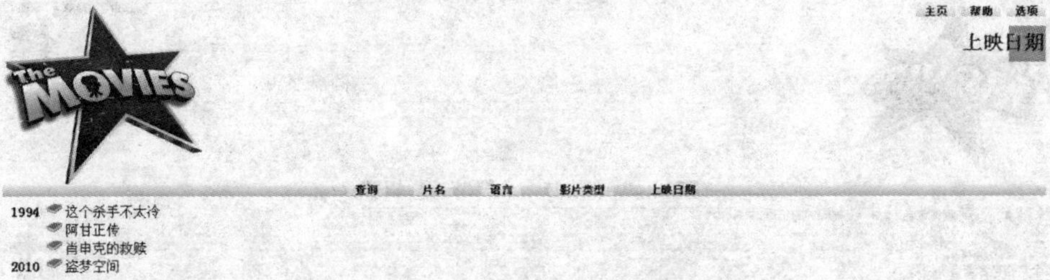

图 19-42 “上映日期”浏览

简单查询分为 4 个入口（见图 19-43~图 19-47）。以“片名”为检索字段查询资源：

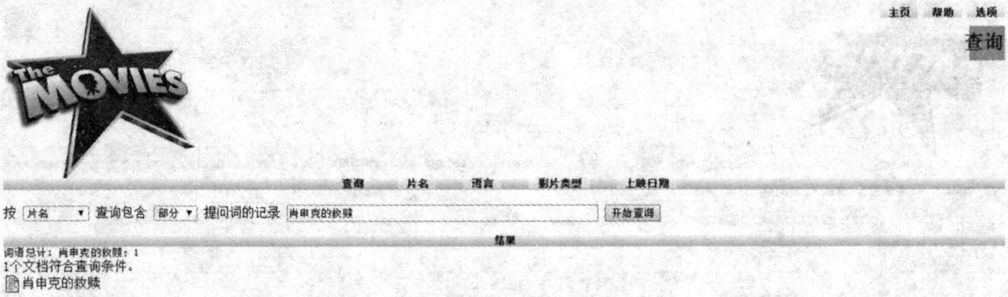

图 19-43 中文片名查询

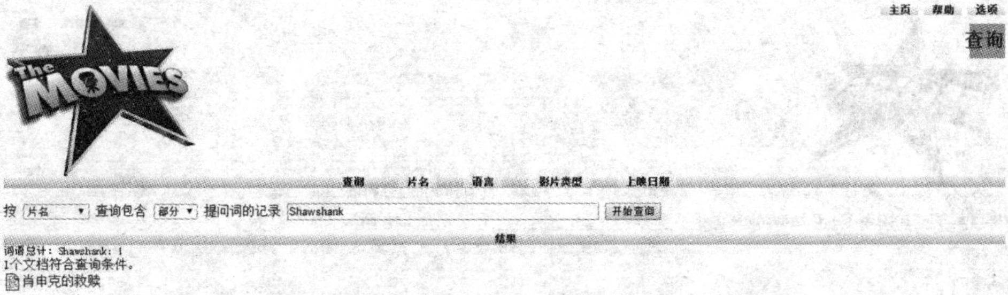

图 19-44 外文片名查询

以“主演”为检索字段查询资源：

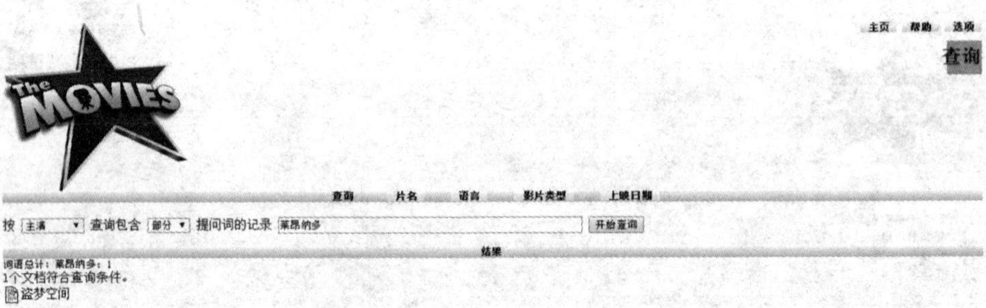

图 19-45　演员查询

以“影片类型”为检索字段查询资源：

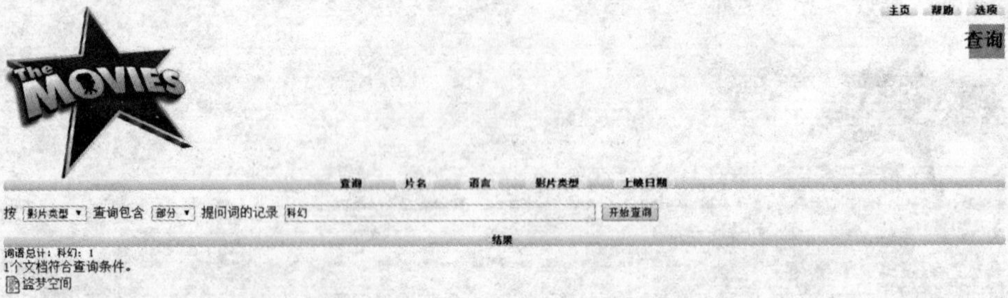

图 19-46　影片类型查询

以“导演”为检索字段查询资源：

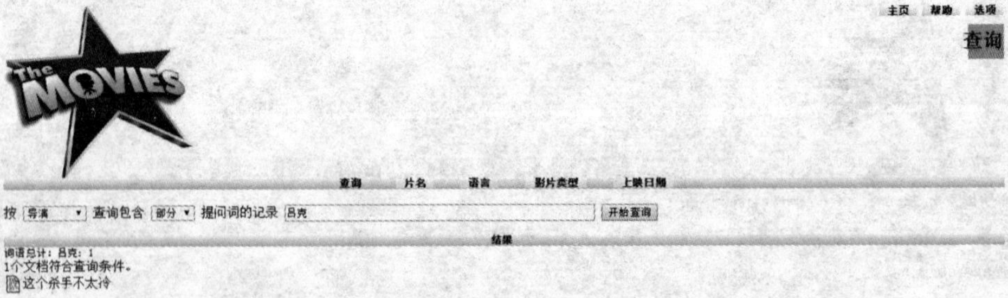

图 19-47　导演查询

高级查询分为 3 种运算（见图 19-48～图 19-50）。按“与”运算组合查询：

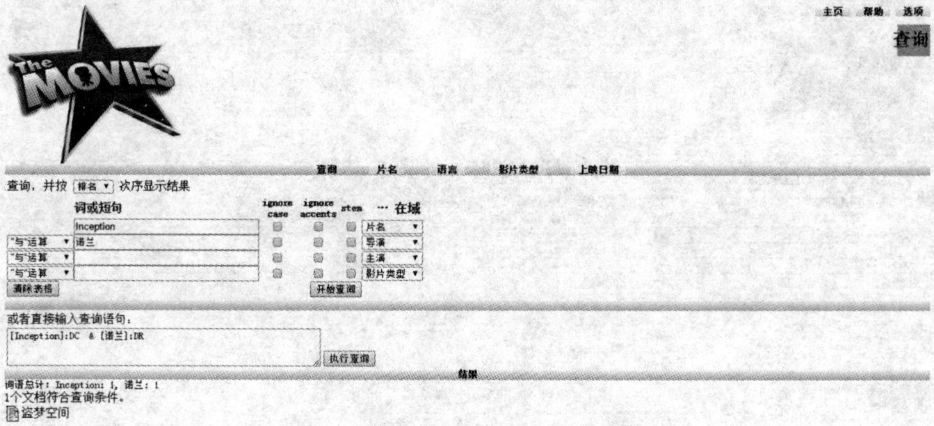

图 19-48 高级查询——逻辑“与”

按“或”运算组合查询：

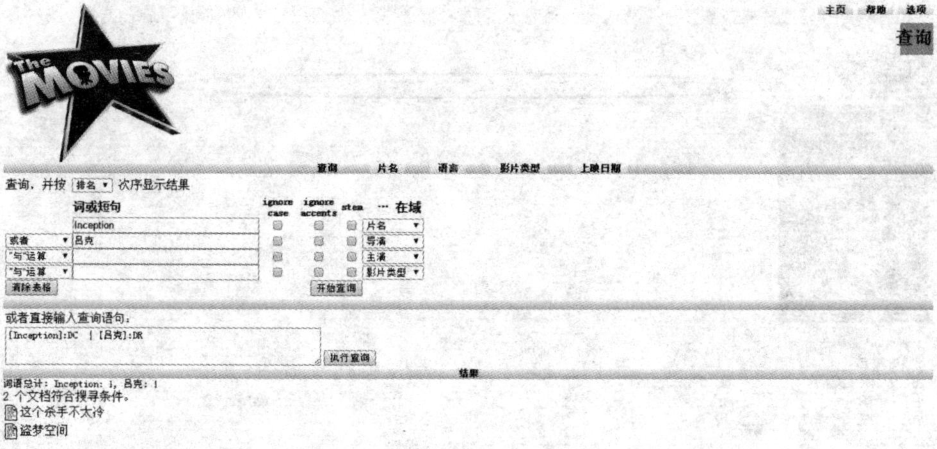

图 19-49 高级查询——逻辑“或”

按“非”运算组合查询：

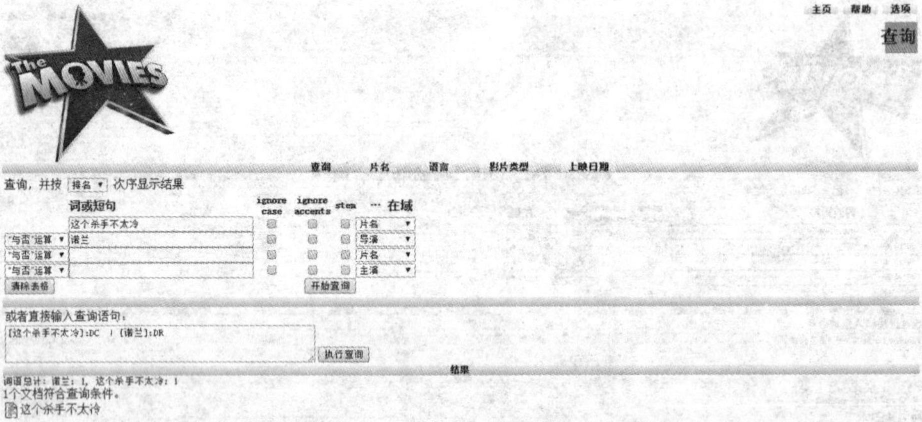

图 19-50 高级查询——逻辑“非”

资源显示方式包括新窗口显示、不突出显示和突出显示 3 种形式（见图 19-51~图 19-53）：

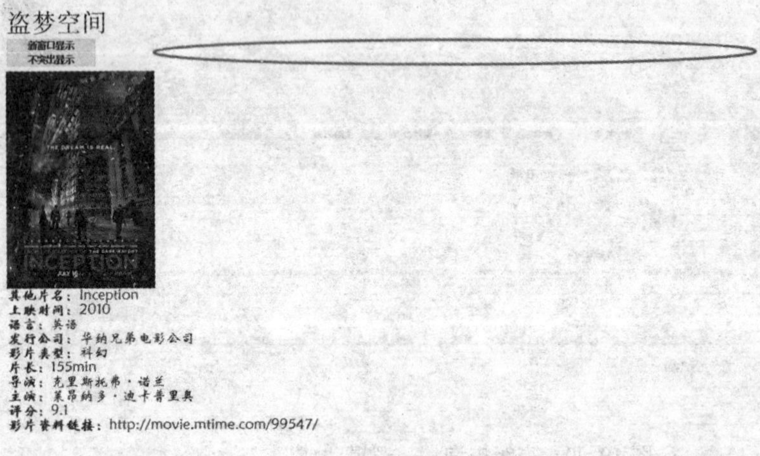

图 19-51 新窗口显示

图 19-52 检索词不突出显示

图 19-53 检索词突出显示

19.3.3 实验题目

使用开源软件 GreenStone 设计一个小型的个人数字图书馆原型系统。系统要求具体包括：

（1）至少包含 2 种类型的资源（如图书、图片、视频、音乐等），每种类型资源至少包括 20 个样本（2 种类型资源加起来不少于 40 个样本）；

（2）2 种类型的资源做在同一个系统中，系统要有一个明确的主题；

（3）能够实现用所设计的元数据进行资源描述，最终能对资源进行多角度检索；

（4）界面设计尽可能的美观。

同时提交项目报告，报告要求包括：

（1）要研究的问题（主题）；

（2）选择该研究问题的原因和意义；

（3）研究设计（资源选择标准、元数据设计方案）；

（4）研究过程（每一步操作截图）；

（5）研究结果（系统实现的效果）；

（6）讨论（研究过程体会）。

附录 1 图书原始编目实验题目实例

例5-1 书名页

因为相信

余歌 著

*注：全书共194页，书高23cm

例5-1 版权页

责任编辑：陈曦
装帧设计：亿点印象

图书在版编目（CIP）数据
因为相信 / 余歌著．—深圳：深圳报业集团出版社，2014．2
ISBN 978-7-80709-550-7
Ⅰ．①因… Ⅱ．①余… Ⅲ．①余歌-自传 Ⅳ．①K828．4
中国版本图书馆CIP数据核字（2013）第273299号

因为相信
Yinwei Xiangxin

余歌 著

深圳报业集团出版社出版发行
（518009 深圳市深南大道6008号）
三河市华晨印务有限公司印制 新华书店经销
2014年2月第1版 2014年2月第1次印刷
开本：787mm × 1092mm 1/16
印张：14 字数：127千字
ISBN 978-7-80709-550-7 定价：35.00元

深报版图书版权所有，侵权必究。
深报版图书凡是有印装质量问题，请随时向承印厂调换。

当代中国实力派女作家书系

金仁顺 著

云　雀

例5-2　书名页

*注：全书共258页，书高21cm

例5-2　版权页

图书在版编目（CIP）数据

云雀 / 金仁顺著．—北京：中国言实出版社，2014．1
（女作家书系 / 梁鸿鹰主编）
ISBN 978-7-5171-0340-0

Ⅰ．①云…　Ⅱ．①金…　Ⅲ．①中篇小说-小说集-中国-当代 ②短篇小说-小说集-中国-当代　Ⅳ．①I247.7

中国版本图书馆CIP数据核字（2013）第310138号

责任编辑：肖　彭

出版发行　中国言实出版社
地　址：北京市朝阳区北苑路180号加利大厦5号楼105室
邮　编：100101
电　话：64966714（发行部）　51147960（邮　购）
64924853（总编室）　68581997（编辑部）
网　址：www.zgyscbs.cn
E-mail：zgyscbs@263.net
经　　销　新华书店
印　　刷　三河市祥达印刷包装有限公司
版　　次　2014年1月第1版　2014年1月第1次印刷
开　　本　880毫米×1230毫米　1/32　　8.5印张
字　　数　202千字
定　　价　22.00元　　ISBN 978-7-5171-0340-0

例5-3　书名页

医学英语词汇学习新途径

——医学英语之希腊、拉丁语言文化渊源

卢凤香　谢春晖　苏　萍　主　编

*注：全书共318页，有图，书高26cm

例5-3　版权页

图书在版编目（CIP）数据

医学英语词汇学习新途径/卢凤香，谢春晖，苏萍编. —北京：中国协和医科大学出版社，2013.12

ISBN 978-7-81136-961-8

Ⅰ. ①医…　Ⅱ. ①卢…　②谢…　③苏…　Ⅲ. ①医学-英语-词汇-自学参考资料　Ⅳ. ①H313

中国版本图书馆CIP数据核字（2013）第229838号

医学英语词汇学习新途径

——医学英语之希腊、拉丁语言文化渊源

主　　编：卢凤香　谢春晖　苏　萍
策划编辑：田　奇
责任编辑：田　奇　顾良军

出版发行：中国协和医科大学出版社
　　　　　（北京东单三条九号　邮编100730　电话65260378）
网　　址：www.pumcp.com
经　　销：新华书店总店北京发行所
印　　刷：北京佳艺恒彩印刷有限公司

开　　本：787×1092　1/16开
印　　张：20.75
字　　数：470千字
版　　次：2013年11月第1版　　2013年11月第1次印刷
印　　数：1-3000
定　　价：37.00元

ISBN 978-7-81136-961-8

（凡购本书，如有缺页、倒页、脱页及其他质量问题，由本社发行部调换）

例5-4 书名页

*注：全书共247页，书高23cm

例5-4 版权页

图书在版编目（CIP）数据

谈判的艺术/张然著．—北京：中国商业出版社，2013.4
ISBN 978-7-5044-8008-8

Ⅰ．①谈… Ⅱ．①张… Ⅲ．①谈判学
Ⅳ．①C912.3

中国版本图书馆CIP数据核字（2013）第037889号

责任编辑：张振学

中国商业出版社出版发行
010-63180647 www.c-cbook.com
（100053 北京广安门内报国寺1号）
新华书店总店北京发行所经销
北京毅峰迅捷印刷有限公司
*
710×1000毫米 16开 16印张 240千字
2013年5月第1版 2013年5月第1次印刷
定价：32.00元
* * * *
（如有印装质量问题可更换）

例5-5　书名页

*注：全书共243页，书高23cm

例5-5　版权页

图书在版编目（CIP）数据

莫斯科保卫战/张琳编著．—哈尔滨：哈尔滨出版社，2013.12

（二战目击者）

ISBN 978-7-5484-1585-5

Ⅰ．①莫…　Ⅱ．①张…　Ⅲ．①莫斯科保卫战—通俗读物　Ⅳ．①E512.9-49

中国版本图书馆CIP数据核字（2013）第233354号

书　　名：莫斯科保卫战

作　　者：张　琳　编著
责任编辑：韩中英　滕　达
责任审校：李　战
装帧设计：先知传媒

出版发行：哈尔滨出版社（Harbin Publishing House）
社　　址：哈尔滨市松北区科技一街349号3号楼　　邮编：150028
经　　销：全国新华书店
印　　刷：辽宁星海彩色印刷有限公司
网　　址：www.hrbcbs.com　www.mifengniao.com
E - mail：hrbcbs@yeah.net
编辑版权热线：（0451）87900272　87900273
邮购热线：4006900345　（0451）87900345　87900299或登录蜜蜂鸟网站购买
销售热线：（0451）87900201　87900202　87900203

开　　本：787mm×1092mm　1/16　印张：16　字数：250千字
版　　次：2013年12月第1版
印　　次：2013年12月第1次印刷
书　　号：ISBN 978-7-5484-1585-5
定　　价：25.00元

凡购本社图书发现印装错误，请与本社印制部联系调换。服务热线：（0451）87900278
本社法律顾问：黑龙江佳鹏律师事务所

例6-1 书名页

NO COUNTRY FOR OLD MEN

*注：全书共320页，书高20.3cm

THIS IS A BORZOI BOOK
PUBLISHED BY ALFRED A . KNOPF

www . aaknopf . com
Knopf , Borzoi Books , and the colophon are registered trademarks of Random House , Inc .

A portion of this work previously appeared in *The Virginia Quarterly Review* .

Library of Congress Cataloging-in-Publication Data
McCarthy , Cormac , [date]
No country for old men / Cormac McCarthy .-1st American ed .
p . cm .
ISBN 0-375-40677-8
1. Drug traffic-Fiction . 2. Treasure-trove-Fiction .
3. Sheriffs-Fiction . 4. Texas-Fiction . I. Title .
PS3563.C337N6 2005
813′ . 54-dc22 2004064903

A limited signed edition has been published by
B. E. Trice Publishing , New Orleans .

Manufactured in the United States of America
First Edition

BEFORE
I GO TO
SLEEP

S. J. WATSON

HARP

例 6 -2　书名页

*注：全书共384页，书高17.1cm

例6-2　版权页

This book is a work of fiction. The characters incidents, and dialogue are drawn from the author's imagination and are not to be construed as real. Any resemblance to actual events or persons, living or dead, is entirely coincidental.

HARPER

An Imprint of HarperCollins*Publishers*
10 East 53rd Street
New York, New York 10022-5299

Copyright © 2011 by S. J. Watson
ISBN 978-0-06-224454-3

All rights reserved. No part of this book may be used or reproduced in any manner whatsoever without written permission, except in the case of brief quotations embodied in critical articles and reviews. For information address Harper paperbacks, an Imprint of HarperCollins Publishers.

First Harper digest printing: March 2013
First Harper mass market printing: March 2013
First Harper Perennial paperback printing: February 2012
First Harper hardcover printing: June 2011

HarperCollins® and Harper® are registered trademarks of HarperCollins Publishers.

Printed in the United States of America

Visit Harper paperbacks on the World Wide Web at www.harpercollins.com

10 9 8 7 6 5 4 3 2 1

If you purchased this book without a cover, you should be aware that this book is stolen property. It was reported as "unsold and destroyed" to the publisher, and neither the author nor the publisher has received any payment for this "stripped book."

例6-3 封面页

*注：全书共368页，书高20.2cm

In Cold Blood

例6-3 版权页

VINTAGE INTERNATIONAL EDITION, JULY 2012

The contents of this book appeared originally in *The New Yorker*, in slightly different form.

All letters and quotations are reprinted with the permission of their authors.

Grateful acknowledgment is made to The Rodeheaver Hall-Mack Co. for permission to reprint excerpts from "In The Garden" by C. Austin Miles. Words and music copyright The Rodeheaver Co. Copyright renewed. Reprinted by permission.

Library of Congress Cataloging-in-Publication Data
Capote, Truman, 1924–1984
In cold blood: a true account of a multiple murder and its consequences / Truman Capote.
—1st Vintage international ed.
p. cm.
Originally published: 1965
I. Murder—Kansas—Case studies. I. Title.
[HV6533.K3C3 1994]
364.1'523'0978144—dc20 93-6282

Vintage ISBN: 978-0-679-74558-7

www.vintagebooks.com

Printed in the United States of America

1 3 5 7 9 H 8 6 4 2

例6-4　封面页

GRAHAM GREENE

The Quiet American

WITH AN INTRODUCTION BY
Zadie Smith

*注：全书共208页，书高19.8cm

例6-4　版权页

Published by Vintage 2004

7 9 10 8

First published in Great Britain in 1955 by William Heinemann

First published by Vintage in 2002

Vintage
Random House, 20 Vauxhall Bridge Road,
London SW1V 2SA

www.vintage-classics.info

Addresses for companies within The Random House Group Limited can be found at: www.randomhouse.co.uk/offices.htm

The Random House Group Limited Reg. No. 954009

A CIP catalogue record for this book is available from the British Library

ISBN 9780099478393

The Random House Group Limited makes every effort to ensure that the papers used in its books are made from trees that have been legally sourced from well-managed and credibly certified forests. Our paper procurement policy can be found at:
www.randomhouse.co.uk/paper.htm

FSC Mixed Sources
Product group from well-managed forests and other controlled sources
www.fsc.org Cert no. TT-COC-2139
© 1996 Forest Stewardship Council

例6-5　书名页

THE

GIVER

*注：全书共256页，书高17.4cm

例6-5　版权页

Text copyright © 1993 by Lois Lowry

All rights reserved. Originally published in hardcover in the United States
by Houghton Mifflin Books for Children, an imprint of Houghton Mifflin Harcourt
Publishing Company, 1993.

For information about permission to reproduce selections from this book,
write to Permissions, Houghton Mifflin Harcourt Publishing Company,
215 Park Avenue South, New York, New York 10003.

www.hmhco.com

The text of this book is set in Centaur MT.

The Library of Congress has cataloged the hardcover edition as follows:
The Giver / by Lois Lowry
p. cm.
Summary: Given his lifetime assignment at the Ceremony of Twelve, Jonas becomes the
Receiver of Memories shared by only one other in his community and discovers the
terrible truth about the society in which he lives.
[I. Science fiction.] I. Title.
PZ7.L9673Gi 1993 92-15034
[Fic]—dc20 CIP
AC

ISBN: 978-0-544-44220-7 paperback

Manufactured in the United States of America
DOC 10 9 8 7 6 5 4 3 2 1
4500472569

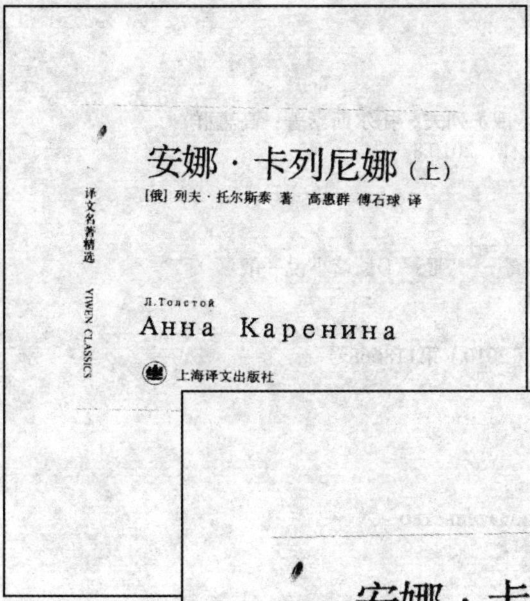

译文名著精选

YIWEN CLASSICS

安娜·卡列尼娜（上）

[俄] 列夫·托尔斯泰 著 高惠群 傅石球 译

Л.Толстой

Анна Каренина

上海译文出版社

译文名著精选

YIWEN CLASSICS

安娜·卡列尼娜（下）

[俄] 列夫·托尔斯泰 著 于国畔 顾生根 译

Л.Толстой

Анна Каренина

上海译文出版社

例 7-1 《安娜·卡列尼娜》（上、下）书名页

图书在版编目（CIP）数据

安娜·卡列尼娜（上、下）/（俄）列夫·托尔斯泰著；高惠群
等译．—上海：上海译文出版社，2010.8
（译文名著精选）
ISBN 978-7-5327-5120-4

Ⅰ．①安…　Ⅱ．①列…　②高…　Ⅲ．①长篇小说—俄
罗斯—近代　Ⅳ．①I512．44

中国版本图书馆CIP数据核字（2010）第118668号

Л. Н. Толстой
АННА КАРЕНИНА
本书根据 **Государственное издательство
художественной литературы,**
1958、1959年版本译出

安娜·卡列尼娜
［俄］列夫·托尔斯泰　著　高惠群　等译

上海世纪出版股份有限公司
译文出版社出版、发行
网址：www.yiwen.com.cn
200001　上海福建中路193号　www.ewen.cc
全国新华书店经销
浙江新华数码印务有限公司印刷

开本 890×1240　1/32　印张 27.5　插页 6　字数 603,000
2010年8月第1版　2010年8月第1次印刷
印数：0,001—6,000册

ISBN 978-7-5327-5120-4 / I · 2910
定价（上、下册）：40.00 元

例 7-1　《安娜·卡列尼娜》（上、下）版权页

例7-2　书名页

Alexandre Dumas

基督山伯爵 上卷

［法国］大仲马 著　周克希 译

*注：全书共2册，976页，
书高21cm

例7-2　版权页

图书在版编目（CIP）数据

基督山伯爵/（法）大仲马（Dumas, A.）著；周克希译．—南京：译林出版社，2013．8
ISBN 978-7-5447-3159-1

Ⅰ．①基…　Ⅱ．①大…　②周…　Ⅲ．①长篇小说-法国-近代
Ⅳ．①I565.44

中国版本图书馆CIP数据核字（2012）第178784号

书　　名　基督山伯爵（上）
作　　者　[法国] 大仲马
译　　者　周克希
责任编辑　孙　峰
责任校对　张　萍
出版发行　凤凰出版传媒股份有限公司
　　　　　译林出版社
出版社地址　南京市湖南路1号A楼，邮编：210009
出版社网址　http://www.yilin.com
电子邮箱　yilin@yilin.com
经　　销　凤凰出版传媒股份有限公司
印　　刷　南京爱德印刷有限公司
开　　本　718毫米×1000毫米　1/16
印　　张　83
字　　数　1221千
版　　次　2013年8月第1版　2013年8月第1次印刷
书　　号　ISBN 978-7-5447-3159-1
定　　价　78.00元（上、下册）
　　　　　译林版图书若有印装错误可向出版社调换
　　　　　（电话：025-83658316）

例7-3　书名页

張愛玲 全集

倾城之恋

注：全书共326页，书高21cm

例7-3　版权页

著作权合同登记号　　图字：01-2011-6789

本书由皇冠文化集团授权，仅限于中国大陆地区发行，不得销售至包括港、澳等任何海外地区。

图书在版编目（CIP）数据

倾城之恋/张爱玲著．—北京：北京十月文艺出版社，2012.6

（张爱玲全集）

ISBN 978-7-5302-1116-8

Ⅰ．①倾…　Ⅱ．①张…　Ⅲ．①中篇小说—小说集—中国—现代②短篇小说—小说集—中国—现代　Ⅳ．①I246.7

中国版本图书馆CIP数据核字（2011）第077400号

倾城之恋

QINGCHENG ZHI LIAN

张爱玲 著

*

北京出版集团公司
北京十月文艺出版社　出版

（北京北三环中路6号）

邮政编码：100120

网　址：www.bph.com.cn

新经典文化有限公司发行

新华书店经销

三河市国源印刷厂印刷

*

850×1168　32开本　10.5印张　218千字

2012年6月第1版　2012年12月第4次印刷

ISBN 978-7-5302-1116-8

定价：29.80元

质量监督电话：010-58572393

例7-4　书名页

*注：全书共335页，书高23cm

例7-4　版权页

图书在版编目（CIP）数据

说唐后传/（清）无名氏著．—北京：华夏出版社，2013.01
（中国古典文学名著丛书）
ISBN 978-7-5080-6360-7

Ⅰ．①说…　Ⅱ．①无…　Ⅲ．①章回小说-中国-清代　Ⅳ．①I242.4

中国版本图书馆CIP数据核字（2011）第083662号

出版发行：华夏出版社
（北京市东直门外香河园北里4号　邮编 100028）
经　　销：新华书店
印　　制：永清县晔盛亚胶印有限公司
版　　次：2013年1月北京第1版
2013年1月北京第1次印刷
开　　本：670×970　1/16开
印　　张：21.5
字　　数：325.8千字
定　　价：43.00元

本版图书凡印制、装订错误，可及时向我社发行部调换

例7-5　书名页

*注：全书共267页，书高19cm

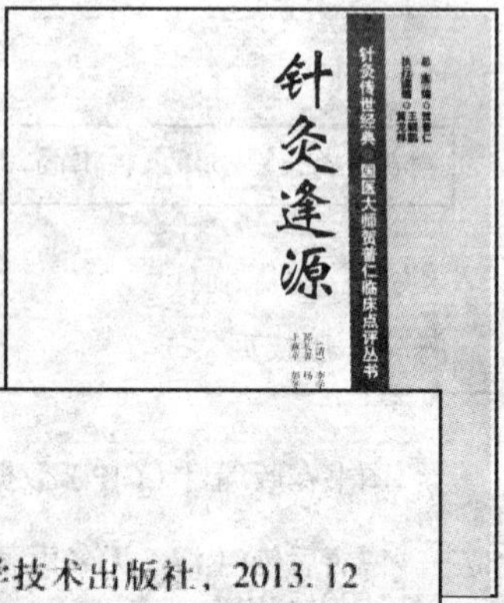

例7-5　版权页

图书在版编目（CIP）数据

针灸逢源/贺普仁总主编. —北京：北京科学技术出版社，2013.12
（针灸传世经典 · 国医大师贺普仁临床点评丛书）

ISBN 978 – 7 – 5304 – 6820 – 3

Ⅰ.①针…　Ⅱ.①贺…　Ⅲ.①针灸疗法 – 中国 – 清代　Ⅳ.①R245

中国版本图书馆 CIP 数据核字（2013）第 233488 号

针灸逢源

总 主 编：贺普仁
责任编辑：翟景慧　耿雪岩
责任校对：黄立辉
责任印制：张　良
封面设计：红十月设计室
出 版 人：曾庆宇
出版发行：北京科学技术出版社
社　　址：北京西直门南大街 16 号
邮政编码：100035
电话传真：0086 – 10 – 66161951（总编室）
0086 – 10 – 66113227（发行部）
0086 – 10 – 66161952（发行部传真）
电子信箱：bjkjpress@163.com
网　　址：www.bkydw.cn
经　　销：新华书店
印　　刷：保定市中画美凯印刷有限公司
开　　本：710mm × 1000mm　1/16
字　　数：329 千
印　　张：19.5
版　　次：2013 年 12 月第 1 版
印　　次：2013 年 12 月第 1 次印刷
ISBN 978 – 7 – 5304 – 6820 – 3/R · 1662

定　价：39.00 元

京科版图书，版权所有，侵权必究。
京科版图书，印装差错，负责退换。

徐复观论经学史二种

徐复观　著

上海书店出版社

例7-6　书名页

图书在版编目(CIP)数据

徐复观论学史二种/徐复观著. —上海：上海书店出版社，2005.1

ISBN 7-80678-336-9

Ⅰ. 徐…　Ⅱ. 徐…　Ⅲ. 经学-历史-研究-中国　Ⅳ. Z126

中国版本图书馆CIP数据核字（2004）第133113号

徐复观论经学史二种

徐复观　著

世纪出版集团

上海书店出版社出版

上海世纪出版集团发行中心发行

上海商务联西印刷有限公司印刷

开本 640×965mm　1/16　印张 19.5　字数 480千

2005年1月第一版　2005年1月第一次印刷

印数0，001-3，000

ISBN 7-80678-336-9/B · 15

定价 30.00元

*注：全书共307页，书高23cm

例7-6　版权页

目　录

中国经学史的基础

例7-6　目次页（一）

● 徐复观论经学史两种

《周官》成立之时代及其思想性格

例 7-6 目次页（二）

附录 2 CNMARC 与 MARC21 字段一览表

一、CALIS 联合目录 CNMARC 字段一览表

1. 100×可变控制字段

字段	指示符	子字段	描述	必备性	必备 3	必备 4	重复性
001	无	无	控制号	M	M	M	NR
005	无	无	最近一次作业的日期和时间	M	M	M	NR

必备性=头标编目等级 17=#和 1 完全级时字段的必备性要求，必备 3=头标编目等级为次级 3 时字段的必备性要求，必备 4=头标编目等级为次级 4 时字段的必备性要求，以下各字段块相同。

2. 01×—09×号和代码

字段	指示符	子字段	描述	必备性	必备 3	必备 4	重复性
010			国际标准书号	A	A	A	R
	1/2		未定义	M	M	M	
		$ a	ISBN	A	A	A	NR
		$ b	限定信息	A	A	A	NR
		$ d	获得方式/定价	A	A	A	NR
		$ z	错误的 ISBN	A	A	A	R

续表

字段	指示符	子字段	描述	必备性	必备 3	必备 4	重复性
011			国际标准连续出版物号	A	A	A	R
	1/2		未定义	M	M	M	NR
		$ a	ISSN	A	A	A	NR
		$ b	限定信息	A	A	A	NR
		$ d	获得方式/定价	A	A	A	R
		$ y	注销的 ISSN	A	A	A	NR
		$ z	错误的 ISSN	A	A	A	R
016			国际标准音像编码	O	O	-	R
	1/2		未定义	M	M	-	
		$ a	ISRC	A	A	-	NR
		$ b	限定信息	A	A	-	NR
		$ d	获得方式/定价	A	A	-	NR
		$ z	错误的 ISRC	A	A	-	R
091			统一书刊号	A	A	A	R
	1/2		未定义	M	M	-	NR
		$ a	统一书刊号	A	A	-	NR
		$ b	限定信息	A	A	-	NR
		$ d	价格	A	A	-	R
		$ z	错误的统一书刊号	A	A	-	R
094			标准号	A			R
	1/2		未定义	M			
		$ a	国家代码	M			NR
		$ b	标准号	A			NR
		$ z	错误的标准号	A			R

注：指示符 1/2=指示符 1 和指示符 2，以下各字段块相同

3.1××字段

字段	指示符	子字段	描述	必备性	必备 3	必备 4	重复性
100			一般处理数据	M	M	-	NR
	1/2		未定义	M	M	-	
		$ a	一般处理数据	M	*	-	NR
101			文献语种	M	-	-	NR
	第 1		翻译指示符	M	-	-	
	0		原著	A	-	-	
	1		译著	A	-	-	
	2		含译文 (摘要除外)	A	-	-	
	第 2		未定义	M	-	-	
		$ a	正文、声道等语种	M	-	-	R
		$ b	中间语种	A	-	-	R
		$ c	原著语种	A	-	-	R
		$ d	提要或文摘语种	A	-	-	R
		$ e	目次页语种	O	-	-	R
		$ f	书名页语种	A	-	-	R
		$ g	正题名语种	A	-	-	NR
		$ i	附件语种	A	-	-	R
102			出版/制作国别	A	A	-	NR
	1/2		未定义	M	M	-	
		$ a	出版/制作国代码	M	M	-	R
		$ b	出版/制作地区代码	A	A	-	R
105			编码数据字段：专著性文字资料	A	-	-	NR
	1/2		未定义	M	-	-	
		$ a	专著编码数据	M	-	-	NR

续表

字段	指示符	子字段	描述	必备性	必备 3	必备 4	重复性
106			编码数据字段：文字资料—形态特征	A	-	-	NR
	1/2		未定义	M	-	-	
		$ a	文字资料代码—载体标识	M	-	-	NR
110			编码数据字段：连续出版物	A	-	-	NR
	1/2		未定义	M	-	-	
		$ a	连续出版物编码数据	M	-	-	NR

4. 2××字段

字段	指示符	子字段	描述	必备性	必备 3	必备 4	重复性
200			题名与责任说明	M	M	M	NR
	第 1		题名检索意义指示符	M	M	M	
	1		有检索意义	A	A	A	
	第 2		未定义	M	M	M	
		$ a	正题名	M	M	M	R
		$ b	一般资料标识	A	A	A	R
		$ c	另一著者的正题名	A	A	A	R
		$ d	并列正题名	A	A	A	R
		$ e	其他题名信息	A	A	A	R
		$ f	第一责任说明	A	A	A	R
		$ g	其余责任说明	A	A	-	R
		$ h	分辑号	A	A	A	R
		$ i	分辑名	A	A	A	R

续表

字段	指示符	子字段	描述	必备性	必备 3	必备 4	重复性
		$ v	卷标识	A	A	-	NR
		$ z	并列正题名语种	A	A	-	R
		$ A	正题名汉语拼音	O	O	-	R
205			版本说明	A	A	A	R
	1/2		未定义	M	M	M	
		$ a	版本说明	M	M	M	NR
		$ b	附加版本说明	A	A	A	R
		$ f	与版本相关的责任说明	O	O	-	R
207			资料特殊细节项：连续出版物编号	A			NR
	第 1		未定义	M			
	第 2		编号格式指示符	M			
	0		格式化	A			
	1		未格式化	A			
		$ a	编号：年代和卷期标识	M			R
		$ z	编号信息来源	O			R
210			出版发行等	A			NR
	第 1		未定义	M			
	第 2		未定义	M			
		$ a	出版、发行地	A			R
		$ b	出版、发行者地址	O			R
		$ c	出版、发行者名称	A			R
		$ d	出版、发行日期	A			R
215			载体形态项	A	A	A	R
	1/2		未定义	M	M	M	

续表

字段	指示符	子字段	描述	必备性	必备 3	必备 4	重复性
		$ a	特定资料标识和文献的数量	M	M	O	R
		$ c	其他形态细节	A	A	O	NR
		$ d	尺寸	A	A	O	R
		$ e	附件	A	A	O	R
225			从编项	A	A	A	R
	第 1		题名形式指示符	M	M	M	
	0		与检索点形式不同	A	A	A	
	1		不提供检索点	A	A	A	
	2		与检索点形式相同	A	A	A	
	第 2		未定义	M	M	M	
		$ a	从编题名	M	M	M	NR
		$ e	其他题名信息	O	O	O	R
		$ h	附属从编号	O	O	O	R
		$ i	附属从编题名	O	O	O	R
		$ v	卷册标识	O	O	O	R
		$ x	从编的 ISSN	O	O	O	R
		$ A	从编正题名汉语拼音	O	O	O	NR

5. 3××附注

字段	指示符	子字段	描述	必备性	必备 3	必备 4	重复性
300			一般性附注	O	-	-	R
	1/2		未定义	M	-	-	
		$ a	附注内容	M	-	-	NR
303			著录信息一般性附注	O	-	-	R

续表

字段	指示符	子字段	描述	必备性	必备 3	必备 4	重复性
	1/2		未定义	M	-	-	
		$ a	附注内容	M	-	-	NR
304			题名与责任说明附注	O	-	-	R
	1/2		未定义	M	-	-	
		$ a	附注内容	M	-	-	NR
305			版本与书目沿革附注	O	-	-	R
	1/2		未定义	M	-	-	
		$ a	附注内容	M	-	-	NR
306			出版发行附注	O	-	-	R
	1/2		未定义	M	-	-	
		$ a	附注内容	M	-	-	NR
307			载体形态附注	O	-	-	R
	1/2		未定义	M	-	-	
		$ a	附注内容	M	-	-	NR
308			丛编附注	O	-	-	R
	1/2		未定义	M	-	-	
		$ a	附注内容	M	-	-	NR
310			装订与获得方式附注	O	-	-	R
	1/2		未定义	M	-	-	
		$ a	附注内容	M	-	-	NR
311			连接字段附注	O	-	-	R
	1/2		未定义	M	-	-	
		$ a	附注内容	M	-	-	NR
312			相关题名附注	O	-	-	R
	1/2		未定义	M	-	-	

续表

字段	指示符	子字段	描述	必备性	必备 3	必备 4	重复性
		$ a	附注内容	M	-	-	NR
		$ a	附注内容	M	-	-	NR
314			知识责任附注	O	-	-	R
	1/2		未定义	M	-	-	
		$ a	附注内容	M	-	-	NR
320			内部书目/索引附注	O	-	-	R
	1/2		未定义	M	-	-	
		$ a	附注内容	M	-	-	NR
324			原作版本附注	O	-	-	NR
	1/2		未定义	M	-	-	
		$ a	附注内容	M	-	-	NR
325			复制品附注	O	-	-	R
	1/2		未定义	M	-	-	
		$ a	附注内容	M	-	-	NR
327			内容附注	O	-	-	NR
	第 1		完整程度指示符	M	-	-	
	0		不完整的内容附注	A	-	-	
	1		完整的内容附注	A	-	-	
	第 2		未定义	M	-	-	
		$ a	附注内容	M	-	-	R
328			学位论文附注	O	-	-	R
	1/2		未定义	M	-	-	
		$ a	附注内容	M	-	-	NR
330			提要或文摘附注	O	-	-	R
	1/2		未定义	M	-	-	
		$ a	附注内容	M	-	-	NR

续表

字段	指示符	子字段	描述	必备性	必备3	必备4	重复性
333			用户/使用对象附注	O	-	-	R
	1/2		未定义	M	-	-	
		$ a	附注内容	M	-	-	NR

6. 4××

字段	指示符	子字段	描述	必备性	必备3	必备4	重复性
410			丛编	A	-	-	R
	第1		未定义	M	-	-	
	第2		附注指示符	M			
	0		不作附注	A	-	-	
	1		作附注	A	-	-	
		$ 1	连接数据，包括字段标识符、指示符和子字段代码	M	-	-	R
421			补编	A	-	-	R
	第1		未定义	M	-	-	
	第2		附注指示符	M			
	0		不作附注	A	-	-	
	1		作附注	A	-	-	
		$ 1	连接数据，包括字段标识符、指示符和子字段代码	M	-	-	R
422			正编	A	-	-	R
	第1		未定义	M	-	-	
	第2		附注指示符	M			
	0		不作附注	A	-	-	

续表

字段	指示符	子字段	描述	必备性	必备 3	必备 4	重复性
	1		作附注	A	-	-	
		$ 1	连接数据，包括字段标识符、指示符和子字段代码	M	-	-	R
423			合订		-	-	
	第 1		未定义	M	-	-	
	第 2		附注指示符	M			
	0		不作附注	A	-	-	
	1		作附注	A	-	-	
		$ 1	连接数据，包括字段标识符、指示符和子字段代码	M	-	-	R
430			继承	A			R
	第 1		未定义	M	-	-	
	第 2		附注指示符	M			
	0		不作附注	A	-	-	
	1		作附注	A	-	-	
		$ 1	连接数据，包括字段标识符、指示符和子字段代码	M	-	-	R
440			由……继承	A			R
	第 1		未定义	M	-	-	
	第 2		附注指示符	M			
	0		不作附注	A	-	-	
	1		作附注	A	-	-	
		$ 1	连接数据，包括字段标识符、指示符和子字段代码	M	-	-	R

续表

字段	指示符	子字段	描述	必备性	必备3	必备4	重复性
451	440		同一载体的其他版本	O	-	-	R
	第1		未定义	M	-	-	
	第2		附注指示符	M			
	0		不作附注	A	-	-	
	1		作附注	A	-	-	
		$1	连接数据，包括字段标识符、指示符和子字段代码	M	-	-	R
452			不同载体的其他版本	O	-	-	R
	第1		未定义	M	-	-	
	第2		附注指示符	M			
	0		不作附注	A	-	-	
	1		作附注	A	-	-	
		$1	连接数据，包括字段标识符、指示符和子字段代码	M	-	-	R
461			总集	O	-	-	R
	第1		未定义	M	-	-	
	第2		附注指示符	M			
	0		不作附注	A	-	-	
	1		作附注	A	-	-	
		$1	连接数据，包括字段标识符、指示符和子字段代码	M	-	-	R
462			分集	O	-	-	R
	第1		未定义	M	-	-	

续表

字段	指示符	子字段	描述	必备性	必备 3	必备 4	重复性
	第 2		附注指示符	M			
	0		不作附注	A	-	-	
	1		作附注	A	-	-	
		$ 1	连接数据，包括字段标识符、指示符和子字段代码	M	-	-	R
488			其他相关作品	O			R
	第 1		未定义	M	-	-	
	第 2		附注指示符	M			
	0		不作附注	A	-	-	
	1		作附注	A	-	-	
		$ 1	连接数据，包括字段标识符、指示符和子字段代码	M	-	-	R

7.5××

字段	指示符	子字段	描述	必备性	必备 3	必备 4	重复性
500			统一题名	A	-	-	R
	第 1		题名检索意义指示符	M	-	-	
	1		有检索意义	A	-	-	
	第 2		主要款目指示符	M	-	-	
	0		统一题名不是主要款目	A	-	-	
		$ a	统一题名	M	-	-	NR
		$ h	分辑号	A	-	-	R
		$ i	分辑名	A	-	-	R

续表

字段	指示符	子字段	描述	必备性	必备3	必备4	重复性
		$ m	作品语种	O	-	-	NR
		$ q	版本	A	-	-	NR
		$ v	卷标识	A	-	-	NR
		$ 3	规范记录号	A	-	-	NR
		$ A	统一题名汉语拼音	O	-	-	NR
510			并列正题名	O	-	-	R
	第1		题名检索意义指示符	M	-	-	
	1		有检索意义	A	-	-	
	第2		未定义	M	-	-	
		$ a	并列题名	M	-	-	NR
		$ e	其他题名信息	A	-	-	R
		$ h	分辑号	O	-	-	R
		$ i	分辑名	O	-	-	R
		$ j	与题名有关的卷号或日期	O	-	-	NR
		$ n	其他信息	O	-	-	NR
		$ z	并列题名语种	A	-	-	NR
512			封面题名	A	-	-	R
	第1		题名检索意义指示符	M	-	-	
	1		有检索意义	A	-	-	
	第2		未定义	M	-	-	
		$ a	封面题名	M	-	-	NR
		$ e	其他题名信息	A	-	-	R
		$ A	封面题名汉语拼音	O	-	-	NR
513			附加书名页题名	O	-	-	R

续表

字段	指示符	子字段	描述	必备性	必备 3	必备 4	重复性
	第 1		题名检索意义指示符	M	-	-	
	1		有检索意义	A	-	-	
	第 2		未定义	M	-	-	
		$ a	附加书名页题名	M	-	-	NR
		$ e	其他题名信息	A	-	-	R
		$ h	分辑号	A	-	-	R
		$ i	分辑名	A	-	-	R
		$ z	附加书名页题名语种	O	-	-	NR
		$ A	附加书名页题名汉语拼音	O	-	-	NR
514			卷端题名	O	-	-	R
	第 1		题名检索意义指示符	M	-	-	
	1		有检索意义	A	-	-	
	第 2		未定义	M	-	-	
		$ a	卷端题名	M	-	-	NR
		$ e	其他题名信息	A	-	-	R
		$ A	卷端题名汉语拼音	O	-	-	NR
515			逐页题名	O	-	-	R
	第 1		题名检索意义指示符	M	-	-	
	1		有检索意义	A	-	-	
	第 2		未定义	M	-	-	
		$ a	逐页题名	M	-	-	NR
		$ A	逐页题名汉语拼音	O	-	-	NR
516			书脊题名	A	-	-	R

续表

字段	指示符	子字段	描述	必备性	必备 3	必备 4	重复性
	第 1		题名检索意义指示符	M	-	-	
	1		有检索意义	A	-	-	
	第 2		未定义	M	-	-	
		$ a	书脊题名	M	-	-	NR
		$ e	其他题名信息	A	-	-	R
		$ A	书脊题名汉语拼音	O	-	-	NR
517			其他题名	O	-	-	R
	第 1		题名检索意义指示符	M	-	-	
	1		有检索意义	A	-	-	
	第 2		未定义	M	-	-	
		$ a	其他题名	M	-	-	NR
		$ e	其他题名信息	A	-	-	R
		$ A	其他题名汉语拼音	O	-	-	NR
518			现行标准拼写形式的题名	O			R
	第 1		题名检索意义指示符	M			
	0		无检索意义	A			
	1		有检索意义	A			
	第 2		未定义	M			
		$ a	现行标准拼写形式的题名	M			NR
532			展开题名	O	-	-	R
	第 1		题名检索意义指示符	M	-	-	
	1		有检索意义	A	-	-	
	第 2		展开类型指示符	M	-	-	

续表

字段	指示符	子字段	描述	必备性	必备 3	必备 4	重复性
	0		首字母缩略词	A	-	-	
	1		数字	A	-	-	
	2		缩写词	A	-	-	
	3		其他非罗马字符等	A	-	-	
		$ a	展开题名	M	-	-	NR
		$ z	展开题名语种	O	-	-	NR
		$ A	展开题名汉语拼音	O	-	-	NR
540			编目员补充的附加题名				

8.6××

字段	指示符	子字段	描述	必备性	必备 3	必备 4	重复性
600			个人名称主题	A	-	-	R
	第 1		未定义	M	-	-	
	第 2		名称著录形式指示符	M	-	-	
	0		名称按名著录或直录	A	-	-	
	1		名称按姓氏著录	A	-	-	
		$ a	款目要素	M	-	-	NR
		$ b	名称的其余部分	A	-	-	NR
		$ c	名称附加成分	A	-	-	R
		$ d	世次（罗马数字）	A	-	-	NR
		$ f	年代（包括朝代）	A	-	-	NR
		$ g	外国人姓名原文	A	-	-	NR
		$ j	形式复分	A	-	-	NR
		$ x	论题复分	A	-	-	R

续表

字段	指示符	子字段	描述	必备性	必备 3	必备 4	重复性
		$ y	地理复分	A	-	-	R
		$ z	年代复分	A	-	-	R
		$ 2	主题标引体系	O	-	-	NR
		$ 3	规范记录号	A	-	-	NR
		$ A	款目要素汉语拼音	O	-	-	NR
601			团体名称主题	A	-	-	R
	第 1		会议指示符	M	-	-	
	0		团体名称	A	-	-	
	1		会议	A	-	-	
	第 2		名称著录形式指示符	M	-	-	
	1		名称以地区或辖区著录	A	-	-	
	2		名称以直序方式著录	A	-	-	
		$ a	款目要素	M	-	-	NR
		$ b	次级部分	A	-	-	R
		$ c	名称附加或限定信息	A	-	-	R
		$ d	会议届次	A	-	-	NR
		$ e	会议地点	A	-	-	NR
		$ f	会议日期	A	-	-	NR
		$ h	名称的其余部分	A	-	-	NR
		$ j	形式复分	A	-	-	NR
		$ x	论题复分	A	-	-	R
		$ y	地理复分	A	-	-	R
		$ z	年代复分	A	-	-	R
		$ 2	主题标引体系	O	-	-	NR

续表

字段	指示符	子字段	描述	必备性	必备 3	必备 4	重复性
		$ 3	规范记录号	A	-	-	NR
		$ A	款目要素汉语拼音	O	-	-	NR
		$ B	次级部分的汉语拼音	O	-	-	R
602			家族名称主题	A	-	-	R
	1/2		未定义	M	-	-	
		$ a	款目要素	M	-	-	NR
		$ f	年代	A	-	-	NR
		$ j	形式复分	A	-	-	NR
		$ x	论题复分	A	-	-	R
		$ y	地理复分	A	-	-	R
		$ z	年代复分	A	-	-	R
		$ 2	主题标引体系	O	-	-	NR
		$ 3	规范记录号	A	-	-	NR
		$ A	款目要素汉语拼音	O	-	-	NR
604			名称与题名主题	A	-	-	R
	第 1		未定义	M	-	-	
	第 2		未定义	M	-	-	
		$ 1	连接数据	M	-	-	R
605			题名主题	A	-	-	R
	1/2		未定义	M	-	-	
		$ a	款目要素	M	-	-	NR
		$ h	分辑号	A	-	-	R
		$ i	分辑名	A	-	-	R
		$ k	出版日期	A	-	-	NR
		$ l	形式副标目	A	-	-	NR
		$ m	作品语种	A	-	-	NR
		$ n	其他信息	A	-	-	R

续表

字段	指示符	子字段	描述	必备性	必备 3	必备 4	重复性
		$ q	版本	A	-	-	NR
		$ j	形式复分	A	-	-	NR
		$ x	论题复分	A	-	-	R
		$ y	地理复分	A	-	-	R
		$ z	年代复分	A	-	-	R
		$ 2	主题标引体系	O	-	-	NR
		$ 3	规范记录号	A	-	-	NR
		$ A	款目要素汉语拼音	O	-	-	NR
606			论题主题	A	-	-	R
	第 1		主题词级别	M	-	-	
	0		未指定级别	A	-	-	
	第 2		未定义	M	-	-	
		$ a	款目要素	M	-	-	NR
		$ j	形式复分	A	-	-	NR
		$ x	论题复分	A	-	-	R
		$ y	地理复分	A	-	-	R
		$ z	年代复分	A	-	-	R
		$ 2	主题标引体系	O	-	-	NR
		$ 3	规范记录号	A	-	-	NR
		$ A	款目要素汉语拼音	O	-	-	NR
607			地理名称主题	A	-	-	R
	1/2		未定义	M	-	-	
		$ a	款目要素	M	-	-	NR
		$ j	形式复分	A	-	-	NR
		$ x	论题复分	A	-	-	R
		$ y	地理复分	A	-	-	R
		$ z	年代复分	A	-	-	R

续表

字段	指示符	子字段	描述	必备性	必备 3	必备 4	重复性
		$ 2	主题标引体系	O	-	-	NR
		$ 3	规范记录号	A	-	-	NR
		$ A	款目要素汉语拼音	O	-	-	NR
610			非控主题词	O	-	-	R
	第 1		主题词级别	M	-	-	
	0		未指明级别	A	-	-	
	第 2		未定义	M	-	-	
		$ a	非控主题词	M	-	-	R
		$ A	非控主题词汉语拼音	O	-	-	R
690			中国图书馆分类法分类号	A	A	-	R
	1/2		未定义	M	M	-	
		$ a	分类号	M	M	-	NR
		$ v	版次	A	A	-	NR
692			中国科学院图书馆图书分类法分类号	A	A	-	R
	1/2		未定义	M	M	-	
		$ a	分类号	M	M	-	NR
		$ v	版次	A	A	-	NR
694			中国人民大学图书馆图书分类法分类号	A	A	-	R
	1/2		未定义	M	M	-	
		$ a	分类号	M	M	-	NR
		$ v	版次	A	A	-	NR
696			国内其他分类号	A	A	-	R
	1/2		未定义	M	M	-	
		$ a	分类号	M	M	-	R

续表

字段	指示符	子字段	描述	必备性	必备 3	必备 4	重复性
		$ b	书次号	A	A	-	
		$ c	分类复分	A	A	-	
		$ 2	分类体系	M	M	-	NR

9. 7××

字段	指示符	子字段	描述	必备性	必备 3	必备 4	重复性
701			个人名称—等同知识责任	A	-	-	R
	第 1		未定义	M	-	-	
	第 2		名称著录形式指示符	M	-	-	
	0		名称按名著录或直录	A	-	-	
	1		名称按姓氏著录	A	-	-	
		$ a	款目要素	M	-	-	NR
		$ b	名称的其余部分	A	-	-	NR
		$ c	名称附加成分	A	-	-	R
		$ d	世次（罗马数字）	A	-	-	NR
		$ f	年代（包括朝代）	A	-	-	NR
		$ g	外国人姓名原文	A	-	-	NR
		$ 3	规范记录号	A	-	-	NR
		$ 4	关系词代码	O	-	-	R
		$ A	款目要素汉语拼音	O	-	-	NR
702			个人名称—次要知识责任	A	-	-	R
	第 1		未定义	M	-	-	

续表

字段	指示符	子字段	描述	必备性	必备 3	必备 4	重复性
	第 2		名称著录形式指示符	M	-	-	
	0		名称按名著录或直录	A	-	-	
	1		名称按姓氏著录	A	-	-	
		$ a	款目要素	M	-	-	NR
		$ b	名称的其余部分	A	-	-	NR
		$ c	名称附加成分	A	-	-	R
		$ d	世次（罗马数字）	A	-	-	NR
		$ f	年代（包括朝代）	A	-	-	NR
		$ g	外国人姓名原文	A	-	-	NR
		$ 3	规范记录号	A	-	-	NR
		$ 4	关系词代码	O	-	-	R
		$ A	款目要素汉语拼音	O	-	-	NR
711			团体名称—等同知识责任	A	-	-	R
	第 1		会议指示符	M	-	-	
	0		团体名称	A	-	-	
	1		会议	A	-	-	
	第 2		名称著录形式指示符	M	-	-	
	1		名称以地区或辖区著录	A	-	-	
	2		名称以直序方式著录	A	-	-	
		$ a	款目要素	M	-	-	NR
		$ b	次级部分	A	-	-	R
		$ c	名称附加或限定信息	A	-	-	R

续表

字段	指示符	子字段	描述	必备性	必备 3	必备 4	重复性
		$ d	会议届次	A	-	-	R
		$ e	会议地点	A	-	-	NR
		$ f	会议日期	A	-	-	NR
		$ h	名称的其余部分	A	-	-	R
		$ 3	规范记录号	A	-	-	NR
		$ 4	关系词代码	O	-	-	R
		$ A	款目要素汉语拼音	O	-	-	NR
		$ B	次级部分汉语拼音	O	-	-	R
712			团体名称—次要知识责任	A	-	-	R
	第 1		会议指示符	M	-	-	
	0		团体名称	A	-	-	
	1		会议	A	-	-	
	第 2		名称著录形式指示符	M	-	-	
	1		名称以地区或辖区著录	A	-	-	
	2		名称以直序方式著录	A	-	-	
		$ a	款目要素	M	-	-	NR
		$ b	次级部分	A	-	-	R
		$ c	名称附加或限定信息	A	-	-	R
		$ d	会议届次	A	-	-	R
		$ e	会议地点	A	-	-	NR
		$ f	会议日期	A	-	-	NR
		$ h	名称的其余部分	A	-	-	R
		$ 3	规范记录号	A	-	-	NR

续表

字段	指示符	子字段	描述	必备性	必备 3	必备 4	重复性
		$ 4	关系词代码	O	-	-	R
		$ A	款目要素汉语拼音	O	-	-	NR
		$ B	次级部分汉语拼音	O	-	-	R
721			家族名称—等同知识责任	A	-	-	R
	1/2		未定义	M	-	-	
		$ a	款目要素	M	-	-	NR
		$ f	年代	A	-	-	NR
		$ 3	规范记录号	A	-	-	NR
		$ 4	关系词代码	O	-	-	R
		$ A	款目要素汉语拼音	O	-	-	NR
722			家族名称—次要知识责任	A	-	-	R
	1/2		未定义	M	-	-	
		$ a	款目要素	M	-	-	NR
		$ f	年代	A	-	-	NR
		$ 3	规范记录号	A	-	-	NR
		$ 4	关系词代码	O	-	-	R
		$ A	款目要素汉语拼音	O	-	-	NR
730			名称—非规范名称	A	-	-	R
	第 1		名称著录形式指示符	M			
	1		个人名称	A			
	第 2		未定义	M			
		$ a	款目要素	M			NR
		$ 4	责任方式	O			R
		$ A	款目要素汉语拼音	O			NR

10. 8××

字段	指示符	子字段	描述	必备性	必备 3	必备 4	重复性
801			记录来源	M	M	M	R
	第 1		未定义	M	M	M	
	第 2		功能指示符	M	M	M	
	0		原始编目机构	A	A	A	
	1		转录机构	A	-	-	
	2		修改机构	A	-	-	
	3		发行机构	A	-	-	
		$ a	国家	A	A	A	NR
		$ b	机构	M	M	M	NR
		$ c	处理日期	A	A	A	NR
		$ g	编目条例代码	O	-	-	R
		$ 2	机读记录采用的格式名称	O	-		NR
802			ISSN 中心	A			NR
	1/2		未定义	M			
		$ a	ISSN 中心代码	M			NR
856			电子资源定位与检索	O	-		R

11. 9××

字段	指示符	子字段	描述	必备性	必备 3	必备 4	重复性
920			馆藏信息	M	M	M	R
	1/2		未定义	M	M	M	NR
		$ a	馆藏机构代码	M	M	M	NR
		$ z	馆际互借方式	M	M	M	NR
			0=不提供馆际互借	A	A	-	

续表

字段	指示符	子字段	描述	必备性	必备 3	必备 4	重复性
			1=返还式馆际互借	A	A	-	
			2=文献传递	A	A	-	
			3=提供电子传递	A	A	-	
			4=订购中	A	A	A	
			9=注销	A	A	A	
998			书目记录所属成员馆代码	M	M	M	NR
	1/2		未定义	M	M	M	NR
		$ a	书目记录所属成员馆代码	M	M	M	NR

二、MARC21 字段简表

1. 0××字段

字段	指示符	常用子字段	描述	M 性	重复性
0××			控制信息字段		
001			控制号	M	NR
003			控制号标识	M	NR
005			最近一次作业的日期与时间	M	NR
008			定长数据元素	M	NR
010			美国国会图书馆控制号	A	NR
020			国际标准书号	A	R
	第 1/2		未定义	M	NR
		$ a	国际标准书号（ISBN）	A	NR
		$ c	文献获得方式	A	NR
022			国际标准连续出版物号	A	R

续表

字段	指示符	常用子字段	描述	M 性	重复性
	第 1		国际影响级别	M	NR
	#		未说明级别	A	NR
	0		有国际影响的连续出版物	A	NR
	1		无国际影响的连续出版物	A	NR
	第 2		未定义	M	NR
		$ a	国际标准连续出版物号	A	R
		$ y	错误的 ISSN	A	R
		$ z	注销的 ISSN	A	R
035			系统控制号	O	R
040			编目源	M	NR
	第 1/2		未定义	M	NR
		$ a	原始编目机构	A	NR
		$ c	转录机构	M	NR
		$ d	修改机构	A	R
041			语种代码	A	NR
042			鉴定代码	A	NR
043			地理区域代码	A	NR
050			美国国会图书馆索书号	O	R
	第 1		LC 馆藏信息	M	NR
	0		LC 馆藏	A	NR
	第 2		索书号来源	M	NR
	0		美国国会图书馆	A	NR
		$ a	LC 分类号	M	R
		$ b	文献号	A	NR
082			杜威十进分类号	O	R
	第 1		版本类型	M	NR
	0		详版	A	NR

续表

字段	指示符	常用子字段	描述	M 性	重复性
	第 2		索书号来源	M	NR
	0		美国国会图书馆	A	NR
		$ a	DDC 分类号	M	R
		$ 2	版本号	M	NR

2. 1××字段

字段	指示符	常用子字段	描述	M 性	重复性
1××			主要款目标目字段		
100			主要款目—个人名称	A	NR
	第 1		个人名称款目要素类型	M	NR
		0	名	A	NR
		1	姓	A	NR
	第 2		未定义	M	NR
			个人名称	M	NR
		$ t	著作题名	A	NR
110			主要款目—团体名称	A	NR
	第 1		团体名称款目要素类型	M	NR
	0		倒置式名称	A	NR
	1		行政管辖区名称	A	NR
	第 2		未定义	M	NR
		$ a	团体名称或行政管辖区名称	M	NR
		$ b	团体下属单位	A	R
111			主要款目—会议名称	A	NR
	第 1		会议名称类型	M	NR
	2		直叙式名称	A	NR
	第 2		未定义	M	NR

续表

字段	指示符	常用子字段	描述	M 性	重复性
		$ a	会议名称或行政管辖区名称	M	NR
		$ c	会议地址	A	NR
		$ d	会议日期或签约日期	A	NR
		$ n	会议届次、著作分卷/分节号	A	R
130			主要款目—统一题名	A	NR
	第 1		不排档字符数	M	NR
	第 2		未定义	M	NR
		$ a	统一题名	M	NR

3. 2××字段

字段	指示符	常用子字段	描述	M 性	重复性
2××			题名、版本、出版发行字段		
245			题名说明	M	NR
	第 1		题名附加款目	M	NR
	0		不提供题名附加款目	A	NR
	1		提供题名附加款目	A	NR
	第 2		不排档字符	M	NR
	0-9		不排档字符数	M	NR
		$ a	题名	M	NR
		$ b	题名其余部分	A	NR
		$ c	责任说明/转录书名页其余部分	A	NR
		$ n	著作分卷/分辑号	A	R
		$ p	著作分卷/分辑题名	A	R
		$ s	版本	A	NR
246			变异题名	A	R
	第 1		附注控制符/题名附加款目	M	NR

续表

字段	指示符	常用子字段	描述	M 性	重复性
	第 2		变异题名类型	M	NR
250			版本说明	A	NR
	第 1/2		未定义	M	NR
		$ a	版本说明	M	NR
255			制图数学数据	M	R
	第 1/2		未定义	M	NR
		$ a	比例尺说明	M	NR
		$ b	坐标说明	A	NR
256			计算机文件特征	M	NR
	第 1/2		未定义	M	NR
		$ a	计算机文件特征	M	NR
260			出版发行项	A	NR
	第 1		出版顺序描述	M	NR
	#		无信息提供	A	NR
	第 2		未定义	M	NR
		$ a	出版发行地	A	R
		$ b	出版发行者	A	R
		$ c	出版发行日期	A	R

4. 3××字段

字段	指示符	常用子字段	描述	M 性	重复性
3××			载体形态项等字段		
300			载体形态	M	R
	第 1/2		未定义	M	NR
		$ a	篇幅	M	R
		$ b	其他形态细节	A	NR

续表

字段	指示符	常用子字段	描述	M 性	重复性
		$ c	尺寸	M	R
		$ e	附件	A	NR
310			当前出版频率	A	NR
	第 1/2		未定义	M	NR
		$ a	当前出版频率	M	NR
		$ b	当前出版频率的日期	A	NR
321			先前出版频率	O	R
	第 1/2		未定义	M	NR
		$ a	先前出版频率	M	NR
		$ b	先前出版频率的日期	A	NR
362			出版日期和/或卷期标识	A	R
	第 1		日期的形式	M	NR
	0		格式化形式	A	NR
	1		非格式化附注	A	NR
	第 2		未定义	M	NR
		$ a	出版日期和/或卷期标识	M	NR
		$ z	信息来源	O	NR

5. 4××字段

字段	指示符	常用子字段	描述	M 性	重复性
4××			丛编说明字段		
440			丛编说明/附加款目—题名	A	R
	第 1		未定义	M	NR
	第 2		不排档字符	M	NR
		$ a	丛编题名	M	NR
		$ v	丛编卷号/序号标识	A	NR

续表

字段	指示符	常用子字段	描述	M 性	重复性
490	第 1		说明丛编是否作根查	M	NR
	0		丛编不根查	A	NR
	1		丛编作根查	A	NR
	第 2		未定义	M	NR
		$ a	丛编说明	M	R

6. 5××字段

字段	指示符	常用子字段	描述	M 性	重复性
5××			附注字段		
500			一般性附注	M	NR
	第 1/2		未定义	M	NR
		$ a	一般附注	M	NR
504			书目等附注	O	R
	第 1/2		未定义	M	NR
		$ a	书目等附注	M	NR
505			格式化内容附注	O	R
	第 1		显示常数控制符	M	NR
	0		完整的内容附注	A	NR
	第 2		内容标识级别	M	NR
	#		基本集	A	NR
		$ a	格式化内容附注	M	NR
534			原版附注	A	R
	第 1		未定义	M	NR
	第 2		未定义	M	NR
		$ a	原版的主要款目	A	NR
		$ b	原版的版本说明	A	NR

续表

字段	指示符	常用子字段	描述	M 性	重复性
		$ c	原版的出版、发行等项	A	NR
		$ f	原版的丛编说明	A	R

7.6××字段

字段	指示符	常用子字段	描述	M 性	重复性
6××			主题检索字段		
650			主题附加款目—论题性词语	A	R
	第 1		主题级别	M	NR
	#		没有可以获取的信息	A	NR
	0		没有说明级别	A	NR
	1		主要主题	A	NR
	2		次要主题	A	NR
	第 2			M	NR
	0		LC 主题标目/LC 规范文档	A	NR
	1		LC 儿童文学主题标目	A	NR
	2		美国医学主题标目/NLM 规范文档	A	NR
	3		美国国家农业图书馆主题规范文档	A	NR
	4		未说明主题词来源	A	NR
	5		加拿大主题标目/NLC 规范文档	A	NR
	6		加拿大法语主题标目/NLC 规范文档	A	NR
	7		在 $ 2 说明主题词来源	A	NR
		$ a	款目要素	M	NR
		$ v	形式复分	A	R
		$ x	通用复分	A	R
		$ y	年代复分	A	R

续表

字段	指示符	常用子字段	描述	M 性	重复性
		$ z	地理复分	A	R
651			主题附加款目——地理名称	A	R
	第 1		未定义	M	NR
	第 2		主题标引体系/叙词表	M	NR
	0		LC 主题标目	M	NR
		$ a	地理名称	M	NR

8. 7××字段

字段	指示符	常用子字段	描述	M 性	重复性
7××			名称等附加款目、连接款目字段		
700			附加款目——个人名称	A	R
	第 1		个人名称款目要素类型	M	NR
	1		姓	A	AR
	第 2		附加款目类型	M	NR
	#		无信息提供	A	NR
		$ a	个人名称	M	NR
		$ b	与名称相连的日期	A	NR
710			附加款目——团体名称	A	R
	第 1		团体名称款目要素类型	M	NR
	2		直叙式名称	A	NR
	第 2		附加款目类型	M	NR
	#		无信息提供	A	NR
711			附加款目——会议名称	A	R
760			主丛编款目	O	R

9.8××字段、9××字段

字段	指示符	常用子字段	描述	M 性	重复性
8××			从编附加款目、馆藏、电子资源定位与检索字段		
830			从编附加款目统一题名	A	R
	第 1		未定义	M	NR
	第 2		不排档的字符	M	NR
	0-9			M	NR
		$ a	统一题名	M	NR
856			电子资源定位与检索	O	R
	第 1		检索方法	M	NR
	#		无信息提供	A	NR
	4		超文本传输协议	A	NR
	第 2		关系	M	NR
	0		资源	M	NR
	1		资源的版本	A	NR
		$ u	统一资源标识	A	R
9××			本地使用字段		

注：必备性代码：M=必备，A=有则必备，O=可选用；可重复性代码：R=可重复，NR=不可重复。

参考文献

[1] 段明莲. 信息资源编目（第2版）[M]. 北京：北京大学出版社，2008.

[2] 刘小玲. CNMARC书目数据编制方法及操作实例 [M]. 北京：国家图书馆出版社，2008.

[3] 蒋敏. MARC21中文图书编目 [M]. 合肥：合肥工业大学出版社，2011.

[4] 杨玉麟. 信息描述 [M]. 北京：高等教育出版社，2004.

[5] 李晓新. 新编文献编目 [M]. 天津：南开大学出版社，2006.

[6] 孙更新. 文献信息编目 [M]. 武汉：武汉大学出版社，2006.

[7] 孙更新. 文献信息编目实习教程 [M]. 武汉：武汉大学出版社，2008.

[8] 编目精灵. 编目的未来 [M]. 北京：国家图书馆出版社，2010.

[9] 欧阳红红. 网络信息服务：图书馆服务探析 [M]. 北京：中国社会科学出版社，2011.

[10] 张赞，梁肇英，杨维利. 浅谈CNMARC与MARC21 [J]. 图书馆工作与研究，2011（9）.

[11] 何少真，石惠文. MARC21中文图书编目与CNMARC编目比较分析 [J]. 高校图书馆作，2014，34（5）.

[12] 穆晓婷. 我国三种常用图书馆集成管理系统编目子系统比较研究 [J]. 图书馆学刊，2008，30（2）.

[13] 张维乐，唐武京. 图书馆集成管理系统编目子系统的比较研究——以Horizon和Aleph为例 [J]. 图书馆工作与研究，2010（5）.

[14] 董向荣. 中文图书编目数据套录问题探析 [J]. 国家图书馆学刊，2002（2）.

[15] 廖永霞. 中国国家书目的FRBR化实践与思考 [J]. 图书情报工作，2013，57（17）.

[16] OCLC Research Activities and IFLA's Functional Requirements for Bibliographic Records [EB/OL]. [2014-11-24]. http：//www. oclc. org/resear-

ch/activities/frbr. html? urlm = 159763.
[17] The FRBR Blog [EB/OL]. [2014-11-24]. http://www. frbr. org/.
[18] http://www. oclc. org/research/activities/frbr. html.
[19] http://www. metadataetc. org/book-website/index. html.

图书情报与信息管理实验教材

司　莉　信息组织实验教程
吴　丹　信息描述实验教程
肖秋会　档案信息组织与检索实验教程
许　洁　出版物排版制作软件实用教程
严炜炜　商务管理决策模型与技术试验教程
袁小群　数字出版物设计与制作
赵蓉英　信息计量分析工具理论与实践
吴志强　高级语言程序设计实验教程
陆颖隽　数据库原理与应用实验教程
黄如花　信息检索实验教程
王　林　信息系统分析与设计（课程设计）
王　平　多媒体技术应用实验教程
姜婷婷　信息构建实验
孙永强　社会调查与统计分析实验
张　敏　电子供应链理论与实践